AF344736

Manual de certificación

LEAN SIX SIGMA GREEN BELT

Colección: GESTIONA
Director: David Soler

Lean Six Sigma Green Belt. Manual de certificación
1.ª edición, 2020

Edita: Marge Books
València, 558 – 08026 Barcelona
Tel. 931 429 486 - marge@margebooks.com
www.margebooks.com

Gestión editorial: Eva Franch
Coordinación de la edición: Karina Serrano
Compaginación: Mercedes Lara
Impresión: Prodigitalk, SL (Martorell, Barcelona)

Edición impresa: ISBN 978-84-17903-52-7
Edición digital: ISBN 978-84-17903-53-4
Depósito Legal: B 10678-2020

El papel empleado en este libro no ha sido blanqueado con cloro elemental (CI_2).

El autor

Luis Socconini

Es ingeniero industrial por el ITESM, campus Guadalajara. Tiene una maestría en Calidad y Productividad y es Master Black Belt.

Está Certificado en *Strategic Management* por la Universidad de Stanford, en *Leading Product Innovation* por la Universidad de Harvard y en *Industry 4.0* por el MIT.

Ha trabajado para la escuela de negocios de Wharton (Pensilvania), como consultor de empresas; en la Cervecería Grolsch, en Holanda, como ingeniero de procesos, y en IBM, como ingeniero de manufactura.

Como director de Lean Six Sigma Institute, desarrolla proyectos de alto impacto en empresas como Abbott Laboratories, Kraft Heinz, Coca Cola, BMW, Bimbo y Fender, entre otras. Desarrolla constantemente aplicaciones de productividad en distintos sectores como la construcción, la minería, la agricultura, la administración pública, la energía, los servicios, etc

Ha sido catedrático distinguido en varias universidades de prestigio en México.

Es autor de los manuales de certificación *Lean Six Sigma Yellow Belt, Green Belt* y *Black Belt;* de los libros *Lean Company, más allá de la manufactura; Lean Service* y *Lean Manufacturing, paso a paso;* así como coautor de *Lean Six Sigma Sistema de gestión para liderar empresas, Lean Energy, El proceso de las 5´S en acción* y *Lean Six Sigma Green Belt, paso a paso.*

SOCCONINI

www.socconini.com

Índice

Prólogo

Estimado lector,

Le doy la más cordial bienvenida a este Manual de certificación en Lean Six Sigma nivel Green Belt, el cual es el tercer nivel de certificación después de las etapas White Belt y Yellow Belt; y deseo felicitarlo porque al adquirirlo usted expresa su compromiso con la mejora continua de la calidad en su actividad profesional o empresarial y, por tanto, con el desarrollo de su entorno económico y humano.

Este Manual nace con la finalidad de compartir lo que en Lean Six Sigma Institute enseñamos a las personas que participan en los procesos de formación que impartimos: gerentes, propietarios, funcionarios, ingenieros, operadores, emprendedores y estudiantes.

Todos ellos se capacitan para mejorar los resultados de las empresas donde laboran.

Inicialmente, nuestro Manual solo formaba parte de los materiales que se entregan a los alumnos que participan en los cursos de certificación que el Instituto ofrece en todo el mundo. En el transcurso de una conversación, la directora de LSSI en España propuso que los manuales también se distribuyeran en librerías, de manera que cualquier persona pudiera acceder a los conocimientos que están revolucionando el pensamiento empresarial. La idea causó entusiasmo porque sabemos que cuantas más personas estén capacitadas y comprometidas con el diseño y la mejora de los procesos, las organizaciones tendrán mayor capacidad para optimizar las nuevas posibilidades que los mercados ofrecen.

En el curso de certificación de Green Belt usted aprenderá a utilizar herramientas para mejorar la calidad eliminando la variación causada por fuentes comunes y especiales, que hacen que los costos de la no calidad sean elevados y, por tanto, reduzcan la competitividad de las empresas.

Las herramientas se presentarán a través de una metodología que lo llevará paso a paso en el desarrollo de proyectos de alto impacto.

Es muy importante que desarrolle continuamente proyectos de mejora utilizando los nuevos conocimientos, ya que la mejora es un camino que se inicia pero que nunca se termina, y requiere que consigamos buenos hábitos repitiendo los ejercicios de Lean Six Sigma.

El objetivo de estas herramientas es que usted entienda, aplique y también enseñe a sus colaboradores nuevas formas de trabajar, con la consiguiente generación de historias de éxito, y que de una manera eficaz pueda afrontar las complejidades de los nuevos entornos profesionales y empresariales.

Le agradezco la confianza de darnos la oportunidad de poner a su disposición un material formativo ampliamente contrastado, y de otorgarnos la responsabilidad de ayudarlo en este camino, en un mundo en el que la mejora y el progreso están en su decisión.

LUIS SOCCONINI
Director y Master Black Belt de Lean Six Sigma Institute

Introducción a Green Belt

Six Sigma: La herramienta para obtener valor de los datos

Objetivos

1. Conocer los conceptos Six Sigma.
2. Entender la metodología DMAIC.
3. Aplicar mejoras en todo tipo de procesos internos (ventas, compras, logística, personal, finanzas, servicio, manufactura, etc.) y sacar el máximo provecho de sus datos.

Contenidos

> Antecedentes
> ¿Qué es Six Sigma?
> Metodología y herramientas
> Estructura Six Sigma

Antecedentes

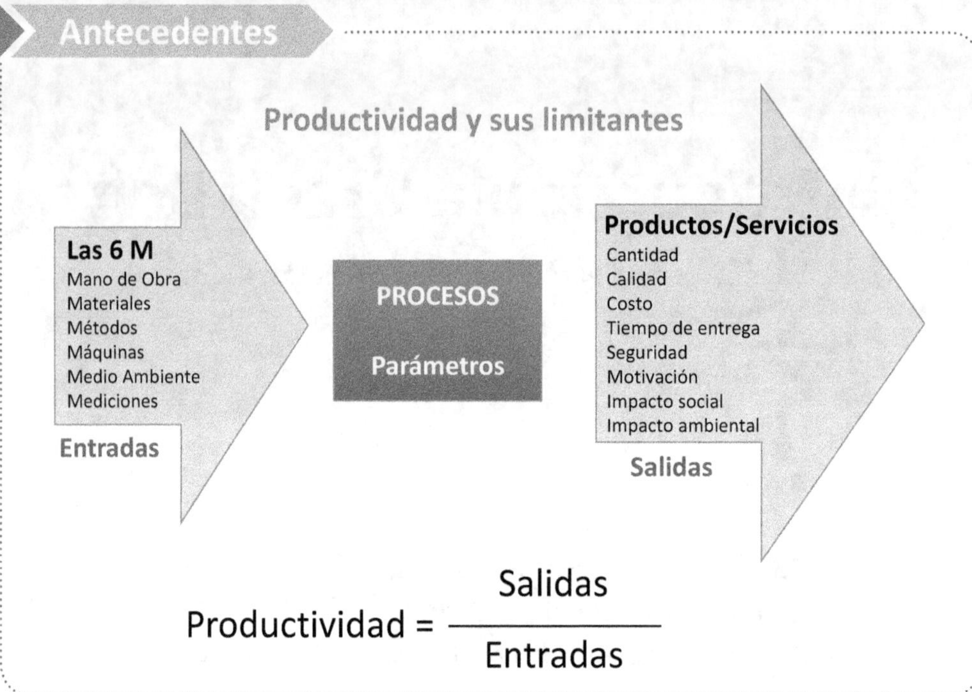

$$\text{Productividad} = \frac{\text{Salidas}}{\text{Entradas}}$$

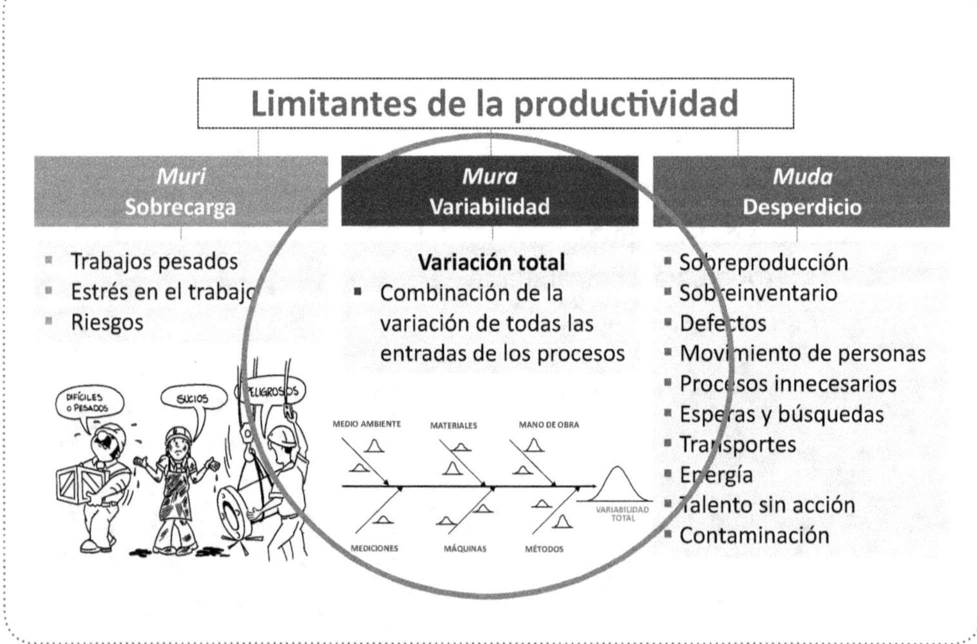

Variación alrededor de un valor objetivo

La variación alrededor de un objetivo afecta a su costo de estas cuatro maneras principales:

1. Las fluctuaciones alrededor del objetivo deseado incrementan el costo de la *operación existente*.
2. Las fluctuaciones alrededor del objetivo deseado incrementan el costo de las *operaciones subsiguientes* del proceso.
3. "Abulta" los procesos en términos de tolerancias, recursos, materia prima y número de unidades iniciadas.
4. Disminuye la eficiencia debido a la necesidad de incrementar la complejidad del proceso. Por ejemplo, mediante procesos de *rehacer el trabajo* o de *inspección*.

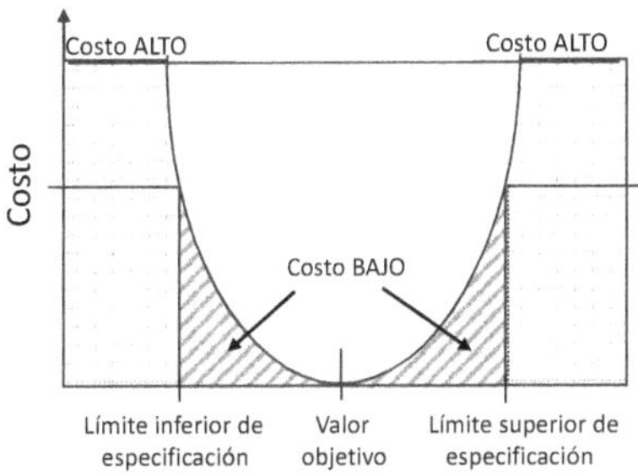

Inicio de Six Sigma

- En 1980, Motorola se propuso mejorar diez veces sus niveles de calidad en cinco años. En 1989 se había logrado mejorar la calidad de los productos y servicios cien veces con respecto a la meta que se había propuesto al inicio de la década. Alcanzaron aproximadamente 4 500 millones de dólares en ahorros (1997-1999) y el Premio Malcolm Baldrige en 1988. Este premio, que otorga la Fundación para el Premio Nacional de Calidad, se logró gracias al desarrollo e implementación de una iniciativa de calidad llamada **Six Sigma.**

- Allied Signal logró más de 2 000 millones de dólares en ahorros de 1994 a 1999.

- General Electric alcanzó más de 3 000 millones de dólares en ahorros de 1998 a 1999.

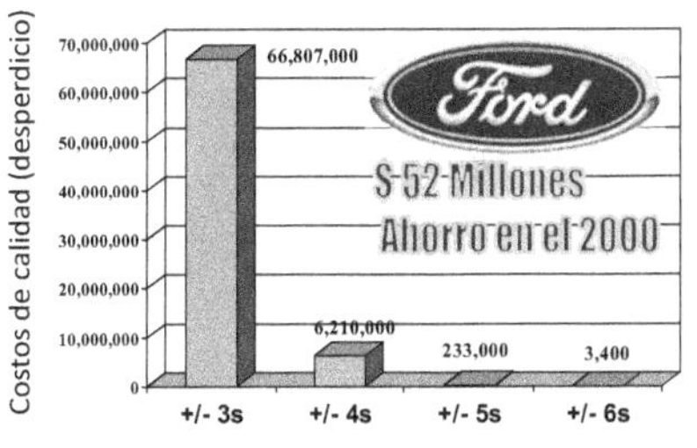

Integración Lean Six Sigma

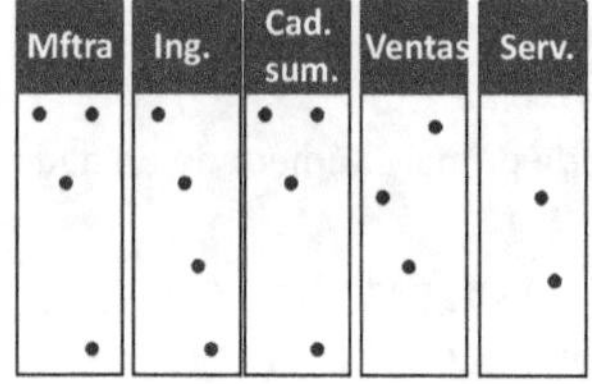

Six Sigma

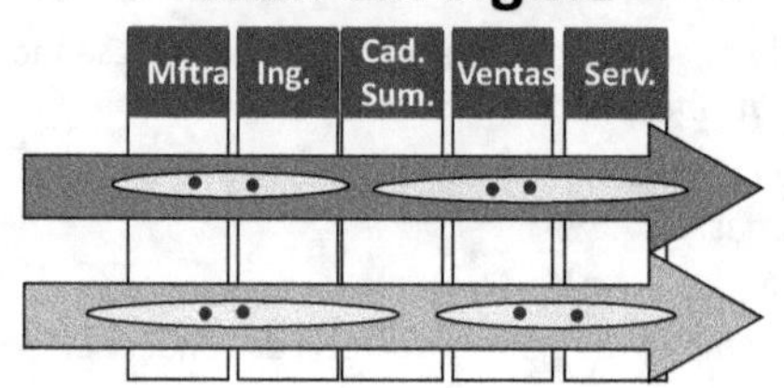

Lean Six Sigma

- Proyectos discretos para problemas específicos.
- Enfoque a proyectos individuales.
- Reducción de la variabilidad para garantizar la calidad y la productividad.

- Procesos del mapa de la cadena de valor o VSM *(value stream map)*.
- Enfoque de equipos multifuncionales.
- Reducción de desperdicio y variabilidad para garantizar la calidad y la agilidad.

¿Qué es Six Sigma?

- **Una** filosofía de trabajo

- **Una** métrica

- **Una** meta

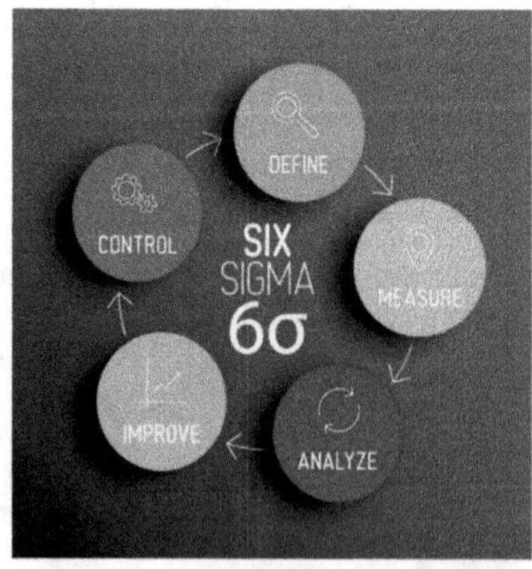

¿Qué es Six Sigma?

- Como filosofía de trabajo, Six Sigma significa *mejora continua* de procesos y productos apoyados en la aplicación de la metodología DMAIC (definir, medir, analizar, mejorar y controlar). Esta metodología incluye principalmente el uso de herramientas estadísticas, además de otras de apoyo.

- Como métrica, Six Sigma representa una manera de medir el *desempeño* de un proceso en cuanto a su nivel de productos o servicios *fuera de especificación*.

- Como meta, un proceso con *nivel de calidad Six Sigma* significa estadísticamente tener un nivel de clase mundial al no producir servicios o productos defectuosos.

Gráfica de Six Sigma

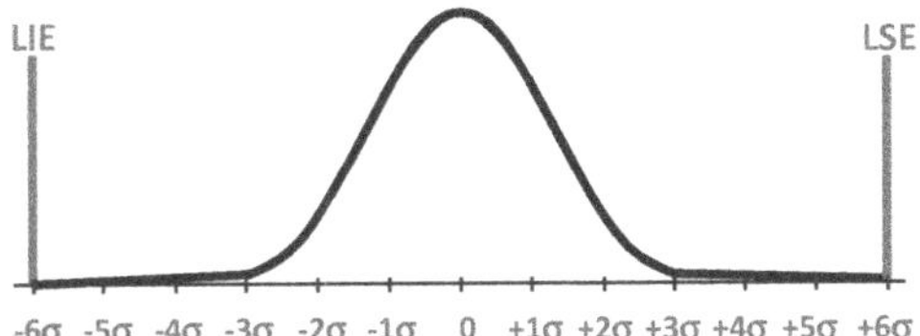

Nivel sigma	Defectos por millón de oportunidades	Rendimiento
6	3.4	99.9997%
5	233	99.997%
4	6,210	99.379%
3	66,807	93.32%
2	308,537	69.2%
1	690,000	31%

Otros significados de niveles sigma

Sigma	PPM	Costo de calidad	Clasificación	Palabras equivocadas
6	3.4	<10% ventas	Clase mundial	1 en una pequeña librería
5	233	10-15% ventas		1 en varios libros
4	6210	15-20% ventas	Promedio	1 en 31 páginas
3	66,807	20-30% ventas		1.35 por página
2	308,537	30-40% ventas	No competitivo	23 por página
1	690,000			159 por página

Harry (1998) y McFadden (1993)

La importancia de los datos

- Las empresas han adquirido progresivamente modernos sistemas de información para controlar todas las operaciones clave y han generado una cantidad enorme de datos.

- Estos datos masivos provienen de diversas áreas, tales como:

  - Recursos humanos
  - Ventas
  - Envíos
  - Servicios

  - Rechazos
  - Manufactura
  - Inversiones
  - Finanzas

  - Compras
  - Mercadotecnia
  - Inventarios
  - Mantenimiento

Big data  **Transformación de la industria**

LSSI
LEAN SIX SIGMA INSTITUTE

Ventajas competitivas

- **Six Sigma** transforma los datos en información que permite tomar decisiones valiosas, aumentando la productividad y la rentabilidad.

Metodología y herramientas

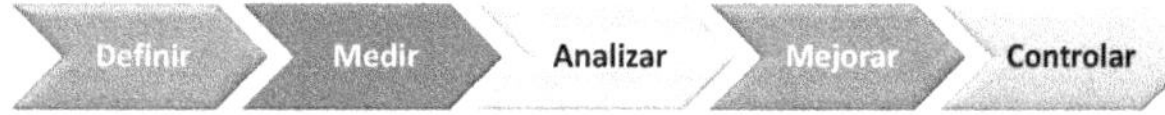

Definir
- Definir el problema, seleccionar y documentar el proyecto, los participantes y conseguir el apoyo de la dirección.

Medir y mapear
- Definir y describir el proceso entendiendo cada paso y obteniendo datos.
- Evaluar los sistemas de medición.
- Obtener datos y representarlos gráficamente para entender el comportamiento.
- Evaluar la capacidad del proceso y compararla con los objetivos.

Analizar
- Determinar las variables que generan variación y son la causa raíz de los problemas planteados.

Mejorar
- Mejorar y robustecer el proceso.
- Validar la mejora.

Controlar
- Controlar y dar seguimiento al proceso.
- Mejorar continuamente.

Herramientas Six Sigma

1. Introducción	Introducción a Green Belt
2. Definir	Definición de proyectos
	La voz del cliente
	Modelo de Kano
	Árbol de necesidades
	Despliegue de la función de calidad (QFD)
3. Medir y mapear	Mapas de procesos
	Análisis del sistema de medición (R&R)
	Estadística básica
	Muestreo
	Histogramas
	Capacidad del proceso
	Desempeño del proceso
4. Analizar	Gráfico de cajas y bigotes *(box plots)*
	Análisis *multivari*
	Pruebas de hipótesis e intervalos de confianza
	Análisis de varianza (Anova)
	Correlación
5. Mejorar	Diseño de experimentos (DOE)
6. Controlar	Control estadístico de procesos
	Plan de control

Estructura Six Sigma

Certificación	Acumulado
Lean Champion	8 horas
White Belt	16 horas
Yellow Belt	40 horas
Green Belt	80 horas
Black Belt	120 horas
Master Black Belt	160 horas

Problema y selección de un proyecto

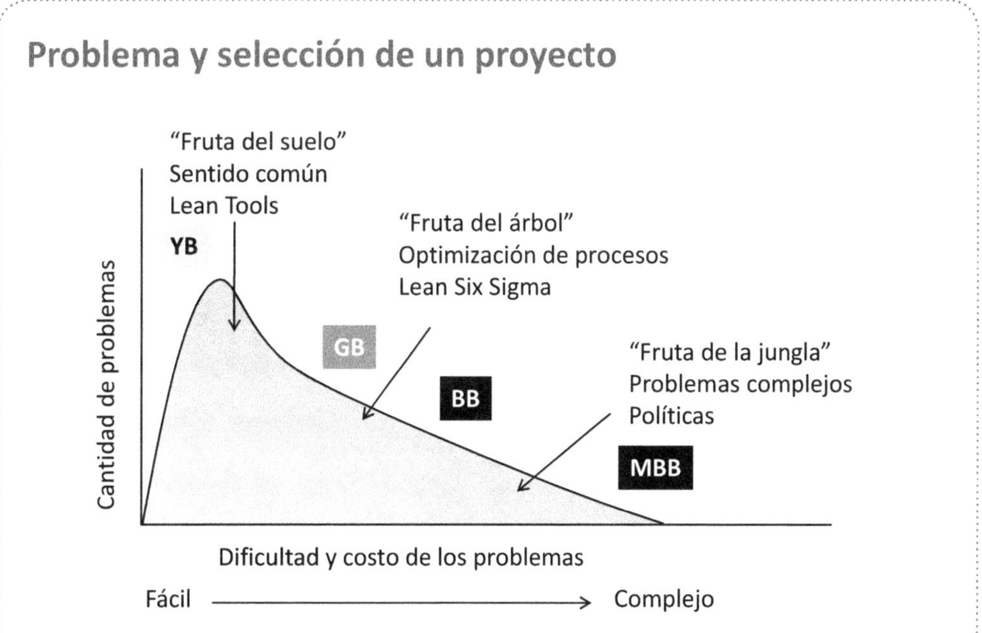

Responsabilidades de los Green Belt

10 a 20 por cada 100 empleados.

Expertos en la metodología
y herramientas Lean y Six Sigma.

De forma personal

- Mantienen sus trabajos ordenados, estandarizados y aseguran la velocidad y la calidad de su trabajo.
- Utilizan las herramientas Lean y Six Sigma en sus labores para solucionar problemas y mejorar continuamente.

En equipo

- Lideran proyectos de mejora de mediana complejidad y dan soporte específico en la solución de problemas.
- Entrenan a los Yellow Belt y White Belt.

Conocimiento

- Herramientas Lean de velocidad y calidad.
- Metodología DMAIC.
- Herramientas estadísticas y administrativas de mejora.

Definición de proyectos

Proyectos Six Sigma de alto valor

Objetivos

1. Comprender los elementos que integran la carta de definición del proyecto.
2. Planificar adecuadamente la ejecución del proyecto.
3. Asegurar la aprobación de la dirección a los proyectos.

Contenidos

> Planificar y documentar el proyecto
> Carta de definición
> Gantt del proyecto

Planificar y documentar el proyecto

- Los detalles de la definición del proyecto se documentan en la carta del proyecto, que se actualiza regularmente, con las modificaciones que sea necesario aprobar.

- Las actividades clave en el desarrollo de la carta del proyecto son:

  - Definir el caso de negocio o la declaración del problema.
  - Determinar las características clave de calidad que serán mejoradas.
  - Describir los objetivos del proyecto.
  - Establecer el alcance.
  - Definir roles y responsabilidades del equipo.
  - Establecer los recursos necesarios para completarlo.
  - Establecer los métricos.
  - Elaborar un plan preliminar de implementación.

Definición del proyecto

Entradas

- Situaciones de negocio
- Demanda del cliente
- Resultados
- Información cualitativa

Proceso de definición del proyecto

Salidas

- Área de oportunidad
- Situación actual
- Objetivo
- Alcance
- Partes interesadas (*stakeholders*)
- Plan preliminar

Facilitador o dueño del proceso ⟶ Equipo

Características de un buen proyecto

- Ligado a las prioridades de la actividad de la empresa y relacionado con algún parámetro importante para el cliente o característica clave de calidad (CTQ).*
- De gran importancia y entendible para la organización.
- De alcance razonable.
- Común a todos los miembros del equipo.
- Tiene unos criterios de evaluación adecuados.
- Cuenta con el apoyo y la aprobación de la administración de la compañía.
- El impacto financiero debe ser validado por el área de finanzas.

*CTQ *(critical-to-quality)* = CCC (característica clave de calidad).

Adaptado de Hosotani (1992) y de Snee (2001)

Identificación de proyectos

Puntos clave

- Asegurar que los proyectos de mejora están alineados y priorizados con respecto a la *estrategia de la compañía*.

- *Estandarizar la identificación* de proyectos de mejora en la organización para evitar decisiones no basadas en datos o la dependencia de personas específicas.

- Evitar que la cantidad de proyectos asignados por proceso o área rebasen la *capacidad de recursos humanos* acordada.

- Crear el *sistema* que lleve a la organización a identificar de manera periódica oportunidades de mejora en los procesos del negocio.

Carta de definición

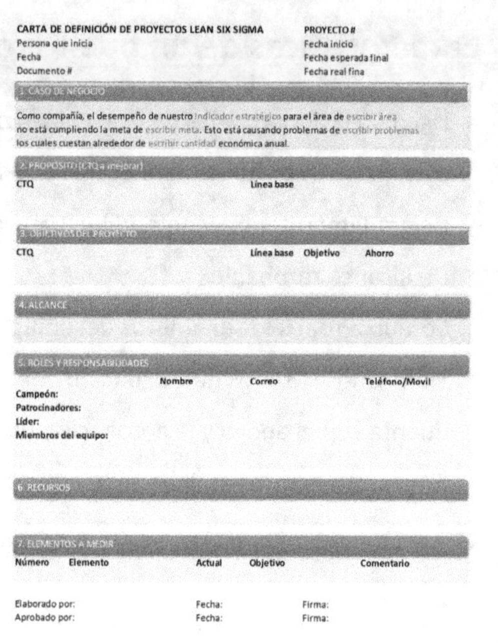

CARTA DE DEFINICIÓN DE PROYECTOS LEAN SIX SIGMA — PROYECTO #
Persona que inicia — Fecha inicio
Fecha — Fecha esperada final
Documento # — Fecha real fina

1. CASO DE NEGOCIO

Como compañía, el desempeño de nuestro indicador estratégico para el área de escribir área no está cumpliendo la meta de escribir meta. Esto está causando problemas de escribir problemas los cuales cuestan alrededor de escribir cantidad económica anual.

2. PROPÓSITO (CTQ a mejorar)

CTQ — Línea base

3. OBJETIVOS DEL PROYECTO

CTQ — Línea base — Objetivo — Ahorro

4. ALCANCE

5. ROLES Y RESPONSABILIDADES

Nombre — Correo — Teléfono/Movil
Campeón:
Patrocinadores:
Líder:
Miembros del equipo:

6. RECURSOS

7. ELEMENTOS A MEDIR

Número — Elemento — Actual — Objetivo — Comentario

Elaborado por: — Fecha: — Firma:
Aprobado por: — Fecha: — Firma:

Para proyectos con estructura DMAIC se utiliza la carta de definición de proyectos.

De manera opcional, a la documentación del proyecto se puede agregar también el formato A3 (YB).

1. Definir el caso de negocio

- El uso de la herramienta "caso de negocio" ayuda a identificar las áreas problemáticas o de mejora del negocio.

- Esta herramienta proporciona una descripción resumida de las características de una situación.

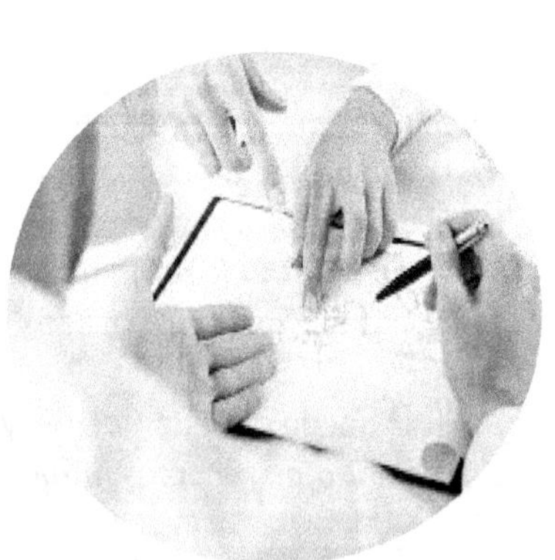

- Además, permite estimar el valor potencial de la implementación de un proyecto.

El caso de negocio (modelo)

¿Qué es el caso de negocio?

Es una definición general del área de oportunidad asignada al equipo del proyecto.

> Como compañía, el desempeño de nuestro ____________ para el área __________ no está cumpliendo __________. Esto está causando problemas de ____________, los cuales cuestan alrededor de una cantidad económica de ____________ por año.

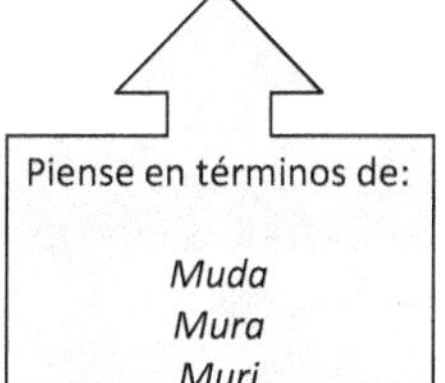

Ejemplo del caso de negocio

Elsa Alatorre, ingeniero químico, Master Black Belt y líder en Manufacturera Química (fabricante de productos para el mercado de los fertilizantes), realizará un caso de definición de proyecto.

Persona que lo inicia	Elsa Alatorre	**Fecha inicio**	06/01/2021
Fecha	06/01/2021	**Fecha esperada fin**	14/04/2021
Documento #	LSSI - 001 - 001	**Fecha real fin**	

1. CASO DE NEGOCIO

Como compañía, el desempeño de nuestro peso neto de producto para el área de envasado no está cumpliendo la meta del 100 al 104 %. Esto está causando problemas de quejas de clientes y peso en exceso, los cuales cuestan alrededor de 800 000 dólares por año.

2. Determinar las CTQ que serán mejoradas

- A partir del análisis de la voz del cliente (lo cual se explica en detalle en el siguiente tema), se determinan las características del producto o servicio que el cliente considera clave, es decir, las características clave del cliente o CTQ.

- En este punto de la carta de definición se evalúan todas aquellas características clave que serán mejoradas, según el caso de negocio o alguna otra prioridad establecida por el cliente o la empresa.

CTQ que serán mejoradas

Se asignan las CTQ (Y) obtenidas en el proceso de generación de características clave

HERRAMIENTAS:

- Modelo de Kano
- Árbol de necesidades
- Despliegue de la función de calidad (QFD)

Determinar la línea base del desempeño

- Aquí se puede obtener una idea de la magnitud del problema o área de mejora.
- Se debe expresar en un nivel mediante unidades medibles, tales como: tiempo de entrega, número de pedidos, porcentaje de demora, etc.
- Se debe demostrar el desempeño actual (línea base) para el cual se desea un nivel de desempeño (objetivo).
- Verifique que la información es de largo plazo cuando se estima la línea base.

Establecer línea base para las CTQ

2. PROPÓSITO (CTQ a mejorar)	
CTQ	**Línea base**
Peso de producto envasado	98 al 108 %
Rendimiento del proceso	89%

3. Escribir los objetivos del proyecto

El objetivo es obtener una declaración más específica de las salidas deseadas del problema.

Se puede utilizar la siguiente guía:

- DPMO (defectos por millón de oportunidades) actual es 1 000, el objetivo será 500 DPMO.
- Tiempo de entrega de 20 días a 5 días.
- OEE *(overall equipment effectiveness)* de 67 a 75 %.

Objetivos del proyecto

3. OBJETIVOS DEL PROYECTO		
CTQ	**Línea base**	**Objetivo**
Peso de producto envasado	98 al 108 %	100 al 104 %
Rendimiento del proceso	89%	98%

Especificar el ahorro que se puede lograr

Describir en términos monetarios, los ahorros que pueden establecerse hasta este momento de la definición del proyecto.

Ahorro

3. OBJETIVOS DEL PROYECTO

CTQ	Línea base	Objetivo	Ahorro
Peso de producto envasado	98 al 108 %	100 al 104 %	$ 800,000 USD/año
Rendimiento del proceso	89%	98%	

4. Alcance

Proyectos tipo "Eliminación del hambre en el mundo":

- Su alcance es tan grande que es imposible manejarlos.

- Desmotivan al equipo.

- Es difícil relacionar los resultados obtenidos con las acciones realizadas.

Proyectos con alcance adecuado:

- El proyecto es suficientemente grande como para significar un reto para los participantes.

- El equipo siente que la solución estará dentro de su área de responsabilidad.

4. ALCANCE

Procesos de producción y envasado de la familia de Sulfatos.

5. Formación del equipo

- Una efectiva formación del equipo es *crucial* para que los dueños del proceso logren dar su apoyo al proyecto.

- Habilidades *múltiples y complementarias* para alcanzar la meta común (multidisciplinario).

- El *número* de integrantes en función de la complejidad y el alcance del proyecto.

- Invitar a *expertos* (ocasional) y *dueños del proceso* (obligatorio) al equipo.

- *Interacción* entre miembros en función del número de integrantes.

- Soporte de agentes *externos* que impulsan al cuestionar las hipótesis y refrescar la perspectiva.

Roles y responsabilidades

Los roles que se deben definir son:

- **Campeón:** dueño del proceso donde se realizará el proyecto y principal beneficiario de sus resultados. Su responsabilidad es mantener enfocado al equipo en el logro de los objetivos y ser el enlace con la dirección. Asiste a todas las juntas de avance.

- **Patrocinador(es):** miembro(s) de la dirección de la empresa, cuya principal responsabilidad será quitar obstáculos y/o tomar decisiones estratégicas para que el equipo logre los objetivos. Asiste(n) a las juntas de avance cuando se les solicita.

- **Líder:** es el guía del equipo y se asegura de que se cumplan los objetivos. Organiza las reuniones, planea las actividades e informa los avances al campeón y patrocinador(es). Facilita los medios para que cada miembro del equipo cumpla con las tareas que se le asignen y da seguimiento.

- **Miembros del equipo**, elegidos conforme a las pautas ya mencionadas.

Equipo de personas con roles y responsabilidades

Integrantes del equipo

5. ROLES Y RESPONSABILIDADES

	Nombre	Correo	Teléfono
Campeón:	Rodolfo Vázquez	rvazquez@manufquim.com	36 86 65 109
Patrocinadores:	Gabriela Patiño		
	Jorge Andrade		
Líder:	Elsa Alatorre		
Miembros del equipo:	Rubén Sánchez		
	Betsy Serrano		
	Gerardo Villafuerte		
	Claudia Jiménez		

6. Recursos y necesidades

Los recursos se refieren a las necesidades de:

- Equipo.
- Bases de datos.
- Personas no incluidas en el equipo.

Ejemplos:

- Base de datos de cuentas por pagar.
- Registro de mantenimiento de equipos.

6. RECURSOS

Acceso a la base de datos de registro de pesos para los lotes de este año.

LSSI
LEAN SIX SIGMA INSTITUTE

7. Criterios de evaluación

Métricos comunes en los proyectos:

- Costos de los materiales, el mantenimiento y la mano de obra.

- Cumplimiento del presupuesto de ventas.

- Inventario en proceso (WIP).

- Número de accidentes.

- Costo de los consumibles (papel, aceite, pegamento, etc.).

- Tiempo de entrega.

- Nivel de satisfacción del personal.

7 MÉTRICOS			
Número	Métrico	Actual	Objetivo
1	Peso de producto envasado	98 al 108 %	100 al 104 %
2	Rendimiento del proceso	89%	98%
3	Personal requerido	12	10
4	Porcentaje de merma	8,50%	0,50%
5	Distancia recorrida	186 mts	150 mts

Gantt del proyecto

- El proyecto debe ser *documentado* y *actualizado* en un reporte semanal en el que se analizan las actividades, los tiempos y, sobre todo, el nivel de cumplimiento según lo establecido.

- El plan debe ser *comunicado* y analizado *semanalmente* porque son dos factores clave para el éxito del proyecto.

- Deben participar los dueños del proceso, miembros del equipo y patrocinadores, ya que en algunas ocasiones es necesario tomar decisiones.

- El siguiente Gantt muestra un listado de actividades sugeridas para las etapas de la metodología DMAIC. Este listado puede ser modificado de acuerdo con los objetivos específicos de cada proyecto.

Gantt de proyecto Lean Six Sigma
Proyecto #   LSSI - 001

	Duración	Inicio	Fin	1	2	3	4	5	6	7	8	9	10	11	12	13	14	15	16	17
Definir	13	06/01/2021	19/01/2021																	
Definir el proyecto y desarrollo de la carta de proyecto	7	06/01/2021	13/01/2021																	
Definir el proceso y los criterios de evaluación del problem	3	13/01/2021	16/01/2021																	
Formación del equipo	2	16/01/2021	18/01/2021																	
Aprobación del proyecto	1	18/01/2021	19/01/2021																	
Medir	16	18/01/2021	03/02/2021																	
Mapear el proceso	2	18/01/2021	20/01/2021																	
Analizar los sistemas de medición	2	20/01/2021	22/01/2021																	
Medir el desempeño del proceso	2	22/01/2021	24/01/2021																	
Definir la línea base	10	24/01/2021	03/02/2021																	
Revisar y actualizar estatus del proyecto	0	03/02/2021	03/02/2021																	
Analizar	28	03/02/2021	03/03/2021																	
Analizar los factorees que limitan la productividad	8	03/02/2021	11/02/2021																	
Determinar las variables clave del proceso	10	11/02/2021	21/02/2021																	
Determinar los modos y efectos de fallos	10	21/02/2021	03/03/2021																	
Revisar y actualizar el estatus del proyecto	0	03/03/2021	03/03/2021																	
Mejorar	25	03/03/2021	28/03/2021																	
Determinar las mejoras a implementar	10	03/03/2021	13/03/2021																	
Estimar los beneficios para el proceso mejorado	5	13/03/2021	18/03/2021																	
Determinar y ajustar los modos de fallos	5	18/03/2021	23/03/2021																	
Implementar y verificar los cambios al proceso	5	23/03/2021	28/03/2021																	
Revisar y actualizar el estatus del proyecto	0	28/03/2021	28/03/2021																	
Controlar	17	28/03/2021	14/04/2021																	
Implementar acciones de control	9	28/03/2021	06/04/2021																	
Implementar plan control con el dueño del proceso	2	06/04/2021	08/04/2021																	
Implementar plan de análisis mensual de logros	5	08/04/2021	13/04/2021																	
Documentar las lecciones aprendidas	1	13/04/2021	14/04/2021																	
Finalización formal del proyecto	0	14/04/2021	14/04/2021																	

La voz del cliente

Modelo de Kano, árbol de necesidades y despliegue de la función de calidad

Objetivos

1. Aprender a utilizar algunas herramientas para traducir las necesidades de los clientes en requerimientos técnicos.

Contenidos

> La voz del cliente

- Modelo de Kano
- Árbol de necesidades
- Despliegue de la función de calidad (QFD)
- Lista de verificación para la fase de Definir

La voz del cliente

La planificación del trabajo para escuchar la voz del cliente o VOC *(voice of the customer)* tiene como objetivo contestar tres preguntas:

1. **¿Quiénes** son mis clientes?

2. **¿Qué servicio o producto** he de entregar a mis clientes?

3. ¿Qué creen mis clientes que es **clave para la calidad?**

La voz del cliente y la clave para la calidad

CTQ  Clave para la calidad

- La "clave para la calidad" o CTQ *(critical-to-quality)* es una característica de un producto o servicio que satisface un requerimiento clave del cliente.

- Las claves para la calidad son los elementos básicos que se emplearán en la dirección de la medición del proceso de mejora y control.

- Es importante asegurarse que las CTQ seleccionadas representan exactamente lo que son características clave para el cliente.

¿Cómo escuchar la voz del cliente?

- **Entrevistas:** visita personal o contacto telefónico para recolectar la información directamente del cliente.

- **Cuestionarios y encuestas:** pueden realizarse en persona o a través de correo electrónico.

- **Paneles / *focus group:*** seleccionar un grupo representativo de clientes para realizar la recolección de datos en persona.

- **Exposiciones:** aprovechar la participación en exposiciones para escuchar a los clientes.

- **Quejas de cliente:** utilizar un número telefónico, el correo electrónico, la web o cualquier otro método que permita recoger de manera efectiva todas aquellas quejas que los clientes tengan que hacer sobre un producto o servicio.

- **Investigación de mercado:** contratar a un profesional para realizarla. La desventaja es que el costo es mayor, pero esta clase de servicios, por lo general, proporcionan datos muy útiles como punto de partida.

¿Cómo traducir las necesidades del cliente?

Los clientes no están seguros de lo que quieren o dan requerimientos contradictorios.

Es necesario utilizar métodos que ayuden a entender las necesidades del cliente y a traducirlas a requerimientos internos.

Herramientas:
- **Modelo de Kano**
- **Árbol de necesidades**
- **Despliegue de la función de calidad (QFD)**

Después de haber traducido las necesidades de los clientes a requerimientos internos, se ha de medir y determinar la capacidad del producto o servicio y la del proceso.

LSSI
LEAN SIX SIGMA INSTITUTE

La voz del cliente
Modelo de Kano

Objetivos

1. Aprender a usar el modelo de Kano para comprender las características clave para la calidad y así satisfacer las necesidades de los clientes.

Contenidos

> Antecedentes
> ¿Qué es el modelo de Kano?
> ¿Para qué sirve?
> Procedimiento
> Ejemplo
> Ejercicio

Antecedentes

- El profesor Noriaki Kano desarrolló en 1980 la teoría de desarrollo de productos y con ello una evaluación de la satisfacción de los clientes.

- El modelo de Kano se enfoca en la diferenciación de las características del producto o servicio, en lugar de centrarse inicialmente en las necesidades de los clientes.

Noriaki Kano

¿Qué es el modelo de Kano?

- Es una herramienta que permite entender, analizar y clasificar, de acuerdo con sus prioridades, los requerimientos de los clientes.

- El modelo de Kano ofrece una visión de las características de los productos o servicios que se perciben que son importantes para los clientes.

- El objetivo de la herramienta es apoyar al equipo para fijar las especificaciones del producto o servicio y facilitar el debate a través de un mejor proceso de desarrollo.

LSSI
LEAN SIX SIGMA INSTITUTE

Dimensiones de la calidad

1. El nivel de desempeño de un producto o servicio.

Desempeño

Bajo   Alto

2. El nivel de satisfacción del usuario.

Satisfacción del usuario

Bajo   Alto

Modelo de Kano

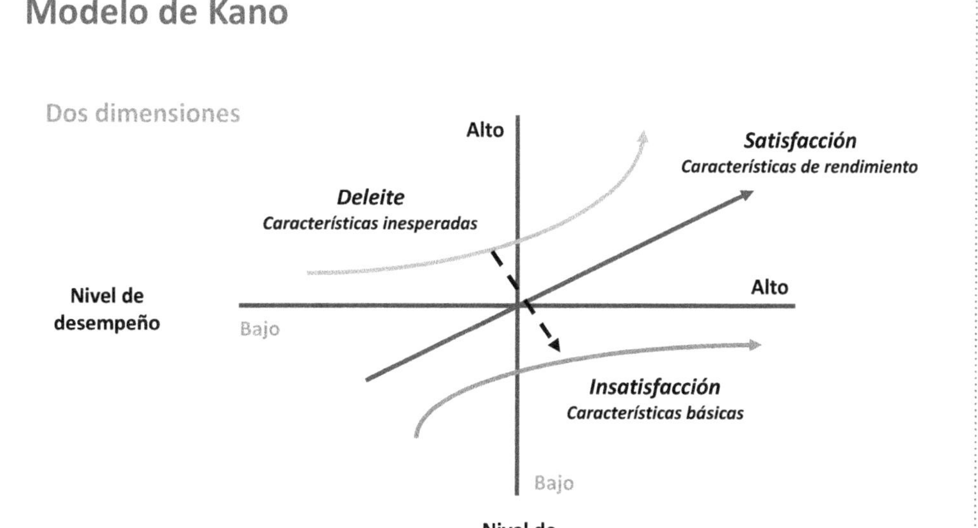

La voz del cliente. Modelo de Kano

¿Para qué sirve?

- Identificar necesidades de los clientes.

- Desarrollar nuevos productos o servicios.

- Determinar requerimientos funcionales.

- Realizar análisis comparativo de productos y servicios de la competencia.

Procedimiento

1. Recolectar información de diferentes medios para identificar las necesidades de los clientes.

2. Listar las necesidades potenciales identificadas.

3. Preguntar a los clientes, para cada necesidad potencial, lo siguiente:

   - ¿Cual es su nivel de satisfacción si el producto o servicio tiene este atributo: (necesidad potencial)?
   - ¿Cual es su nivel de satisfacción si el producto o servicio no tiene este atributo: (necesidad potencial)?

4. El cliente o usuario tiene las siguientes opciones para contestar:

   a) Satisfecho.
   b) Neutral (es la manera en la que lo espero - expectativa).
   c) No me preocupa.
   d) Insatisfecho.

Clasificación de las respuestas

Clasificar las respuestas como características según estas categorías: básicas, de desempeño o inesperadas.

- Las características básicas generalmente responden como:
  - Neutral a la pregunta 1.
  - Insatisfecho a la pregunta 2.

- Las características de desempeño, por lo general, responden a la pregunta "¿Cuánto más estaría dispuesto a pagar por este atributo o por una cantidad mayor de este atributo?", y se corresponden con:
  - Satisfecho a la pregunta 1.
  - Insatisfecho a la pregunta 2.

- Las características inesperadas o de deleite generalmente responden como:
  - Satisfecho a la pregunta 1.
  - No me preocupa a la pregunta 2.

Ejemplo

Valentín Ortega, de **Operadores Logísticos del Golfo,** llevó a cabo una encuesta entre 237 personas de su clientela utilizando el modelo de Kano y obtuvo los siguientes resultados:

NECESIDADES POTENCIALES	Nivel de satisfacción si el servicio tiene esta característica	Nivel de satisfacción si el servicio NO tiene esta característica	Tipo de necesidad
Entregas a tiempo	Neutral	Insatisfecho	**Básica**
Pedidos completos y correctos	Neutral	Insatisfecho	**Básica**
Entrega en el domicilio del usuario final	Satisfecho	Insatisfecho	**Desempeño**
Descuentos por cliente frecuente	Satisfecho	No me preocupa	**Satisfacción**
Empaque especial para productos frágiles	Satisfecho	Insatisfecho	**Desempeño**
Facturación en tiempo y correcta	Neutral	Insatisfecho	**Básica**

- Una empresa desea abrir una cafetería, para lo cual necesita entender los requerimientos clave de sus clientes.

- Utilizar el modelo de Kano para identificar y caracterizar al menos cinco atributos básicos, cuatro de desempeño y tres inesperados en el producto y en el servicio que se pretende ofrecer.

  - Utilizar los pasos del modelo de Kano.

  - Expresar los resultados en una matriz y presentar las conclusiones.

La voz del cliente
Árbol de necesidades

Objetivos

1. Aprender a usar el árbol de necesidades para comprender las características clave para la calidad de los clientes.

Contenidos

> Antecedentes
> ¿Qué es el árbol de necesidades?
> ¿Para qué sirve?
> Procedimiento
> Ejemplo
> Ejercicio

Antecedentes

- En la etapa de desarrollo de nuevos productos y servicios, la calidad es un factor clave, no solo para satisfacer a los clientes, sino también para superar a la oferta de otras empresas.

- Sin embargo, la definición de la calidad puede ser un reto y es fácil pasar por alto los factores que preocupan a los clientes.

- Es entonces cuando el árbol de necesidades es útil, ya que permite comprender mejor lo que impulsa la calidad según la apreciación de los clientes, y así entregar un producto o servicio con el que realmente estén satisfechos.

¿Qué es el árbol de necesidades?

- Es una herramienta gráfica que ayuda a traducir las necesidades generales de los clientes en requisitos de rendimiento específicos, realizables y medibles.

- También se conoce como "árbol de elementos clave para la calidad" (CTQ *trees).*

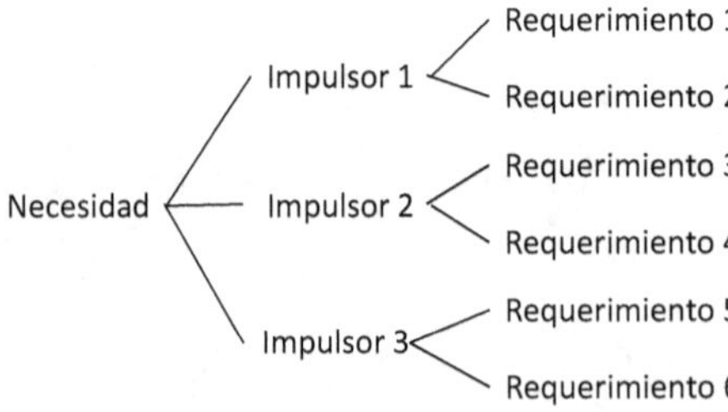

¿Para qué sirve?

- Los árboles de necesidades o árboles CTQ se utilizan para identificar las necesidades clave de los clientes y traducirlas a requerimientos específicos al diseñar un producto o servicio.

- Esto es lo que un producto o servicio debe ofrecer a los clientes para satisfacerlos.

Procedimiento

1. Identificar las necesidades clave.

2. Identificar los impulsores de calidad.

3. Identificar los requerimientos de desempeño.

1. Identificar las necesidades clave

- Identificar las necesidades clave que debe cumplir el producto o servicio. Elaborar un árbol de necesidades para cada necesidad que se identifique.

- Durante este primer paso, esencialmente, ha de preguntarse, "¿Cuál es el elemento clave para este producto o servicio?".

- Definir estas necesidades en términos generales; esto ayudará a garantizar que no se pierda nada importante en los próximos pasos.

- Si no es posible preguntar directamente a los clientes acerca de sus necesidades, conviene hacer una *lluvia de ideas,* en la que deben participar los clientes, las personas del equipo comercial y representantes de servicio al cliente, así como el equipo que desarrolla el procedimiento.

- Hay que pasar de una mentalidad de ingeniería a una *mentalidad de cliente.*

2. Identificar los impulsores de calidad

- Determinar los impulsores de calidad específicos que deben satisfacer las necesidades que se identificaron en el paso anterior. Estos son los factores que deben de estar presentes para que los clientes consideren que se está entregando un producto o servicio de calidad.

- No hay que apresurarse. Dedicar tiempo en identificar todos los impulsores que son importantes para los clientes.

- Herramientas como el análisis de Kano y el despliegue de la función de calidad o QFD serán útiles, ya que pueden contribuir a identificar las características del producto o servicio que satisfarán a los clientes.

3. Identificar los requerimientos de desempeño

- Identificar los requisitos de rendimiento para cada impulsor de calidad, a fin de proporcionar un requisito medible que se debe cumplir y así entregar un producto o servicio de calidad.

- Es importante recordar que hay muchos factores que pueden afectar a la capacidad de entregar la calidad requerida. Por ejemplo, es importante que existan suficientes recursos económicos y humanos, o que se disponga de la tecnología adecuada. También se debe tener en cuenta qué será necesario hacer en otras partes de la organización para cumplir con estos requisitos mínimos de rendimiento.

Ejemplo

- Elizabeth está lanzando una tienda que vende ropa para bebés.

- Después de hablar con clientes potenciales, una de las necesidades clave que Elizabeth identifica es: **"excelente calidad de servicio al cliente".**

- Por lo tanto, utiliza un árbol de necesidades para crear una lista de requisitos de rendimiento medibles que le ayudarán a lograr su objetivo.

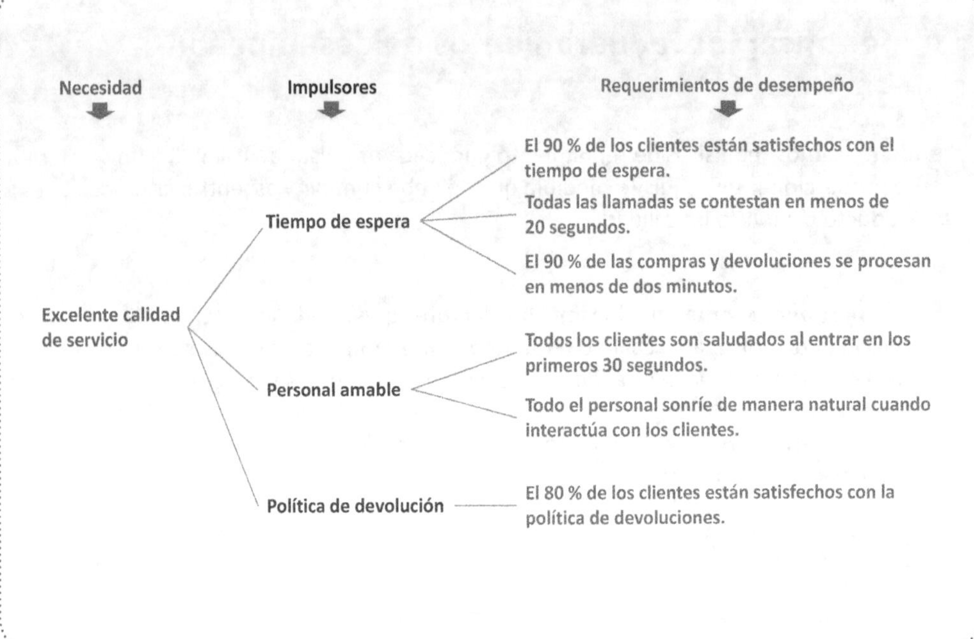

Ejercicio

- Elija un nuevo producto o servicio que su empresa (o una empresa ficticia) va a desarrollar.

- Desarrolle un árbol de necesidades para una necesidad clave de dicho producto o servicio.

La voz del cliente
Despliegue de la función de calidad (QFD)

3.3

Objetivos

1. Conocer los conceptos básicos del despliegue de la función de calidad (QFD).
2. Desarrollar QFD para sus proyectos.
3. Interpretar correctamente los resultados y tomar decisiones.

Contenidos

> Antecedentes
> ¿Qué es despliegue de la función de calidad (QFD)?
> ¿Para qué sirve?
> Procedimiento
> Ejemplo
> Ejercicio

Antecedentes

- El concepto de "despliegue de la función de calidad" o QFD *(quality function deployment)* fue introducido en Japón por Yoji Akao en 1966, siendo aplicado por primera vez en Mitsubishi Heavy Industries Ltd. en 1972.

- Su primera aplicación en empresas occidentales no se produjo hasta mediados de la década de 1980.

- Rank, Xerox y Ford fueron las primeras empresas occidentales en aplicar dicho concepto a sus procesos en el desarrollo de nuevos productos (Zairi y Youssef, 1995).

Yoji Akao

¿Qué es despliegue de la función de calidad (QFD)?

- *Quality function deployment* (QFD) = Despliegue de la función de calidad.

- Un método para traducir requerimientos del cliente, o "los QUÉ" a múltiples niveles de requerimientos internos, o "los CÓMO".

Identificar las necesidades de los clientes

- El despliegue de la función de calidad (QFD) es un proceso para planificar y rediseñar productos y servicios. La entrada del QFD es la "voz del cliente" (VOC).

Voz del cliente 

- La matriz o el diagrama de despliegue de la función de calidad, es la ilustración de la relación entre la "voz del cliente" y los requerimientos técnicos resultantes.

¿Para qué sirve?

- Identificar los requerimientos que más impactan en las necesidades de los clientes.

- Definir los requisitos técnicos que cumplen con los requerimientos del cliente.

- Definir los requerimientos del diseño del proceso para controlarlo y asegurar la mejor calidad.

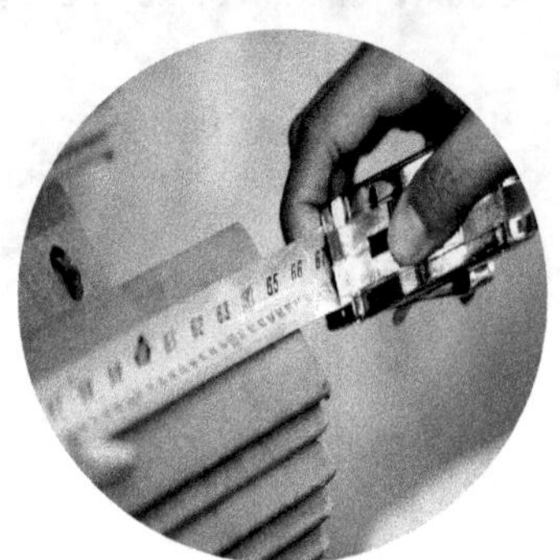

Procedimiento

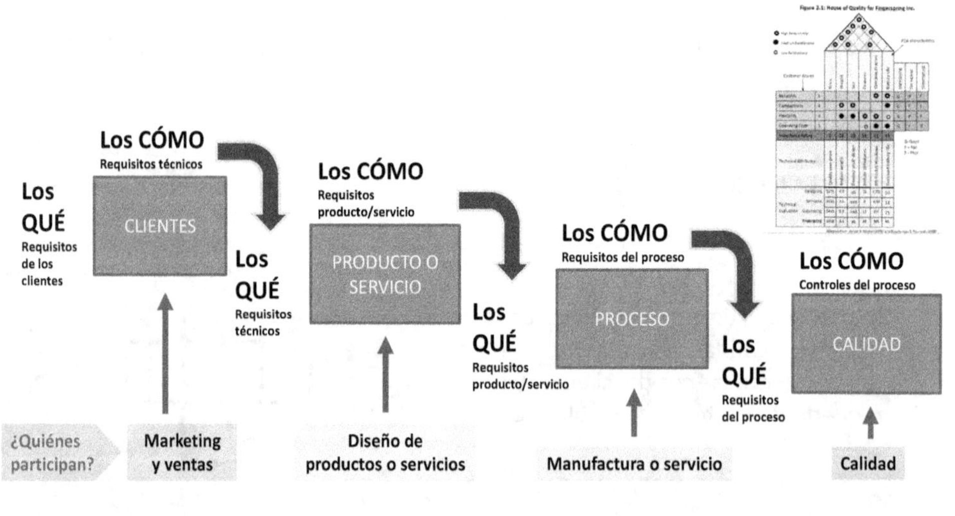

Elementos que componen cada una de las matrices

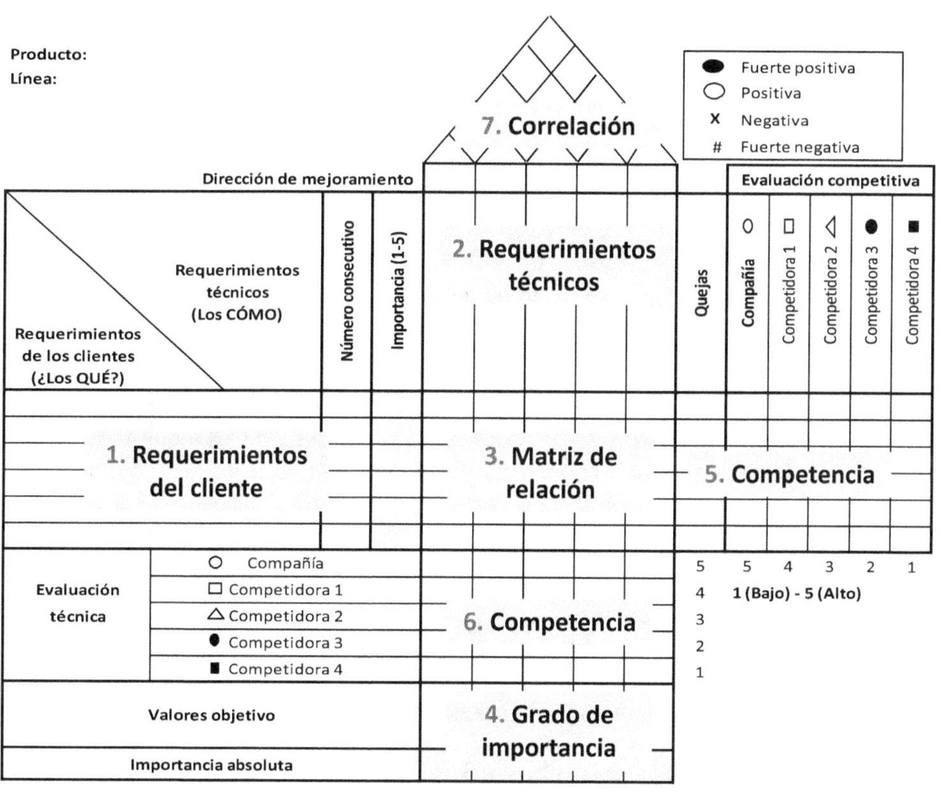

Procedimiento

1. En el apartado **"Requerimientos del cliente"** se deben escribir las necesidades del cliente por categoría, con su nivel de importancia (1 a 5), clasificadas del siguiente modo:

   A. Realizar la recolección de datos, solicitando al cliente que conteste:

      - **¿Cuáles son las características que desea recibir de nuestros productos o servicios?**
      - **¿Cuál es el nivel de importancia que otorga a cada característica?**

   B. Para la pregunta 2, el cliente o usuario tendrá las siguientes opciones para contestar:

      * 5 puntos: Característica clave.
      * 4 puntos: Importante.
      * 3 puntos: Sería bueno tenerlo.
      * 2 puntos: No es muy importante.
      * 1 punto: No importa.

2. En el apartado **"Requerimientos técnicos"** se deben describir los requisitos técnicos que serán necesarios para cumplir con los requerimientos de los clientes; pueden ser sugerencias o elementos ya existentes en el proceso, producto o servicio.

3. En la **"Matriz de relación"**, se ha de establecer un grado de relación entre las necesidades de los clientes (los QUÉ) y los requisitos técnicos (los CÓMO). Este grado de relación califica en qué grado influye cada requisito sobre cada una de las necesidades del cliente (es decir, la influencia que tiene el requisito para cumplir dicha característica), y se asignan de acuerdo con la siguiente valoración:

   0 puntos: No existe relación entre la necesidad y el requisito técnico.
   1 punto: Existe una relación débil entre la necesidad y el requisito técnico.
   3 puntos: Existe una relación moderada entre la necesidad y el requisito técnico.
   9 puntos: Existe una relación fuerte entre la necesidad y el requisito técnico.

4. Para obtener el **"Grado de importancia"** de cada requerimiento técnico, se debe multiplicar el valor de la relación por el nivel de importancia de la correspondiente característica y sumar los valores por columna.

5. En el apartado "Competencia" (a la derecha de la matriz de relación), realizar el *benchmark* del cumplimiento de las necesidades con respecto a los competidores más importantes. Esto se efectúa mediante una encuesta a los clientes o usuarios.

6. En el apartado "Competencia" (bajo la matriz de relación), realizar el *benchmark* de los requisitos técnicos con respecto a los competidores más importantes. Por lo general, es necesario comparar el producto o servicio con los de las empresas competidoras.

7. En la pirámide superior, evaluar (mediante símbolos) la correlación entre los requisitos técnicos. Esta correlación puede ser:

   - Fuertemente positiva: al aumentar o mejorar el requerimiento técnico en cuestión, aumenta o mejora también el requerimiento con el que se le está comparando (o disminuye si el primero disminuye), en un grado fuerte.
   - Positiva: al aumentar o mejorar el primer requerimiento técnico, el segundo (con el que se está comparando) también aumenta o mejora, en un grado menor. Lo mismo sucede en sentido inverso (si el primero disminuye, el segundo también lo hace).
   - Negativa: la correlación es contraria, es decir, si el primer requerimiento aumenta, el segundo disminuirá y viceversa.
   - Fuertemente negativa: similar al anterior, pero en un grado más fuerte de relación.
   - Nula: no existe correlación entre los requerimientos comparados.

8. Para la segunda matriz (matriz de diseño), se debe repetir el procedimiento utilizando como entradas los requisitos técnicos (los CÓMO se transforman en los QUÉ) y asignando los requerimientos del producto o servicio que cumplirán dichos requisitos técnicos.

Continuar de igual manera para obtener las tercera matriz (matriz de proceso) y la cuarta (matriz de control).

Ejemplo

- El equipo de Manufacturera Química realiza un QFD para determinar los requerimientos técnicos que deberá establecer con objeto de cubrir las necesidades de sus clientes para el producto: fertilizante en polvo.

- Como conclusión, el requerimiento técnico más importante es contar con un proceso ágil y confiable, ya que es el que tiene el grado de importancia absoluta más alto (129 puntos) y, aun cuando el análisis comparativo muestra que está mejor que su compañía competidora (nivel 3 contra nivel 2), existen puntos de mejora.

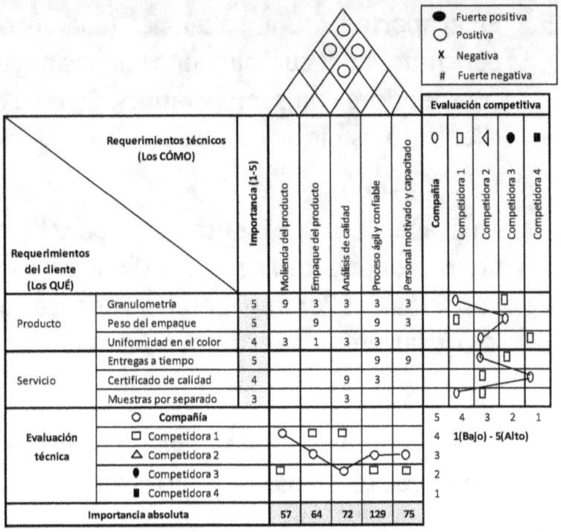

Ejercicio

Despliegue de la función de calidad:

- Emplear la información generada por el modelo de Kano del cliente (los QUÉ), hacer un despliegue de la función de calidad para la elaboración del café en su primera etapa (Casa 1).

Cierre de la fase definir

Una vez concluidas las actividades de la fase "definir", el equipo de mejora debe verificar el cumplimiento de los objetivos, antes de pasar a la fase "medir", mediante la siguiente lista de verificación:

Revisión de etapa de definición

Proyecto: ____   Fecha: _______________

	Sí	No
1. Se confirmó que el proyecto pretende resolver un área de oportunidad lo suficientemente importante para contar con el apoyo de la dirección de la empresa.	☐	☐
2. Se definió el caso de negocio, explicando el impacto potencial que tiene en los resultados de la organización y su relación con el plan estratégico.	☐	☐
3. Se tiene definida el área de oportunidad y la definición se enfoca solo en los síntomas del problema (no en las causas ni soluciones).	☐	☐
4. Se tienen definidos los resultados esperados del proyecto: objetivo y fecha de finalización.	☐	☐
5. Se tienen definidos elementos clave del proceso DMAIC, como son: plan preliminar, equipo de trabajo, roles de los miembros del equipo, alcance del proyecto, etc.	☐	☐
6. Se revisó la hoja de definición del proyecto con el facilitador y se confirmó su soporte al mismo.	☐	☐
7. Se identificaron los clientes y sus requerimientos clave (CTQ) para el proceso que ha de ser mejorado.	☐	☐

Mapas de proceso

Conocer el proceso es clave para entender su comportamiento

Objetivos

1. Conocer los elementos que componen los diferentes mapas de proceso.
2. Desarrollar mapas para cualquier proceso de la organización.
3. Integrar sus mapas a los proyectos Lean Six Sigma.

Contenidos

> Antecedentes
> ¿Para qué sirve un mapa de proceso?
> Tipos de mapas de proceso
> Conclusiones
> Ejercicio

Antecedentes

- Para que una organización funcione de manera eficaz, tiene que **identificar** y **gestionar** numerosas actividades relacionadas entre sí.

- Una actividad que utiliza recursos y que se gestiona con el fin de permitir que los elementos de entrada se transformen en resultados, se puede considerar como un **proceso**.

- Con frecuencia, el resultado de un proceso constituye directamente el elemento de entrada del siguiente proceso.

LSSI
LEAN SIX SIGMA INSTITUTE

¿Qué es un proceso?

En una empresa, un proceso es una combinación de actividades compuesta por una o más entradas de factores de producción o servicio que crean una salida con valor para el cliente.

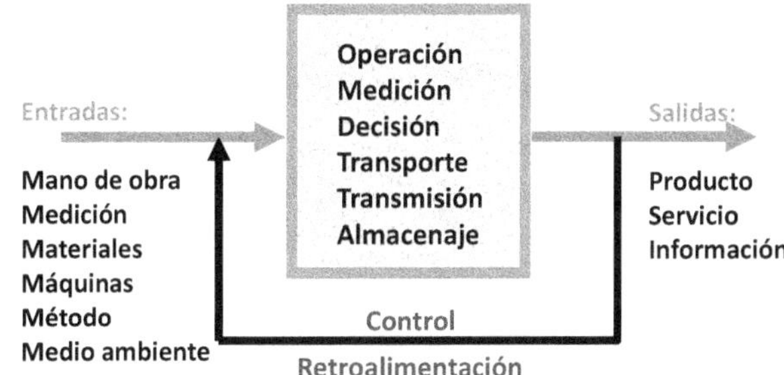

¡Todo lo que hacemos forma parte de un proceso!

Clave:

- Identificar y medir las entradas y salidas clave.
- Las entradas clave X son causales de las salidas clave Y o efectos:
  $$Y = f(X_1) + f(X_2) + \ldots + f(X_n)$$

Si X es...	Entonces Y es...
Tiempo de ciclo	Entregas a tiempo
Cantidad de azúcar	Sabor dulce del pastel

Clave:

- Establecer **control** sobre las entradas y salidas clave.
- Utilizar las salidas clave para **retroalimentar** al proceso y dirigirlo hacia el desempeño objetivo.

¿Para qué sirve un mapa de proceso?

- Para administrar el proceso de mejora y tener un nivel elevado de conciencia sobre todas las actividades de una compañía.

- Para conocer con detalle el proceso y buscar oportunidades de:

  - Eliminar pasos.
  - Hacerlo más rápido.
  - Hacer pasos en paralelo.
  - Reacomodar pasos.
  - Simplificar fases del proceso.

- Para definir los factores clave para la calidad (CTQ) mediante las entradas y salidas del proceso.

- Para definir el estado actual del proceso.

- Para identificar problemas potenciales y causas raíz en el proceso y, posteriormente, generar alternativas de solución.

Tipos de mapas de proceso

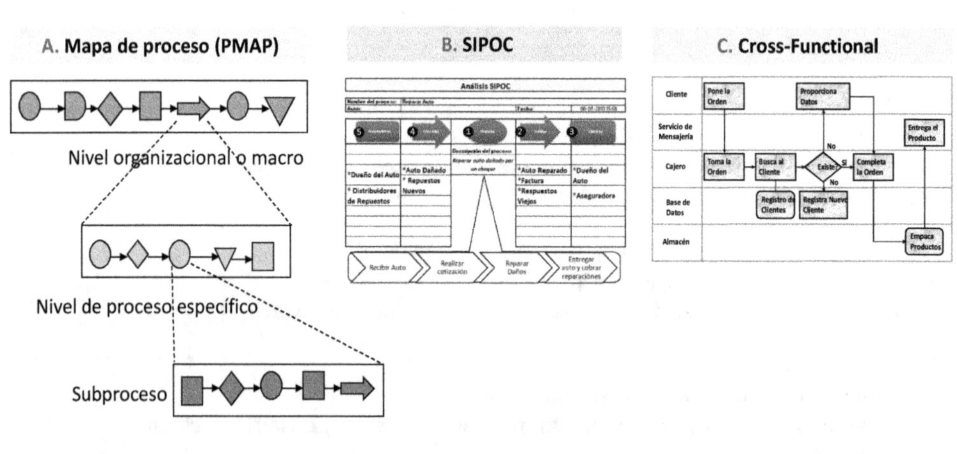

A. ¿Qué es un mapa de proceso (PMAP)?

Un **mapa de proceso** o **PMAP** (por sus siglas en inglés, *process map):*

- Es similar a un diagrama de flujo de proceso.

- Es una herramienta gráfica que sirve para documentar el flujo de un proceso.

- En el mapa de proceso se incluyen las variables de entrada (X) y salida (Y) de cada operación. Además, se clasifican estas variables como de **ruido, controlables, estándar** y **críticas**.

- Se puede utilizar para mostrar la cadena de valor de un proceso, incluyendo información y servicio.

Un mapa de proceso (PMAP) es una *representación visual* de un proceso que transforma un conjunto de entradas en salidas.

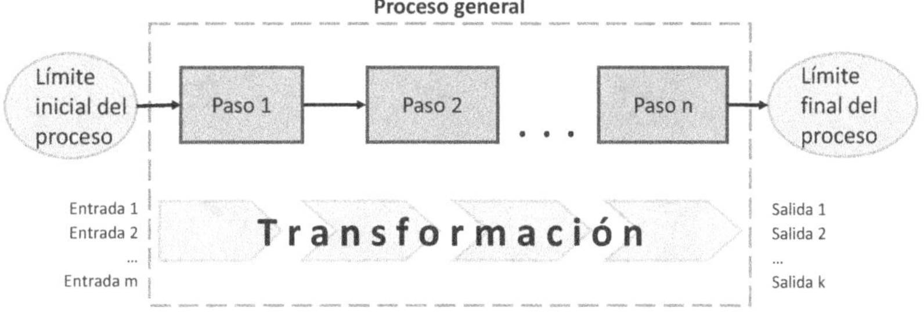

Procedimiento del mapa de proceso (PMAP)

1. Identificar todas las etapas del proceso.

2. Para cada etapa, listar las entradas y salidas.

3. Caracterizar las entradas.

4. Determinar los requerimientos para las variables de entrada y de salida.

5. Validar el mapa del proceso.

Símbolos para elaborar un mapa de proceso

Los símbolos para construir un mapa de proceso (PMAP) son similares a los de un diagrama de flujo:

Inicio o fin

Operación:
Actividad, inspección, prueba, etc.

Decisión:
Un paso en el proceso donde puede ocurrir un cambio en el flujo.

Transporte:
Moverse de un lugar a otro.

Almacenar:
Conservar para uso futuro.

Retraso o espera:
Esperar a la siguiente operación, no agrega valor.

Conector

1. Identificar las etapas del proceso

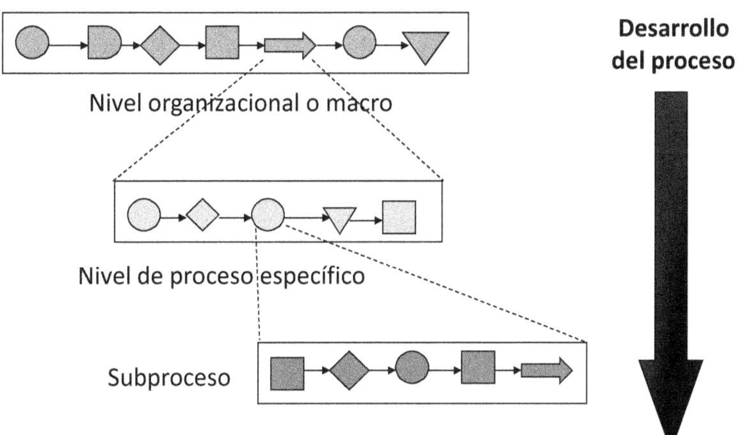

Incluir todas las actividades: agreguen o no valor.

2. Listar las entradas y salidas

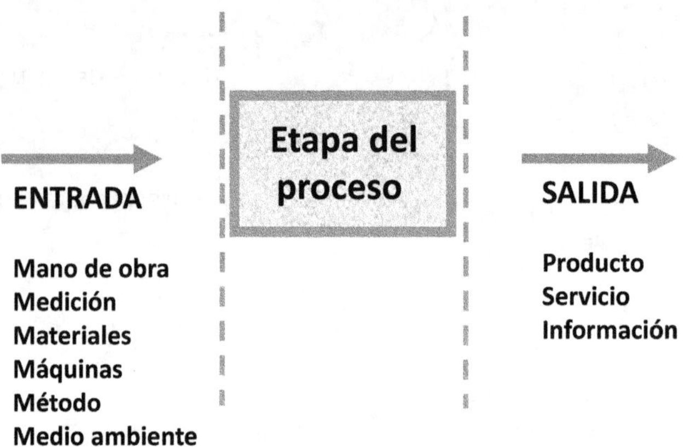

Proceso de limpieza de partes

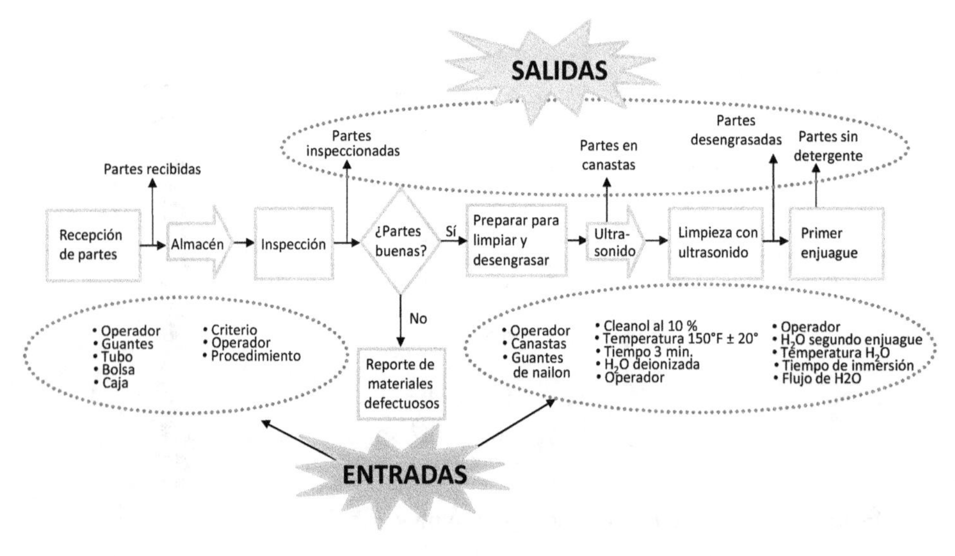

3. Caracterizar las entradas

Las entradas se clasifican en cuatro categorias:

N: Ruido

C: Controlable

S: Operación estándar

X: Crítica

- **Entradas de ruido (N):** son aquellas entradas difíciles o incontrolables. Por ejemplo, el medio ambiente (humedad, temperatura ambiental, etc.)
- **Entradas controlables (C):** son aquellas que se pueden cambiar para ver los efectos en las variables de salida, a veces llamadas variables de "perilla".
- **Operación estándar (S):** un procedimiento estándar para ejecutar el proceso.
- **Entradas críticas (X):** son aquellas que estadísticamente se ha demostrado que tienen un impacto sobre las variables de salida.

Proceso de limpieza de partes

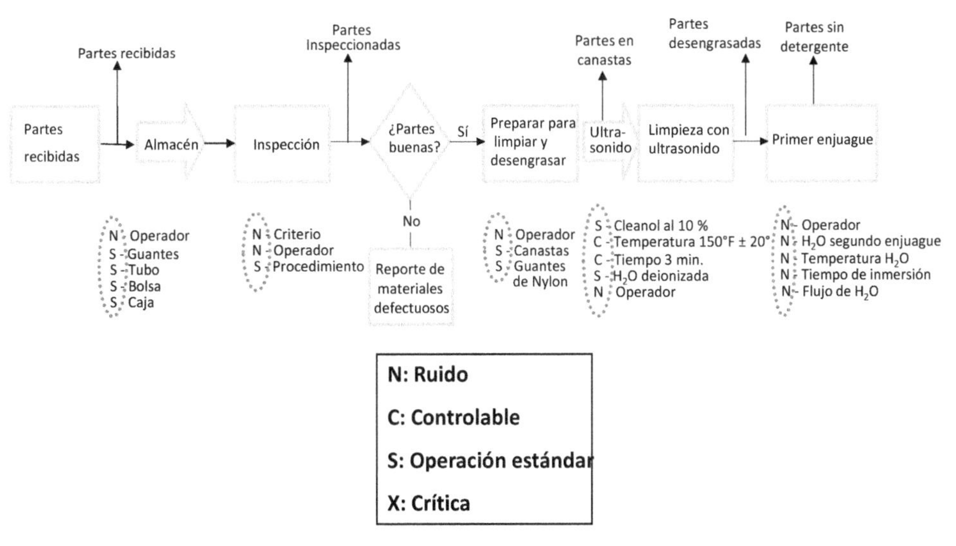

4. Determinar los requerimientos

Se deben incluir:

- Requerimientos de las entradas controlables, estándar y criticas.

- Requerimientos de las salidas.

Entrada	Caracterización	Requerimiento
Temperatura del agua	Controlable	150°F +/−20
Tiempo	Controlable	3 min.
Guantes	Estándar	Nailon
Canastas	Estándar	Acero inoxidable

5. Validar el mapa del proceso

Validar la exactitud del mapa que se ha generado.

- Caminar a través del **proceso real.**

- Incluir a aquellas personas que trabajan diariamente en el proceso: las **expertas** del proceso.

- **Actualizar** el mapa cuando se hagan cambios en el proceso.

B. ¿Qué es un diagrama SIPOC?

- Es un recurso que proporciona una perspectiva gráfica de las etapas del proceso global con empresas proveedoras clave, entradas, salidas y personas usuarias de los resultados (salidas) del proceso.

- Es una herramienta que permite analizar un proceso en cuanto a sus parámetros para conocer plenamente su impacto en la cadena de valor.

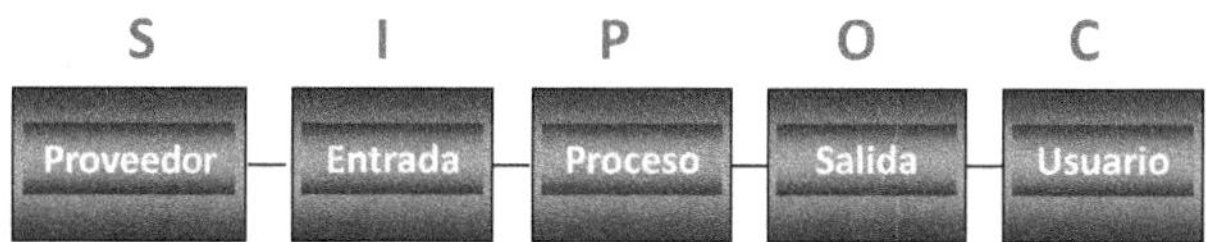

Procedimiento SIPOC - Elementos

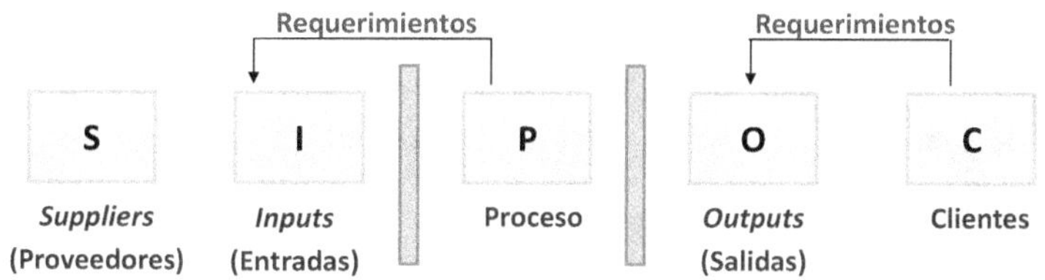

- **Proveedores**
  Proporcionan las entradas al proceso.
- **Entradas**
  Recursos que el proceso requiere.
- **Requerimientos de las entradas**
  Lo que el proceso requiere de las entradas (medibles, cuantificables).
- **Proceso**
  La actividad que transforma las entradas en salidas.

- **Salidas**
  Productos o servicios proporcionados.
- **Clientes**
  Quienes establecen los requerimientos de las salidas.
- **Requerimientos de las salidas**
  Lo que los clientes requieren de las salidas (medibles, cuantificables).

Procedimiento SIPOC

1. Identificar el proceso y sus límites.

2. Identificar las salidas del proceso.

3. Identificar los clientes para cada salida.

4. Listar los requerimientos para cada salida.

5. Identificar las entradas del proceso.

6. Identificar los proveedores para cada entrada.

7. Hacer una lista de los requerimientos para cada entrada.

8. Realizar un análisis y obtener conclusiones.

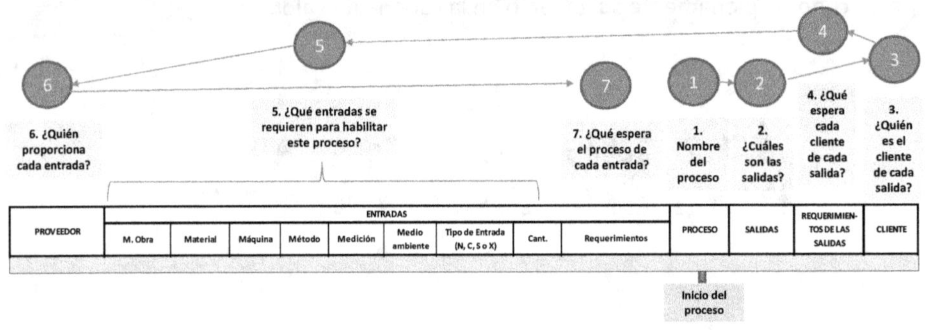

PROVEEDOR	ENTRADAS									PROCESO	SALIDAS	REQUERIMIENTOS DE LAS SALIDAS	CLIENTE
	M. Obra	Material	Máquina	Método	Medición	Medio ambiente	Tipo de Entrada (N, C, S o X)	Cant.	Requerimientos				

1. Identificar el proceso y sus límites

Asignar un nombre al proceso

- Corto pero descriptivo.
- Debe declarar una acción.
- Debe abarcar todo el proceso en cuestión.

Identificar los límites del proceso

- Asegurar que el patrocinador tiene control sobre todo el proceso.
- Asegurar que el problema se encuentra dentro de los límites.
- Los límites del proceso definen el alcance de la oportunidad de mejora.

Ejemplo

El equipo de Alberto Hernández, en el Banco del Pacífico, efectuará un diagrama SIPOC de atención al cliente en sucursal e identifica dos procesos:

2. Identificar las salidas del proceso

- Hacer un listado de lo que el proceso provee:
  - Producto.
  - Servicio.
  - Documentación.
  - Información.
  - Desperdicio (salida indeseable).
- Hacer una lista de las salidas actuales, no las deseadas o futuras.
- Estas son las grandes Y del proceso.

PROCESO	SALIDAS
Orientación al cliente a su llegada	Instrucciones hacia dónde dirigirse para su atención
Atención	Servicio prestado

3. Identificar los clientes para cada salida

- Hacer un listado de los recipientes de las salidas listadas en el paso 2:
  - Pueden ser clientes externos o internos.
  - Pueden ser diferentes departamentos.
  - Puede ser la gerencia.
- Los clientes y las salidas se deben alinear horizontalmente.

PROCESO	SALIDAS	REQUERIMIENTOS DE LAS SALIDAS	CLIENTE
Orientación al cliente a su llegada	Instrucciones hacia dónde dirigirse para su atención		Cliente externo
Atención	Servicio prestado		Cliente externo

4. Hacer una lista de los requerimientos para cada salida

- Hacer una lista de los requerimientos de cada cliente para cada salida.

- Los requerimientos deben ser:

  - Numéricos.

  - Específicos.

  - Cuantitativos.

- Subrayar un requerimiento cuando:

  - No se esté cumpliendo actualmente.

  - No exista.

PROCESO	SALIDAS	REQUERIMIEN-TOS DE LAS SALIDAS	CLIENTE
Orientación al cliente a su llegada	Instrucciones hacia dónde dirigirse para su atención	Instrucciones precisas Menos de dos minutos	Cliente externo
Atención	Servicio prestado	Menos de seis minutos	Cliente externo

Escuchar la voz del cliente

- Para obtener los requerimientos del cliente…

  - Observe cómo se usa el producto o cómo se presta el servicio.

  - Use el producto o reciba el servicio usted mismo.

  - Encueste a los clientes o utilice grupos de enfoque.

  - ¿Qué es lo que dicen los clientes? ¿Qué están haciendo?

- Tenga cuidado…

  - No haga preguntas de "sí" y "no". Se obtiene muy poco.

  - No asuma que todos darán las mismas respuestas.

- Este es un proceso continuo…

  - ¿Cuáles son las necesidades futuras del cliente?

  - Conozca a los clientes, los mercados, las oportunidades actuales y futuras.

5. Identificar las entradas del proceso

- Hacer una lista de lo que el proceso necesita para generar las salidas.

- Deben ser sustantivos (no adjetivos).

- Use las 6 M para encontrar todas las entradas de nivel alto:
  - Mano de obra.
  - Material.
  - Método.
  - Medición.
  - Máquina.
  - Medio ambiente.

ENTRADAS									PROCESO
Mano de obra	Material	Máquina	Método	Medición	Medio ambiente	Tipo de entrada (N, C, S o X)	Cantidad	Requerimientos	
Recepcionista									Orientación al cliente a su llegada
	Instructivo								
		PC							
			Procedimiento						
Cajero									Atención
	Dinero								
	Papel								
		PC							
		Registradora							
			Procedimiento						

6. Identificar proveedores para cada entrada

- Hacer un listado de las entidades que proporcionan las entradas al proceso:

  - Pueden ser internas o externas.
  - Pueden ser diferentes departamentos.
  - Puede ser la gerencia.

- Se deben alinear horizontalmente con las entradas:

  - Cada entrada debe tener al menos un proveedor.

PROVEEDOR	ENTRADAS									PROCESO
	Mano de obra	Material	Máquina	Método	Medición	Medio ambiente	Tipo de entrada (N, C, S o X)	Cantidad	Requerimientos	
Recursos humanos	Recepcionista									Orientación al cliente a su llegada
Área de procesos		Instructivo								
Informática			PC							
Área de procesos				Procedi-miento						
Recursos Humanos	Cajero									Atención
Caja fuerte		Dinero								
Insumos		Papel								
Informática			PC							
Informática			Registra-dora							
Área de Procesos				Procedi-miento						

7. Hacer un listado de los requerimientos para cada entrada

- Hacer una lista de los requerimientos del proceso para cada entrada.

- Los requerimientos deben ser:

  - Numéricos.

  - Específicos.

  - Cuantitativos.

- Subrayar un requerimiento cuando:

  - No se esté cumpliendo actualmente.

  - No exista.

PROVEEDOR	ENTRADAS									PROCESO
	Mano de obra	Material	Máquina	Método	Medición	Medio ambiente	Tipo de entrada (N, C, S o X)	Cantidad	Requerimientos	
Recursos humanos	Recepcionista						N	1	Experiencia de dos años	Orientación al cliente a su llegada
Área de procesos		Instructivo					S	1	Actualizado	
Informática			PC				S	1	Marca HP	
Área de procesos				Procedi-miento			S	1	Actualizado	
Recursos humanos	Cajero						N	1	Experiencia de dos años	Atención
Caja fuerte		Dinero					S	Suficiente	Reposición continua	
Insumos		Papel					S	Suficiente	Reposición continua	
Informática			PC				S	1	Marca HP	
Informática			Registra-dora				S	1	Marca HP	
Área de procesos				Procedi-miento			S	1	Actualizado	

8. Análisis SIPOC

Identificar las deficiencias SIPOC

- *Requerimientos* faltantes de entradas o salidas.
- *Clientes* faltantes.
- *Proveedores* faltantes.
- Requerimientos de entradas o salidas *no cumplidas*:
  - Esto incluye requerimientos *no medidos* actualmente.
- *Entradas o salidas* faltantes.
- *Conexión no clara* entre:
  - Entradas y salidas.
  - Salidas y clientes.
  - Proveedores y entradas.

Subrayar todas las deficiencias en el mismo formato SIPOC.

Determinar el enfoque y el objetivo:

- Definir las *deficiencias que tratará* la oportunidad de mejora.
- Establecer las deficiencias que *no* se tratarán y el por qué.
- Precisar la *métrica* de éxito de la oportunidad de mejora.

Determinar:

- *Propietarios* de los procesos afectados.
- *Proveedore*s afectados.
- *Clientes* afectados.

Ejemplo SIPOC

- Diagrama SIPOC de atención al cliente en sucursal:

Proveedor	ENTRADAS									Proceso	Salidas	Requerimientos de las salidas	Cliente
	Mano de obra	Material	Máquina	Método	Medición	Medio ambiente	Tipo de entrada (N, C, S o X)	Cantidad	Requerimientos				
Recursos humanos	Recepcionista						N	1	Experiencia de dos años	Orientación al cliente a su llegada	Instrucciones hacia dónde dirigirse para su atención	Instrucciones precisas Menos de dos minutos	Cliente externo
Área de procesos		Instructivo					S	1	Actualizado				
Informática			PC				S	1	Marca HP				
Área de procesos				Procedi-miento			S	1	Actualizado				
Recursos Humanos	Cajero						N	1	Experiencia de dos años	Atención	Servicio prestado	Menos de seis minutos	Cliente externo
Caja fuerte		Dinero					S	Suficiente	Reposición continua				
Insumos		Papel					S	Suficiente	Reposición continua				
Informática			PC				S	1	Marca HP				
Informática			Registra-dora				S	1	Marca HP				
Área de procesos				Procedi-miento			S	1	Actualizado				

C. ¿Qué es un Cross – Functional Map?

Se trata de un diagrama que proporciona una perspectiva gráfica de las etapas del proceso, con un énfasis especial en las responsabilidades y relaciones interdepartamentales.

¿Para qué sirve un Cross – Functional Map?

- Conocer las *relaciones y responsabilidades* existentes entre los departamentos a lo largo de un proceso.

- Identificar las *posibles causas* de un problema existente entre departamentos o actores.

- *Delimitar y delegar responsabilidades* de las áreas involucradas en un proceso.

Procedimiento del Cross – Functional Map

1. Identificar las etapas o actividades del proceso.

2. Definir los actores o responsables del proceso.

3. Acomodar la secuencia o las actividades del proceso según el actor respecto al tiempo.

4. Validar el mapa.

LSSI
LEAN SIX SIGMA INSTITUTE

Ejemplo de Cross – Functional Map

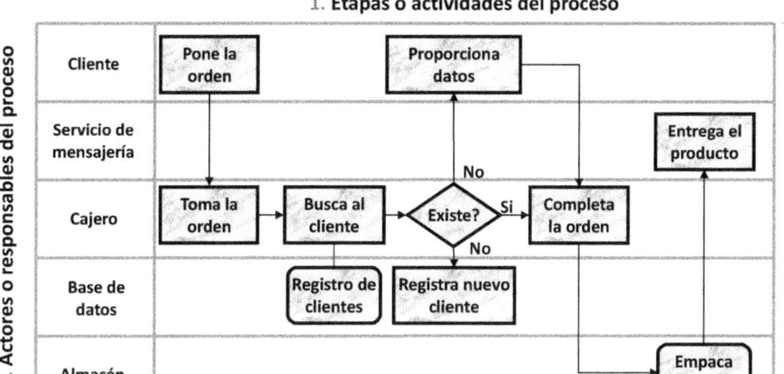

Errores comunes al mapear un proceso

- *No se capturaron* completamente las fuentes de variación.

  - Se debe recorrer el proceso varias veces, en varios turnos.
  - Se han de considerar todas las variables de entrada.
  - El proceso puede ser muy diferente a lo que se piensa sobre él.

- *Fábrica oculta* no identificada.

  Los pasos no documentados del proceso pueden ser los puntos clave de entrada de alguna variación.

- *Salidas esperadas* de los pasos del proceso que *no están identificadas* o no están claramente definidas.

Información adicional

Se puede incluir lo siguiente para mejorar el mapa del proceso y, en consecuencia, la comprensión del mismo:

- Observaciones del proceso:

  - Observaciones propias o de su equipo.
  - Observaciones de operadores, dueños del proceso.

- Fotos o diagramas para ilustrar pasos del proceso.

- Datos de salida.

- Datos de entrada.

- Datos para procesar.

Ejercicio

- Formar un equipo que cuente con un hoja de grandes dimensiones y rotuladores.

- En equipo, se debe realizar el tipo de mapa que indique el instructor para un proceso específico.

- Presentar el diagrama.

LSSI
LEAN SIX SIGMA INSTITUTE

Análisis del sistema de medición

Los datos solo son tan buenos como el sistema que los sostiene

Objetivos

1. Comprender qué es, términos y conceptos de un sistema de medición.
2. Interpretar los coeficientes básicos de un estudio MSA.
3. Desarrollar un estudio MSA.

Contenidos

> Antecedentes
> ¿Qué es el sistema de medición?
> ¿Cuándo se utiliza?
> Conceptos clave
> Procedimiento
> Ejemplos
> Ejercicio

Antecedentes

*"Cuando mides lo que hablas y lo expresas en números,
tú realmente sabes acerca de eso." Lord Kelvin*

- Lord Kelvin enfatizó mucho el hecho de que sin mediciones precisas el progreso de muchas áreas de la ciencia sería muy pobre.

- El incremento en el conocimiento está intrínsecamente relacionado con el aumento en la precisión de las mediciones.

Evaluación del sistema de medición

¿Cómo es de bueno nuestro sistema de medición?

¿Puede detectar estos defectos?

- Llamada perdida de un cliente.
- Papeles extraviados.
- Error en un formato de factura.
- Ausencias no planificadas.
- Parte/ensamble defectuoso.

- Accidente en el trabajo.
- Error al teclear los datos para ingresar información.
- Lista de precios equivocada enviada a distribución.
- Incumplimiento de entrega al cliente.
- Mal olor, sabor o apariencia.

Defecto: una falla o no conformidad que ocasiona que un producto o servicio no cumpla las expectativas o las claves para la calidad (CTQ).

Ejercicio de inspección

- Una inspección «al 100 %» no es 100 % efectiva. Como demostración de la efectividad de una inspección visual al 100 %, determina el número de **enes (n)** en el párrafo siguiente.

- Lee el párrafo completo al mismo tiempo que cuentas las letras **«n»**:

> **La necesidad de entrenar a los ordeñadores de una granja para ser una granja de clase mundial en la fraternidad de ordeñadores de granjas, es lo más importante en la mente de los granjeros. Desde sus antepasados, los granjeros entrenan a los ordeñadores de una granja para ser una granja de clase mundial, pues los granjeros sienten que deben seguir las tradiciones familiares de entrenar a los ordeñadores de la granja porque ellos creen que son los fundamentos básicos del manejo de la granja.**

- Vuelve a contar..

> **La necesidad de entrenar a los ordeñadores de una granja para ser una granja de clase mundial en la fraternidad de ordeñadores de granjas, es lo más importante en la mente de los granjeros. Desde sus antepasados, los granjeros entrenan a los ordeñadores de una granja para ser una granja de clase mundial, pues los granjeros sienten que deben seguir las tradiciones familiares de entrenar a los ordeñadores de la granja porque ellos creen que son los fundamentos básicos del manejo de la granja.**

Efectividad del sistema

¿Cuál sería un porcentaje aceptable de error para este ejercicio?

¿90, 95, 99 % o más?

$$\text{Porcentaje de efectividad} = \frac{\text{Número de respuestas correctas}}{\text{Total de personas que han contado}}$$

¿Es este grupo un sistema de medición adecuado?

¿Qué es el sistema de medición?

- **Sistema de medición:** está formado por las operaciones, los procedimientos, los calibradores o instrumentos de medición, el equipo adicional o de soporte, el *software* y el personal definido para obtener una medición. El medio ambiente también participa.

- **Calibrador:** dispositivo empleado para obtener una medición.

¿Qué es el análisis del sistema de medición (MSA)?

El análisis del sistema de medición o MSA *(measurement system analysis)* permite:

- Identificar y cuantificar las diferentes fuentes de variación que afectan a un sistema de medición.

- Identificar el error de medición: la variación en las mediciones son atribuidas a la variación en la parte que está siendo medida y al sistema de medición mismo. La variación en el sistema de medición mismo es un error de medición.

$$\sigma_T^2 = \sigma_P^2 + \sigma_M^2 + \varepsilon$$

Producto   Sistema de   Error
medición

$$\sigma_M^2 = \sigma_O^2 + \sigma_E^2$$

Operador   Equipo

Propiedades estadísticas

Todos los sistemas de medición deben poseer las siguientes propiedades estadísticas:

- Estar en control estadístico (estabilidad estadística).

- Su variabilidad debe ser pequeña comparada con las especificaciones y con la variación del proceso.

- Los incrementos de medida no deben ser mayores a 1/10 de lo menor entre las especificaciones y la variación del proceso (discriminación o resolución).

- Poco sesgo.

¿Cuándo se utiliza?

La evaluación de los sistemas de medición se efectúa a través de la *repetibilidad, reproducibilidad* (calibrador R&R), *exactitud, estabilidad* y *linealidad*.

- **Usos de la evaluación:**
  - Aceptar un equipo nuevo.
  - Comparar dos equipos entre sí.
  - Evaluar un calibrador sospechoso.
  - Evaluar un calibrador antes y después de repararlo.
  - Antes de implantar gráficas de control.
  - Cuando disminuya la variación del proceso.
  - De manera continua de acuerdo con la frecuencia de medición recomendada en los estudios.

Conceptos clave

Características del sistema de medición

- Exactitud.

- Precisión.

- Discriminación (resolución).

- Estabilidad (consistencia).

- Repetibilidad y reproducibilidad (R&R).

Precisión y exactitud

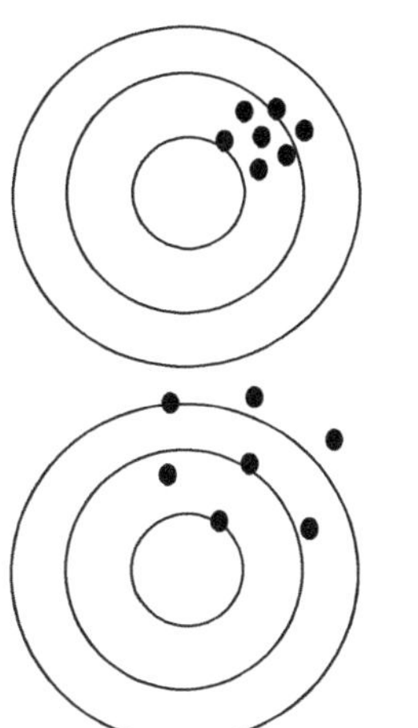
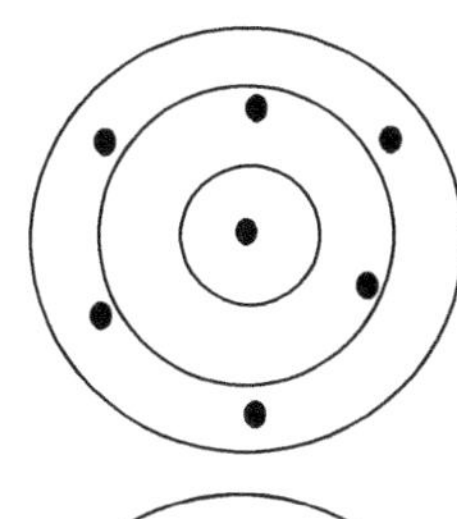
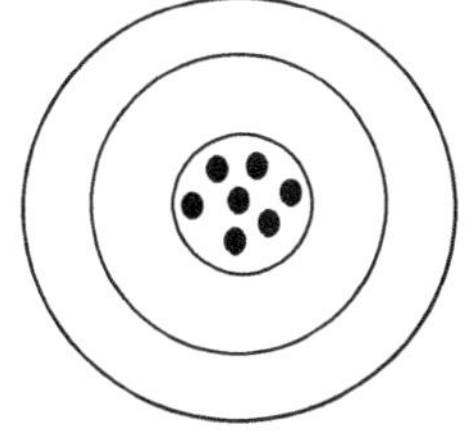
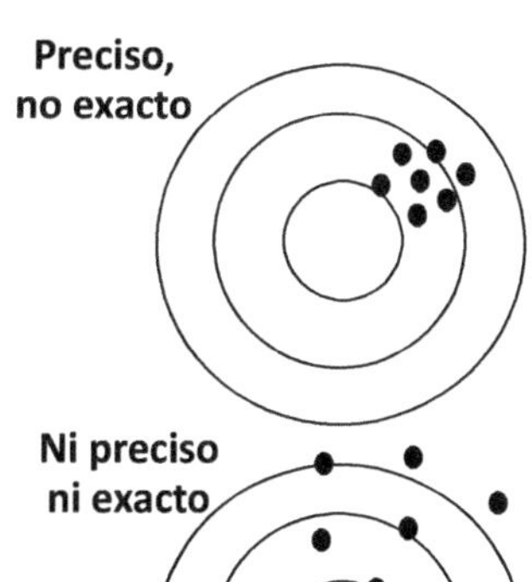

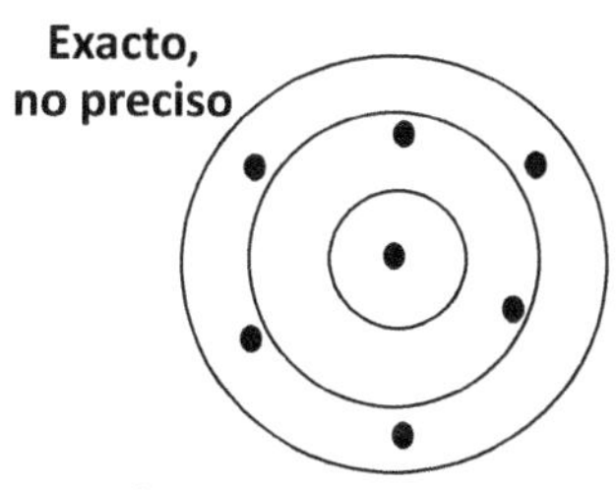

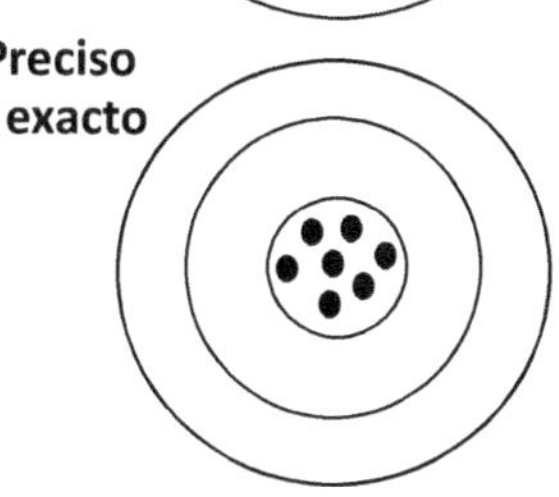

Exactitud

- Se define con respecto a su cercanía (sesgo) con el objetivo. Mayor cercanía implica un buen grado de exactitud.

- Es la diferencia entre el promedio de las mediciones observadas y un valor de referencia.

- El valor de referencia es conocido como un estándar de medición.

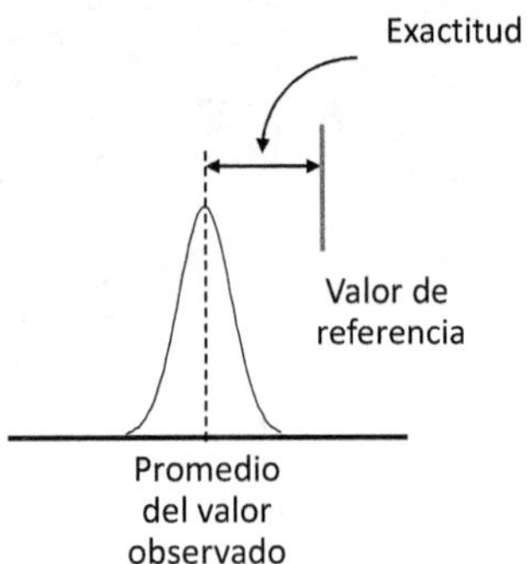

Precisión

- Habilidad de un equipo de medición para obtener los mismos resultados cuando una parte es medida varias veces.

- La precisión se expresa en términos de la desviación estándar.

- Variación o dispersión de las lecturas o del evento.

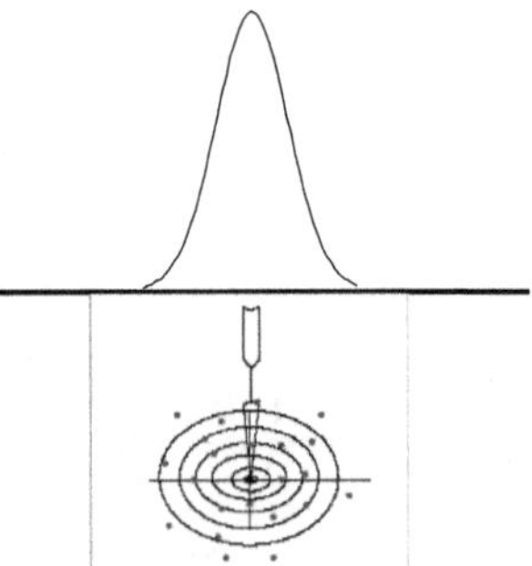

LSSI
LEAN SIX SIGMA INSTITUTE

Discriminación (resolución)

Es la habilidad tecnológica del sistema de medición para diferenciar adecuadamente entre los valores de una medida.

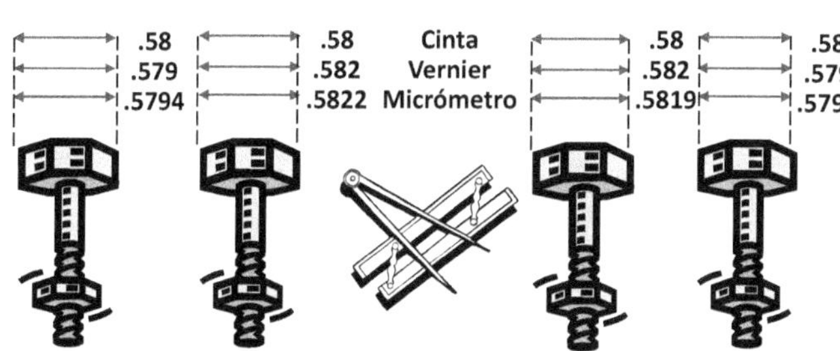

La resolución debe ser 1/10 del límite de tolerancia.
Ejemplo: si se quiere medir a +/− 1 cm, el instrumento debe ser capaz de medir, al menos, en unidades de +/− 0.1 cm.

Estabilidad del sistema

La consistencia de las medidas a través del tiempo.

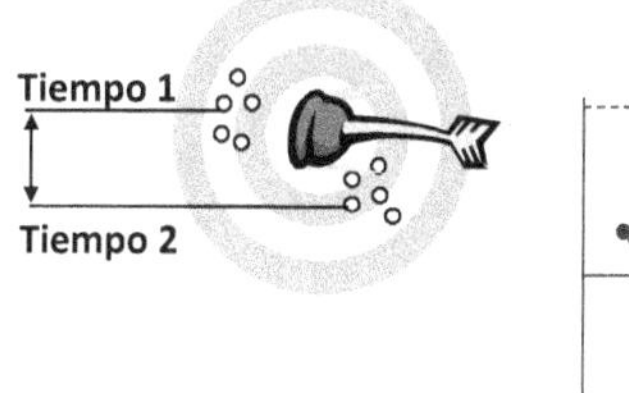

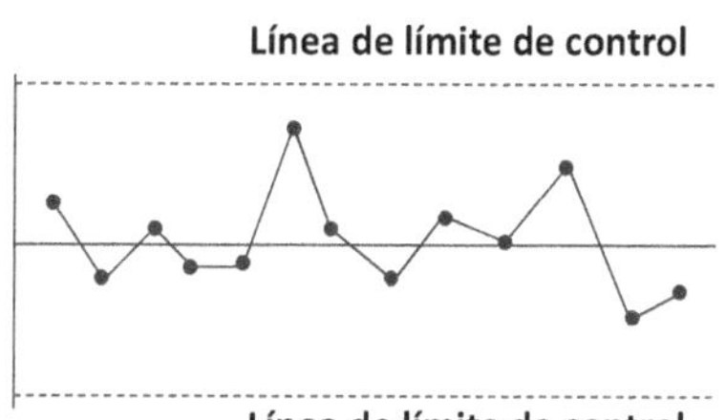

Componentes de variación del proceso

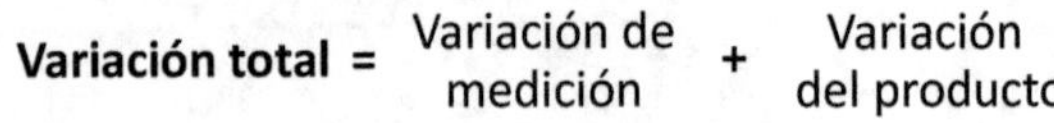

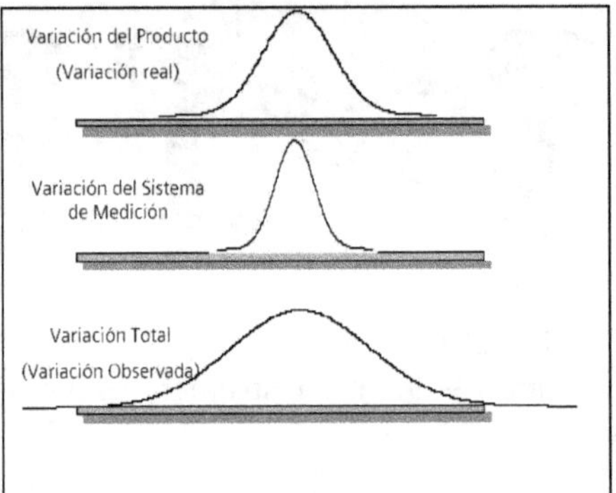

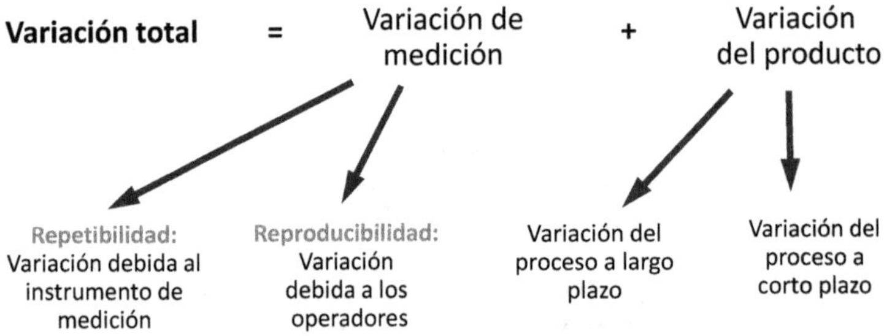

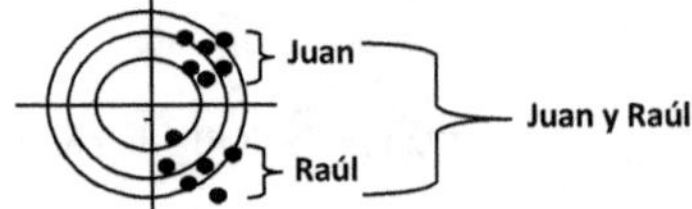

Estudios de repetibilidad y reproducibilidad «R&R»

- Es una metodología estadística para evaluar un sistema de medición.

- Básicamente, un sistema de medición está integrado por:
    - Las partes que se van a medir.
    - El instrumento de medición.
    - Las personas que realizan la medición.

- Las causas de la variabilidad se deben a:
    - La variabilidad entre las partes (proceso).
    - La variabilidad entre las personas que realizan la medición.
    - La variabilidad del instrumento de medición.

Repetibilidad (precisión)

La repetibilidad del sistema de medición es la variación en las mediciones obtenidas por **un usuario** único utilizando el **mismo instrumento** para medir características idénticas en las mismas partes.

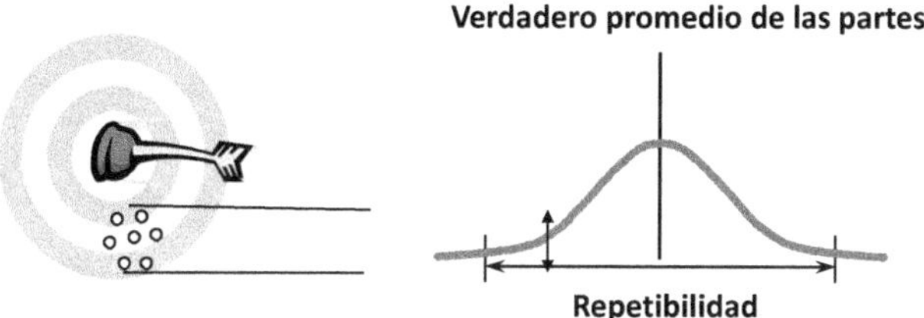

Reproducibilidad

La **reproducibilidad** del sistema de medición es la variación en el promedio de las mediciones efectuadas por **diferentes usuarios** usando el **mismo instrumento** cuando miden características idénticas en las mismas partes.

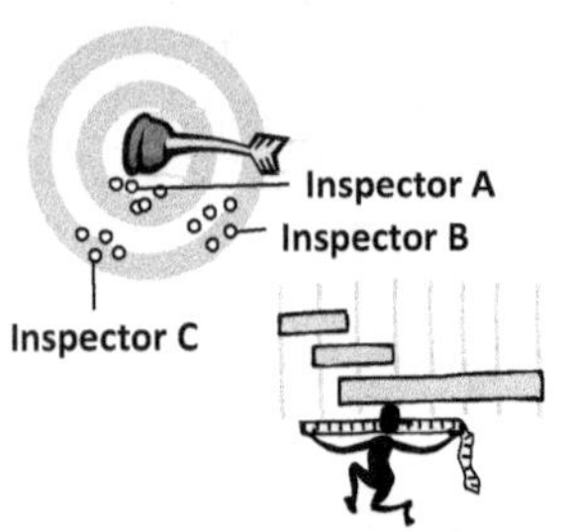

La diferencia entre el promedio de las medidas.

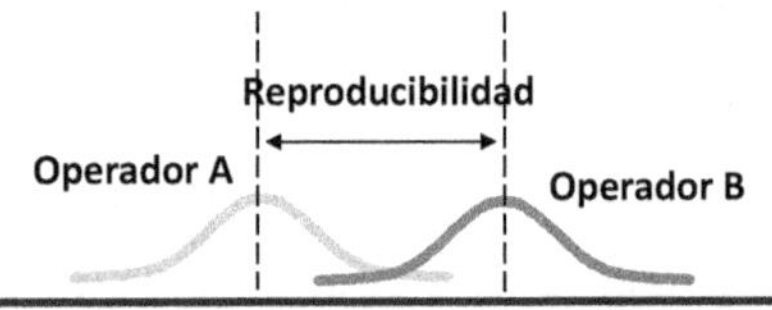

Tipos de análisis del sistema de medición (R&R)

- **R&R para variables (datos cuantitativos)**
  Se utiliza para determinar si el instrumento de medición, los operadores y el procedimiento son adecuados al medir las mismas partes.

  - Números.
  - Unidades.

- **R&R para atributos (datos cualitativos)**
  Se usa para determinar si el criterio de diferentes operadores es el mismo al inspeccionar una parte, producto o documento.

  - Subjetivo (defectos cosméticos).
  - Inspección.
  - Visual y táctil.

Procedimiento R&R para variables

1. Calibrar el instrumento de medición a menos que esto ya haya sido realizado recientemente.

2. Elegir diez piezas representativas que cubran todo el rango de variación de la especificación.

3. Seleccionar dos o tres usuarios comunes del sistema que midan por lo menos dos veces las mismas piezas (numeradas) en orden aleatorio.

4. Llenar el formato R&R o utilizar algún sistema informático.

5. Decidir si el sistema es capaz.

Interpretación – R&R para variables

- **Menor o igual a 10 %:** buen sistema de medición. La contribución a la variación del sistema de medición es suficientemente pequeña para permitir buenas decisiones de las mediciones.

- **Entre 10 y 30 %:** sistema de medición marginal. La contribución a la variación del sistema de medición está empezando a distorsionar los resultados. Existe un riesgo significativo si se toman decisiones basadas en las mediciones. Se debe mejorar el sistema entrenando a las personas, estandarizando los procedimientos e investigando un nuevo equipo de medición.

- **Mayor a 30 %:** sistema de medición inaceptable. No se pueden tomar decisiones importantes a partir de las mediciones. El sistema de medición debe ser corregido y se han de investigar las causas de las inconsistencias detectadas.

Procedimiento de un estudio R&R para atributos

1. Seleccionar de 5 a 10 piezas **marginales** (dictaminadas tanto aprobadas como rechazadas).

2. Tomar otras piezas, entre 5 y 10, que sean evidentemente defectuosas.

3. Seleccionar el resto de piezas buenas hasta completar de 30 a 50 piezas en total.

4. Escoger dos o tres usuarios habituales del sistema que evalúen, por lo menos, dos veces las mismas piezas (numeradas) en orden aleatorio.

5. Llenar el formato R&R o utilizar algún sistema informático.

6. Decidir si el sistema es capaz.

Interpretación – R&R para atributos

- Los valores del grado de concordancia varían de −1 a +1. Mientras más alto sea el resultado obtenido, más fuerte será la concordancia. Cuando el grado de concordancia es igual a 1, existe concordancia perfecta.

- El manual de soporte Minitab®, en base a AIAG,[1] sugiere que un valor de al menos 0.75 indica una concordancia adecuada. Sin embargo, idealmente se prefieren valores mayores a 0.90.

[1] Automotive Industry Action Group (AIAG) (2010). *Measurement Systems Analysis Reference Manual, 4th edition.* Chrysler, Ford, General Motors Supplier Quality Requirements Task Force.

Ejemplo 1

R&R para variables

- Elsa Alatorre conduce un estudio R&R en **Manufacturera Química.** La finalidad de este estudio es determinar la confiabilidad del sistema de medición utilizado para el pesado de los recipientes vacíos que se emplean en el envasado de sus productos, los cuales tienen una especificación de 0.600 a 1.000 kg. Para ello, eligió diez recipientes con pesos variados (dentro de la especificación y ligeramente fuera) y los numeró por la parte inferior.

- Posteriormente, proporcionó los recipientes a las tres personas que habitualmente realizan la prueba de inspección (Arturo, Gerardo y Alejandro), en orden aleatorio, en tres diferentes ocasiones (al principio, a la mitad y a final del turno) y registró los pesos obtenidos por cada persona en la tabla que se muestra a continuación:

Muestra	Arturo			Gerardo			Alejandro		
	Prueba 1	Prueba 2	Prueba 3	Prueba 1	Prueba 2	Prueba 3	Prueba 1	Prueba 2	Prueba 3
1	0.650	0.600	0.650	0.650	0.600	0.650	0.650	0.600	0.650
2	1.000	1.000	0.950	1.050	0.950	1.000	1.050	1.000	0.950
3	0.850	0.800	0.850	0.800	0.750	0.800	0.800	0.800	0.850
4	0.850	0.950	0.900	0.850	0.950	0.900	0.850	0.950	0.900
5	0.550	0.450	0.500	0.550	0.450	0.500	0.550	0.450	0.500
6	1.000	1.000	0.950	1.000	1.050	1.000	1.000	1.000	1.050
7	0.950	0.950	0.950	0.950	0.900	0.900	0.950	0.950	0.900
8	0.850	0.800	0.850	0.850	0.800	0.850	0.850	0.800	0.900
9	1.000	1.000	1.000	1.000	0.950	1.000	1.000	1.000	0.950
10	0.600	0.700	0.650	0.600	0.650	0.550	0.700	0.700	0.650

- Finalmente, Elsa utilizó un formato tipo hoja de cálculo (y lo comprobó mediante Minitab) para determinar los valores del R&R total, repetibilidad y reproducibilidad, obteniendo los siguientes resultados:

	Promedios y rangos	Anova
Repetibilidad	**23,52%**	**20,66%**
Reproducibilidad	2,16%	2,92%
R&R total	**23,62%**	**20,87%**

Conclusiones: ejemplo 1

R&R para variables

Con estos datos, Elsa Alatorre determinó las siguientes conclusiones:

1. El sistema de medición es marginal: RR total = 20.87 % (R&R total entre 10 y 30 %).

2. El procedimiento de operación es adecuado y las personas están suficientemente capacitadas (reproducibilidad menor al 10 %).

Elsa programó con la mayor brevedad la calibración del instrumento de medición (báscula), ya que la repetibilidad se encontraba en una categoría marginal (entre el 10 y 30 %), lo cual significa que puede seguir utilizándose, pero requiere revisión. Una vez calibrada la báscula, Elsa repitió la prueba, obteniendo valores aceptables (menores al 10 %) para los tres factores.

Ejemplo 2

R&R para atributos

- Iniciando su investigación, Brenda Ávalos, de **Calzado Chelsea**, realiza un estudio R&R para determinar si el criterio de los inspectores Francisco y Edgar es el adecuado para aprobar o rechazar los zapatos al final de la línea de producción. Para ello, seleccionó diez muestras, dictaminadas por Carlos, su inspector certificado, cuatro de ellas como aprobadas (sin ningún defecto) y seis de ellas con defectos marginales (una pequeña mancha de pegamento, un hilo descosido, una hebilla mal colocada, etc.). A cada muestra Brenda le colocó un número en la suela, de manera que no fuera evidente para los inspectores la muestra que estaban analizando.

- La prueba se realizó en las condiciones normales de operación (tiempo de inspección, luz, ruido, etc.). Brenda proporcionó tanto a Francisco como a Edgar cada muestra en dos ocasiones (la primera por la mañana, al iniciar la jornada laboral y la segunda por la tarde, cerca del final del turno) y anotó los resultados proporcionados por ambos.

- Posteriormente, utilizó una hoja de cálculo para registrar los resultados de la prueba y hacer un análisis de la misma, como se muestra a continuación:

Resultados de la prueba:

Población conocida		Francisco		Edgar	
Muestra	Atributo	Prueba # 1	Prueba # 2	Prueba # 1	Prueba # 2
1	Aprobado	Rechazado	Rechazado	Aprobado	Aprobado
2	Aprobado	Aprobado	Aprobado	Aprobado	Aprobado
3	Aprobado	Aprobado	Aprobado	Aprobado	Aprobado
4	Aprobado	Aprobado	Aprobado	Aprobado	Aprobado
5	Rechazado	Rechazado	Rechazado	Rechazado	Rechazado
6	Rechazado	Aprobado	Aprobado	Rechazado	Rechazado
7	Rechazado	Rechazado	Rechazado	Rechazado	Rechazado
8	Rechazado	Rechazado	Rechazado	Rechazado	Rechazado
9	Rechazado	Rechazado	Aprobado	Rechazado	Rechazado
10	Rechazado	Rechazado	Rechazado	Rechazado	Rechazado

Nota: Para efectos del ejercicio solo se tomaron diez piezas y no una cantidad de entre 30 a 50 piezas, como es recomendable para estudios cualitativos o de atributos.

Análisis de los resultados:

Fuente	Contra sí mismos (%)		Exactitud vs. el estándar (%)	
	Francisco	Edgar	Francisco	Edgar
Muestras inspeccionadas	10	10	10	10
Correctas	9	10	7	10
Falsos negativos (el operador tiende a rechazar las buenas)			1	0
Falsos positivos (el operador tiende a aprobar las malas)			1	0
Mezclados (el operador no concuerda consigo mismo)			1	0
95 % límite superior	99,7%	100,0%	93,3%	100,0%
Calificación obtenida	**90,0%**	**100,0%**	**70,0%**	**100,0%**
95 % límite inferior	55,5%	69,2%	34,8%	69,2%

	Global contra sí mismos	Global vs. el estándar
Total inspeccionadas	10	10
# concordancia	7	7
95 % límite superior	93,3%	93,3%
Calificación	**70,0%**	**70,0%**
95 % límite inferior	34,8%	34,8%

Conclusiones: ejemplo 2

R&R para atributos

- Este análisis muestra que Francisco tuvo una inconsistencia contra sí mismo (nueve correctas, calificación 90 %). En la muestra 9, la primera ocasión la calificó como rechazada y la segunda vez como aprobada. Asimismo, tuvo tres inconsistencias contra el estándar (siete correctas, con calificación 70 %):
- La muestra 1 fue calificada por el experto como aprobada y Francisco la rechazó en ambas ocasiones (falso negativo).
- La muestra 6 fue calificada como rechazada y él la aprobó en ambas ocasiones (falso positivo).
- Para la muestra 9, como ya se anotó, tuvo una inconsistencia contra sí mismo (primero la rechazó y después la aprobó).
- Por su parte, Edgar mostró un criterio aceptable, tanto contra sí mismo como contra el estándar, obteniendo en ambos casos calificaciones de 100 % (diez correctas).
- Con base en estos resultados, Brenda y su equipo impartieron capacitación a Francisco hasta asegurarse de que manejaba un criterio aceptable y lo sometieron nuevamente a la prueba de R&R, en la que obtuvo una cualificación aceptable.

Ejercicio

Ejercicio

- **Realizar un R&R de variables.**
- **Realizar un R&R de atributos.**

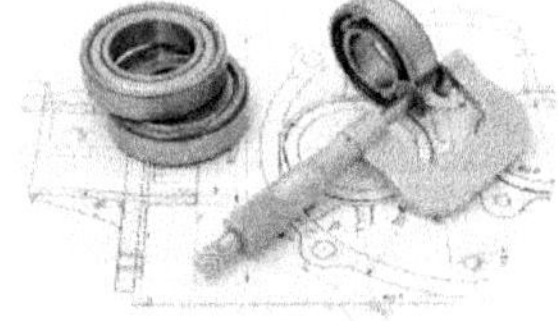

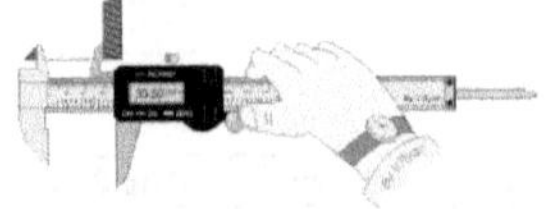

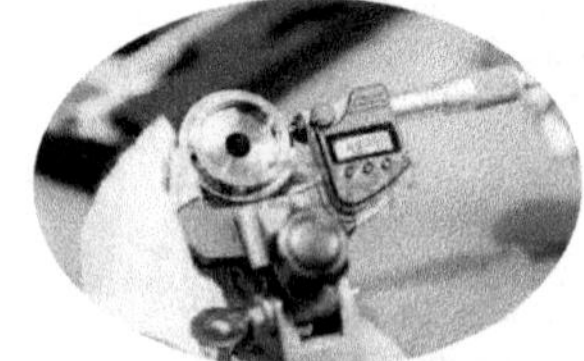

Estadística básica

Escuchar lo que los datos quieren decir

Objetivos

1. Conocer los conceptos básicos de la estadística.
2. Aplicar la estadística al desarrollo de los proyectos Six Sigma.

Contenidos

> Antecedentes
> ¿Qué es la estadística?
> ¿Para qué aplicar la estadística?
> Clasificación de la estadística
> Propiedades de los datos
> Procedimiento
> Ejercicio

- Hacia el año 3000 antes de nuestra era, los babilonios usaban ya pequeñas tablillas de arcilla para recopilar datos sobre la producción agrícola y sobre los géneros vendidos o cambiados mediante trueque.

- Los egipcios analizaban los datos de la población y la renta del país mucho antes de construir las pirámides en el siglo XI aC.

- Los libros bíblicos de Números y Crónicas incluyen, en algunas partes, trabajos de estadística. El primero contiene dos censos de la población de Israel y el segundo describe el bienestar material de las diversas tribus judías.

- En China existían registros numéricos similares con anterioridad al año 2000 antes de nuestra era.

- En la Grecia clásica, hacia el 594 aC, se realizaban censos cuya información se utilizaba para cobrar impuestos.

- La palabra "estadística" procede del latín *statisticum collegium* (consejo de Estado) y de su derivado italiano *statista* (hombre de Estado o político).

- El término alemán *statistik,* que fue introducido por el economista alemán Gottfried Achenwall (1749), designaba originalmente el análisis de datos del Estado.

- En el siglo XIX, el término "estadística" adquirió el significado de *recolectar* y *clasificar* datos. Este concepto fue introducido por el político y economista inglés John Sinclair.

¿Qué es la estadística?

- La estadística es la rama de las matemáticas que se refiere a la recolección, estudio e interpretación de los datos obtenidos.

- Tiene aplicaciones en campos tan diversos como:

  - Física.
  - Ciencias sociales.
  - Negocios.
  - Calidad.
  - Administración pública.

Importancia de la estadística

Escúchalos...

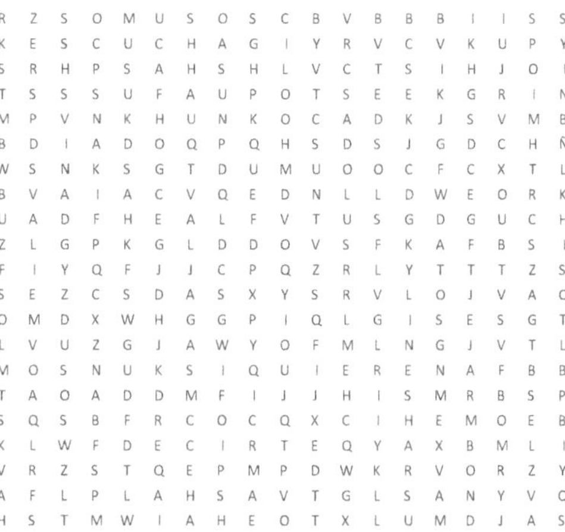

```
K L O V D T P X O F I Y D Y R N O A G
R Z S O M U S O S C B V B B B I I S S
K E S C U C H A G I Y R V C V K U P Y
S R H P S A H S H L V C T S I H J O I
T S S S U F A U P O T S E E K G R I N
M P V N K H U N K O C A D K J S V M B
B D I A D O Q P Q H S D S J G D C H Ñ
W S N K S G T D U M U O O C F C X T L
B V A I A C V Q E D N L L D W E O R K
U A D F H E A L F V T U S G D G U C H
Z L G P K G L D D O V S F K A F B S I
F I Y Q F J J C P Q Z R L Y T T T Z S
S E Z C S D A S X Y S R V L O J V A Q
O M D X W H G G P I Q L G I S E S G T
L V U Z G J A W Y O F M L N G J V T L
M O S N U K S I Q U I E R E N A F B B
T A O A D D M F I J J H I S M R B S P
S Q S B F R C O C Q X C I H E M O E B
K L W F D E C I R T E Q Y A X B M L I
V R Z S T Q E P M P D W K R V O R Z Y
A F L P L A H S A V T G L S A N Y V O
H S T M W I A H E O T X L U M D J A S
M G D F C U V A S F X Q K X D S F B T
```

Aprender a escuchar los datos

Escúchalos...

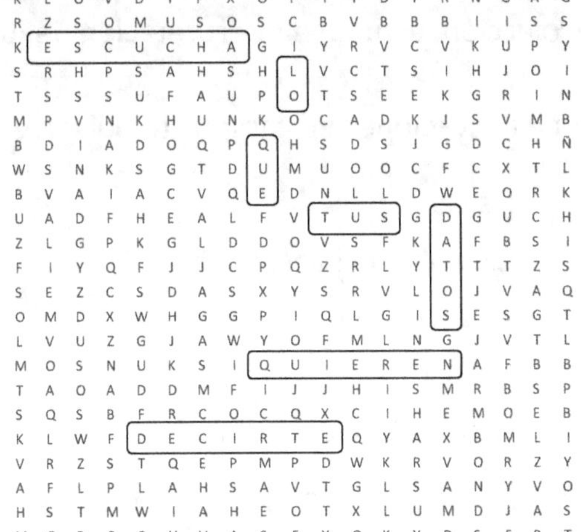

- Desarrollar proyectos de mejora.

- *Entender* mejor lo que los datos quieren decir y saber interpretarlos para poder *tomar decisiones* eficaces.

- Saber cuándo emprender acciones para ajustar un proceso que ha salido de control.

- Establecer una forma de análisis y síntesis de un proceso para conocerlo con detalle.

- Conocer de manera continua el nivel de variación de un proceso para actuar oportunamente.

La estadística en la actualidad

- Hoy el uso de la estadística se ha extendido mas allá de sus orígenes como un servicio a la administración del Estado.

- Las personas y organizaciones usan la estadística para entender los datos y tomar decisiones en áreas como las ciencias naturales y sociales, la medicina o las actividades empresariales, entre otras.

- La estadística se concibe generalmente no como una rama de las matemáticas sino como una ciencia diferente y "aliada".

El papel de la estadística en Six Sigma

Se emplea la estadística para entender la variación al:

- Utilizar métodos y herramientas estadísticas para determinar eficazmente $Y = f(x)$ y la cantidad de variación esperada alrededor de esa **Y**.

- Transformar los datos de un estado aleatorio y diverso a un conocimiento ordenado y acumulativo.

- Cuantificar las **Y**.

- Cuantificar las relaciones de causa-efecto.

- Cuantificar el efecto de las **X** en las **Y**.

- Usar una herramienta de medición inferencial.

- Ganar confianza en la influencia de las **X** con el paso del tiempo.

Clasificación de la estadística

- La estadística descriptiva:
  - Recolección.
  - Descripción.
  - Visualización.
  - Resumen de datos originados (numéricos o gráficas).

- La estadística inferencial:
  - Generación de los modelos.
  - Inferencias.
  - Predicciones: **estadística descriptiva + probabilidad**

Propiedades de los datos

Cualquier grupo de datos medidos tiene dos propiedades muy importantes:

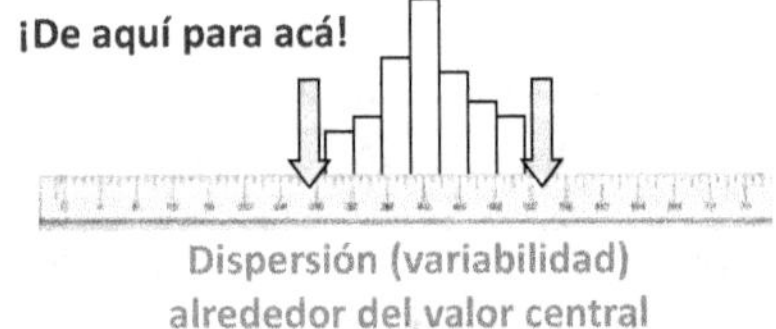

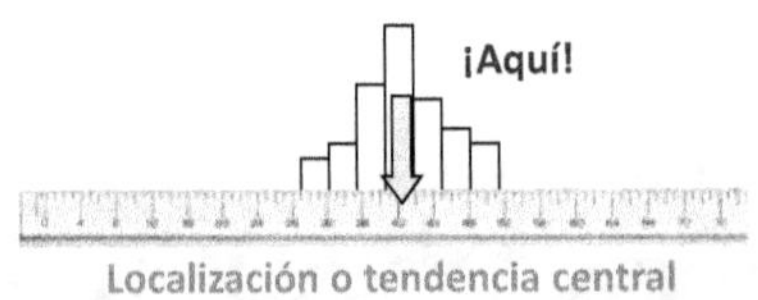

Algunos indicadores de tendencia central: **media, mediana, moda**

Algunos indicadores de dispersión: **rango, varianza, desviación estándar**

Medidas de tendencia central

- Media: promedio aritmético.

- Moda: dato que ocurrió más veces.

- Mediana: dato que divide por la mitad a los datos.

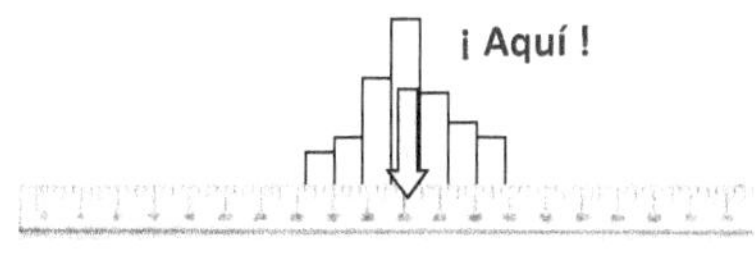

Localización o tendencia central

Ejemplo: Las calificaciones del grupo de capacitación en el curso de estadística son 64, 88, 66, 82, 68, 68, 70, 78, 76, 80, 90. Calcular:

Media aritmética:

$$\overline{X} = \frac{\sum_{i=1}^{n} x_i}{n} = \frac{(64+88+66+82+68+68+70+78+76+80+90)}{11} = \mathbf{75.5}$$

Mediana:

$$64 \quad 66 \quad 68 \quad 68 \quad 70 \quad \boxed{76} \quad 78 \quad 80 \quad 82 \quad 88 \quad 90$$

Moda:

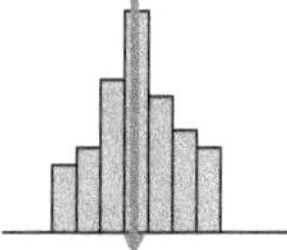

El **68** es el dato que más se repite.

Medidas de dispersión (variabilidad)

- **Rango:** medición de la variabilidad de un conjunto de datos que es resultado de la diferencia entre el dato mayor y el menor de la muestra.

- **Desviación estándar:** es la medida de dispersión mas común, que indica cómo de dispersos están los datos con respecto a la media. Mientras mayor sea la desviación estándar, mayor será la dispersión de los datos. La formula es:

$$s = \sqrt{\frac{1}{(n-1)}\sum_{i=1}^{n}(x_i - \overline{x})^2}$$

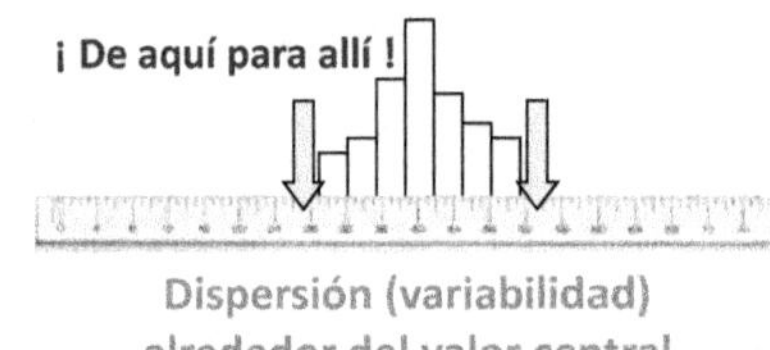

Dispersión (variabilidad)
alrededor del valor central

- **Varianza:** es la desviación estándar al cuadrado.

Ejemplo: Las calificaciones del grupo de capacitación en el curso de estadística son 64, 88, 66, 82, 68, 68, 70, 78, 76, 80, 90. Calcule:

Rango: $R = (\,90 - 64\,) = \mathbf{26}$

Desviación estándar:

$$S = \sqrt{\frac{\sum_{i=1}^{n}(x_i - \overline{x})^2}{n-1}} = \sqrt{\frac{(64-75.5)^2 + (88-75.5)^2 + \ldots + (90-75.5)^2}{11-1}} = \mathbf{8.94}$$

Varianza:

$$s^2 = \frac{\sum_{i=1}^{n}(x_i - \overline{x})^2}{n-1} = \mathbf{80.07}$$

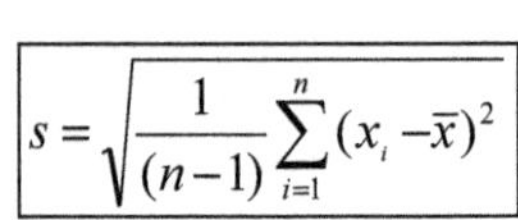

Procesos en los que aplicar la estadística

Investigación y desarrollo

Ventas y mercadotecnia

Contabilidad y finanzas

Desarrollo humano

Logística

Servicio

Manufactura

Mantenimiento

Calidad

Tecnologías de la información

Siempre que existe un proceso, existen datos.

La clave consiste en transformarlos en información para tomar decisiones correctas.

Conceptos de variación

Principio 1: ningún objeto es idéntico a otro.

La variación está en ¡todas partes! y ¡en todo!

Principio 2: la variación existe en dos estados de control:

Controlada: conocida como causa común, es un patrón de variación estable o consistente a través del tiempo (predecible).

Descontrolada: conocida como causa especial, es un patrón que cambia con el tiempo (impredecible).

Para controlar y reducir la variación, primero se debe entender, cuantificar e interpretar la variación en un conjunto de datos de un proceso.

Tipos de variación

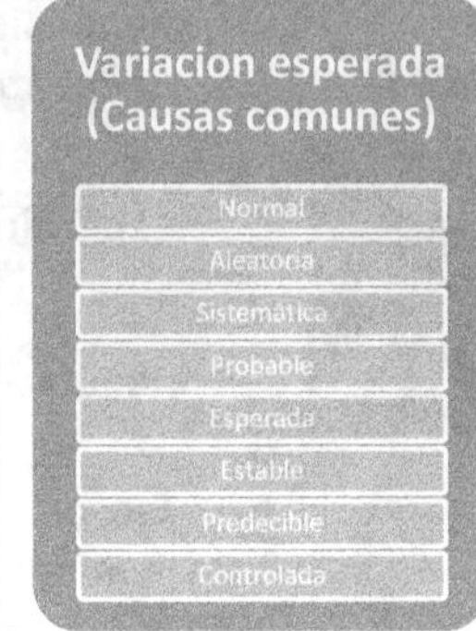

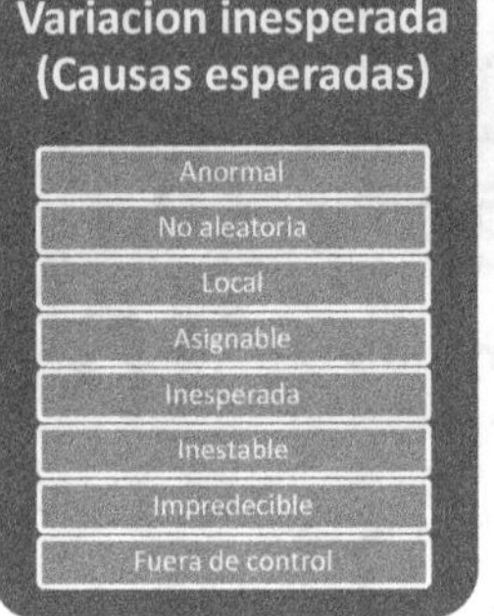

Es la variación usual, histórica, cuantificable en un sistema.

Son las variaciones inusuales, no observadas previamente, no cuantificables.

Meta inmediata: eliminar la variación inesperada.
Meta a largo plazo: reducir la variación continuamente.

La meta es reducir la variación

- El primer paso para tomar decisiones efectivas es reconocer que todos los sistemas y procesos tienen una variación de causa común.

- La mayor parte de ellos sufre una variación de causa especial y de efectos de los "arreglos", que son reacciones exageradas ante la variación.

- ¿Cómo se debe reaccionar ante una variación y reducirla para mejorar los sistemas y procesos?

  - Medir y analizar las fuentes de variación.

  - Hacer mejoras apropiadas a los sistemas y procesos.

  - Controlar y mantener las mejoras desde la fuente.

Tres formas de reducir la variación

- **Estratificar:** se han de clasificar y analizar los datos según las distintas fuentes de donde provienen, por ejemplo: máquinas, lotes, empresas proveedoras, turnos, etc.

- **Experimentar:** se ejecutan cambios cuidadosamente planificados, anotando los resultados. Este procedimiento se debe seguir realizando hasta llegar a un nivel óptimo en la variación.

- **Disgregar:** consiste en dividir un sistema o proceso en las fases o subprocesos que lo conforman, procediendo a un análisis más profundo y detallado de cada parte, analizando además la relación sistémica entre las diversas fases.

Elementos de variación

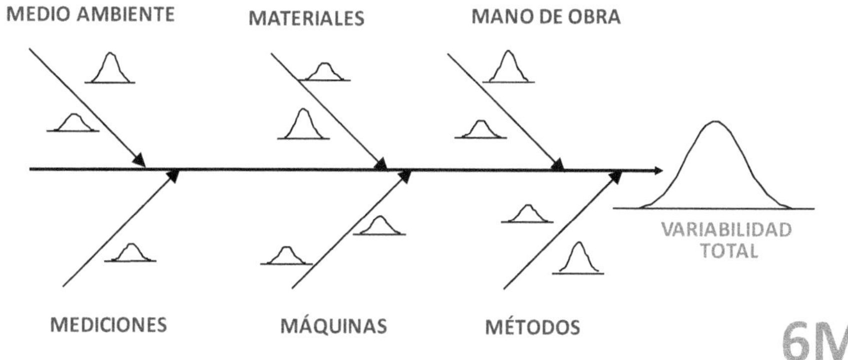

La distribución normal

- Un proceso produce resultados que tienen una distribución.

- La distribución tiene tres propiedades básicas:

1. Forma
2. **Centro**
3. Dispersión

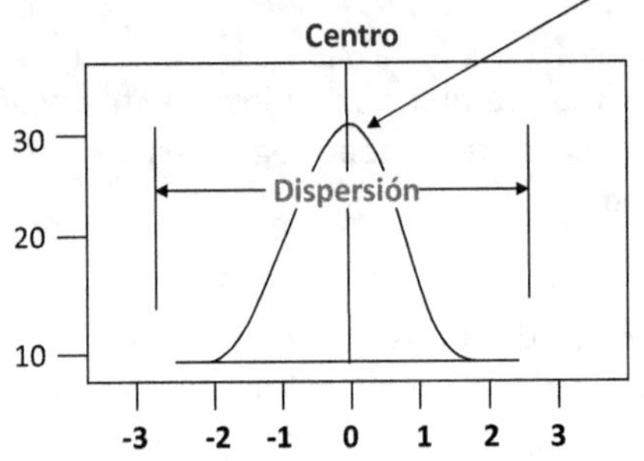

La distribución normal ocurre comúnmente en la naturaleza, las actividades empresariales o la industria.

Muchas herramientas estadísticas se basan en la suposición de una distribución normal.

- La mayoría de los datos tienden a seguir la curva de distribución normal o en forma de campana.

  - Una de las propiedades clave de la distribución normal es la relación entre la forma de la curva y la desviación estándar.

- El 99.7 % del área de la distribución normal está contenida entre -3 sigma y +3 sigma a partir de la media.

  - Los límites de 3 sigma definen los límites de comportamiento esperado del proceso (voz del proceso o VoP).

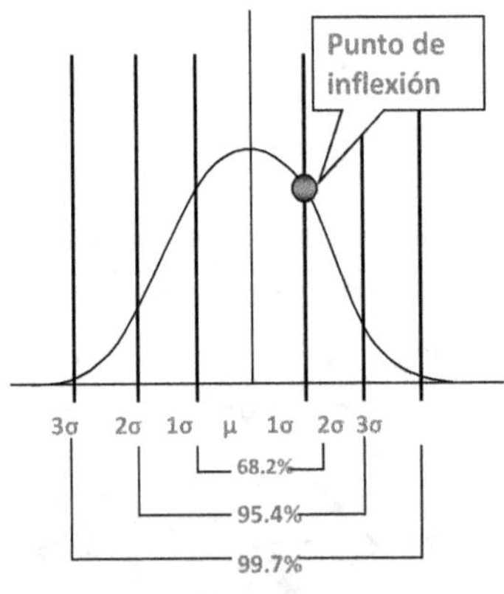

¿Qué se quiere expresar con un proceso 3σ?

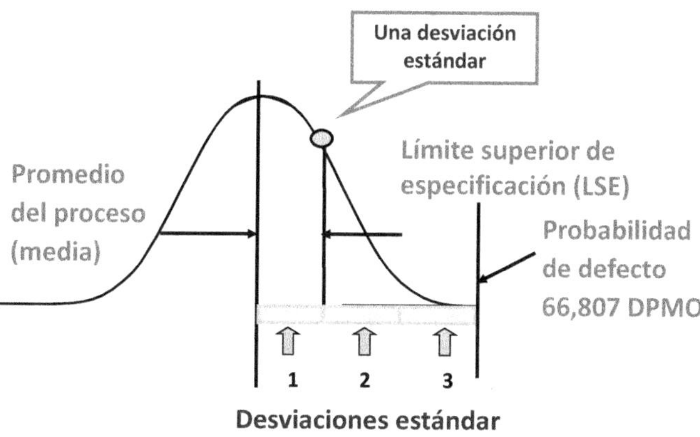

¿Qué se quiere expresar con un proceso 6σ?

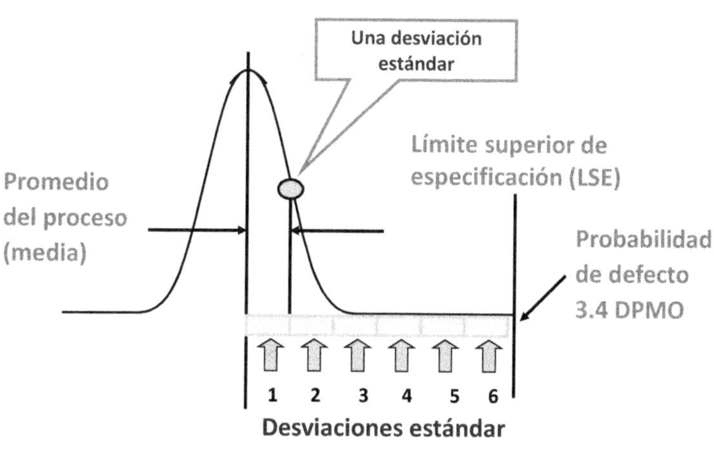

1. Decidir qué evento o problema ha de ser observado.

2. Decidir cuándo se recogerán los datos y por cuánto tiempo.

3. Diseñar el formulario. Se debe configurar para que los datos se puedan registrar simplemente haciendo marcas de verificación ☑, o bien una "X" o similares, de modo que los datos no tengan que ser recopilados para el análisis.

4. Etiquetar todos los espacios en el formulario.

5. Probar la hoja de control durante un breve período de prueba para asegurarse que recoge los datos apropiados y es fácil de utilizar.

6. Cada vez que ocurre el evento o problema objetivo, registrar los datos en la hoja de verificación.

Producción de aviones LSSI:

1. Crear entre dos y cuatro equipos con igual o similar número de participantes.

2. Solicitar a cada equipo crear un modelo de avión, asegurando que sean distintos entre sí.

3. Una vez aprobados todos lo modelos, cada equipo debe construir diez aviones de ese modelo para cada uno de los equipos, incluyendo el propio.

   Nota: *Es indispensable que cada modelo cuente con un nombre y que cada avión tenga una marca de color representativa del equipo al que pertenece y un número consecutivo por equipo.*

4. Seleccionar participantes que lancen de forma aleatoria una cantidad equitativa de aviones.

5. Capturar los datos y obtener:

   • Máximo, mínimo, media, moda, mediana, desviación estándar, rango.

Muestreo

Los datos son la materia prima de los proyectos

Objetivos

1. Conocer los conceptos básicos del muestreo de datos.
2. Desarrollar muestreos en los procesos y proyectos.
3. Conocer el procedimiento para realizar muestreos y obtener muestras confiables en una población de datos de cualquier proceso de la compañía (ventas, mercadotecnia, calidad, servicio, recursos humanos, etc.).

Contenidos

> Antecedentes
> ¿Qué es un muestreo?
> ¿Para qué sirve?
> Tipos de muestreo
> ¿Cuándo se utiliza?
> Procedimiento
> Ejemplos
> Ejercicios

Antecedentes

- Los datos son la *base* para la toma de *decisiones* en Lean Six Sigma.

- La recolección de datos debe ser tan *clara y simple* como sea posible con el fin de evitar errores.

- Los errores más comunes en la recopilación de datos son los siguientes:

Medición: procedimiento, instrumento, calibración.

Operacional: no seguir de manera correcta las instrucciones, incluyendo datos faltantes y errores deliberados.

Influencia por interacción: la propia acción de medir puede afectar en el desempeño de la operación.

Percepción: la persona que registra los datos tiende a ver lo que quiere obtener.

Muestreo: los datos recolectados no representan el proceso en su totalidad.

Conceptos

- **Variable:** característica que toma un valor diferente en cada elemento de la población.

  Tipos:

  Datos cualitativos:

  - Categoría; por ejemplo, los colores.
  - Jerarquía; por ejemplo, los tamaños.

  Datos cuantitativos:

  - Discretos: valores enteros (1, 2, 3...).

  - Continuos: cualquier valor dentro de su escala (2.45 cm, 3.8 °C, 5.80 g).

LSSI
LEAN SIX SIGMA INSTITUTE

- **Población:** total de elementos con una característica común, de los cuales se quiere obtener información.

- **Unidad:** cualquier miembro individual de la población.

- **Muestra:** porción representativa de la población, tomada para obtener información del conjunto.

- **Campo muestral:** lista de unidades de las cuales se toma la muestra.

- **Parámetros:** características que mediante su valor numérico ayudan a describir un conjunto de elementos o individuos.

- **Estadístico:** medición o cálculo que se obtiene a partir de un conjunto de datos con el objeto de conocer sus características más relevantes.

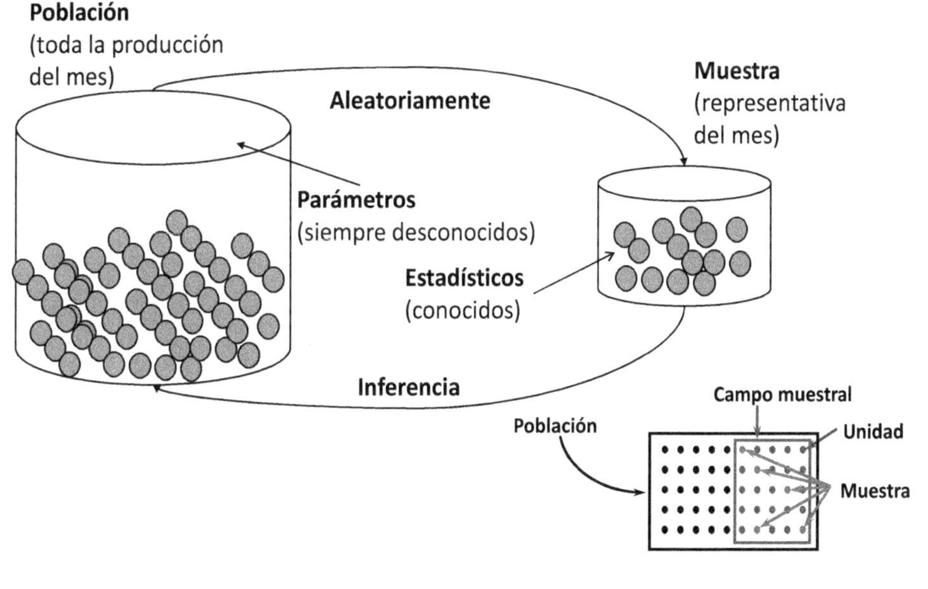

¿Qué es un muestreo?

Es una técnica que se emplea para seleccionar una muestra a partir de una población estadística.

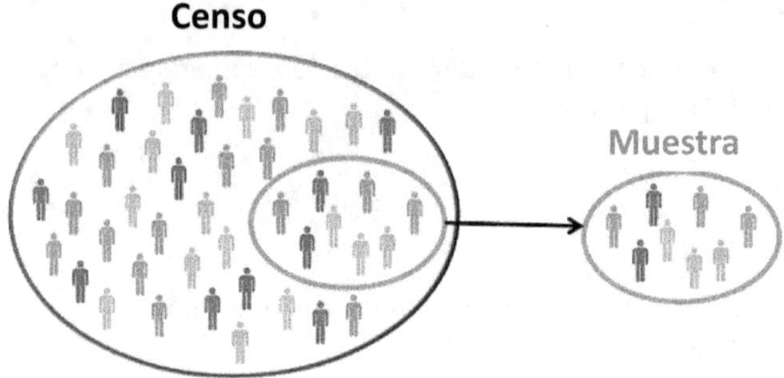

¿Para qué sirve?

- Permite una reducción considerable del costo y el tiempo al analizar solo una parte de los datos y con ello poder hacer mejoras en el proceso.

- Sirve para entender el comportamiento de una población o universo de datos con tan solo una fracción de los mismos.

  - **Probar al 100 % es muy caro.**
  - **Muestrear es más rápido.**

Tipos de muestreo

1.
- Aleatorio
- Sistemático

2.
- Estratificado
- Conglomerados

Muestreo aleatorio

- Se utiliza cuando la variación es igual a lo largo de todas las muestras de **n** unidades experimentales.

- Características:

  - **Selección imparcial:** cada unidad tiene la misma oportunidad de ser seleccionada.

  - **Selección independiente:** la selección de una unidad experimental no es dependiente de la selección de ninguna otra unidad.

Ejemplo: seleccionar un número de botellas de una caja de una máquina de envasado en una empresa de bebidas.

Muestreo sistemático

- El muestreo sistemático empieza con una unidad tomada al azar y después se muestrea cada *n* unidades de ahí en adelante.

Ejemplo: la empresa de bebidas tiene una sola línea de empaque final. Se escoge una botella al inicio del turno y de ahí en adelante se saca otra botella cada 50 unidades.

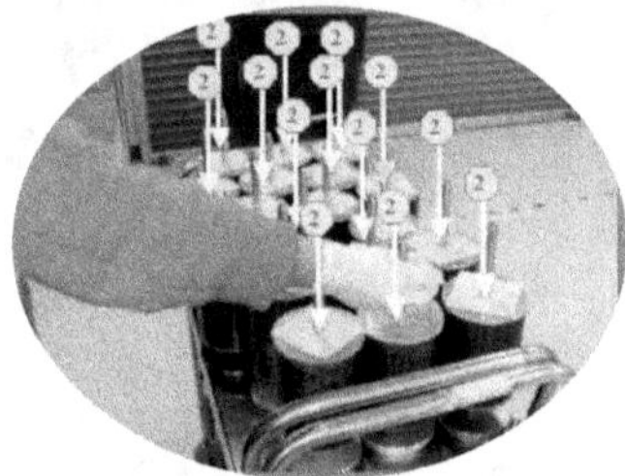

Muestreo estratificado

- Se divide la población en estratos homogéneos y entonces se selecciona aleatoriamente dentro del estrato.
- Existe más variación entre estratos que dentro del estrato.

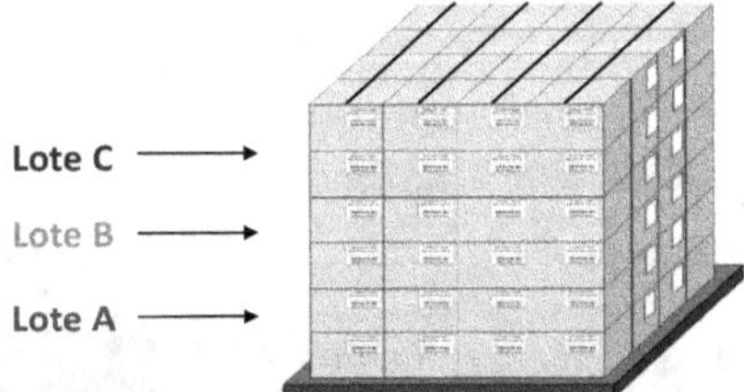

Ejemplo: la empresa de bebidas tiene dos líneas de envasado del mismo producto.

- Seleccionar aleatoriamente muestras de cada línea por separado.
- Permite estimar los efectos de cada línea de envasado en la variabilidad de las botellas envasadas.

Muestreo por conglomerados

- Son subgrupos muy similares entre sí.

- Existe mas variación dentro del subgrupo que entre subgrupos. Es decir que la variabilidad dentro del subgrupo es muy similar a la de toda la población.

- Es recomendable tomar un conglomerado o subgrupo y chequear todos o aleatoriamente los elementos del subgrupo.

Censo

¿Cuándo se utiliza?

- Cuando el esfuerzo que representa la obtención de datos del universo sale del alcance del equipo.

- Cuando se cuenta con recursos de tiempo o costos limitados para obtener datos.

1. Seleccionar lo que se ha de medir.

2. Identificar las fuentes de información.

3. Preparar el plan de muestreo y la hoja de recolección de datos.

1. Seleccionar lo que se ha de medir

- Identificar un defecto relacionado con las necesidades del cliente y con una salida del proceso.

- Hacer una lista de preguntas relacionadas con el defecto.

- Identificar factores de estratificación (solo para muestreo por estratificación).

- Definir los datos o mediciones específicos que se han de recopilar.

- Evaluar los datos a recolectar.

- Seleccionar los datos más significativos.

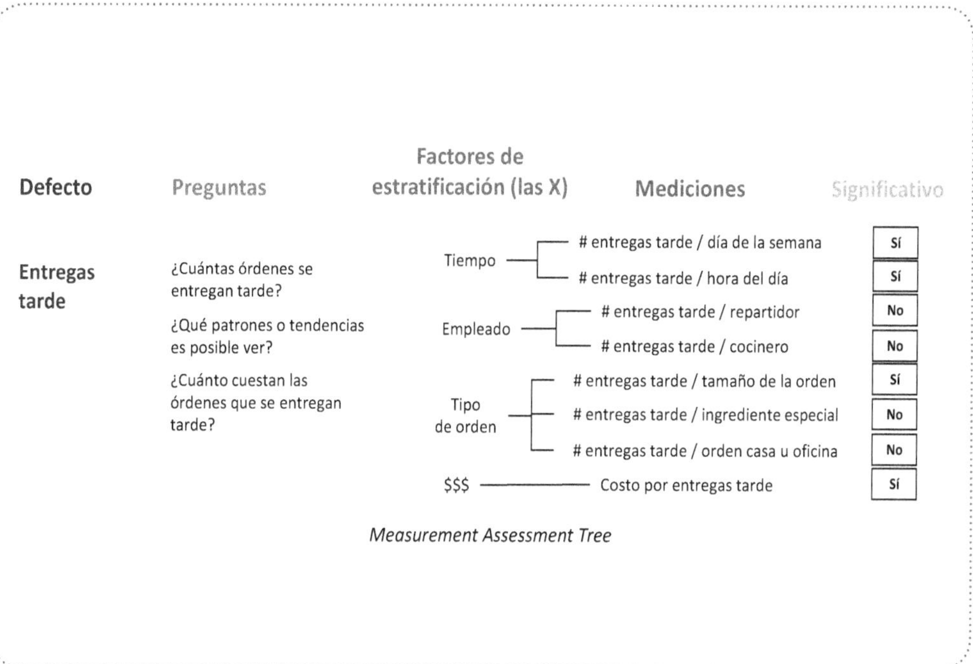

Measurement Assessment Tree

2. Identificar las fuentes de información

- Fuentes existentes (datos históricos).

- Nuevas fuentes de información.

"Validación"

3. Preparar plan de muestreo y hoja de recolección de datos

- **Establecer:**
  - Tamaño de la muestra.
  - Frecuencia del muestreo.

    Datos discretos

    Datos continuos

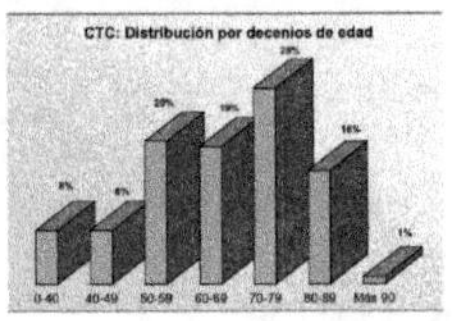

Datos discretos

Plan de muestreo, datos discretos	
1. Información inicial	
a) Qué es lo que se va a contar	Unidades = ___________________
b) Cuál es el tamaño de la población	N = ___________
c) Cuál es la característica a medir (ejem. defectos)	Característica = ___________________
d) Qué proporción de la población estima que contiene esta característica (defectos)	p = ___________
e) Cuál es la precisión de esta estimación (proporción en decimales)	+/- d = ___________
f) Seleccionar el nivel de confianza (z = 1.64 para un 90%) (z = 1.96 para un 95%)	z = ___________
2. Selección de la estrategia de muestreo	
☐ Aleatorio	☐ Sistemático
3. Determinar el tamaño de la muestra	
$n = p(1-p) / (d/z)^2$	n = ___________
4. Determinar la frecuencia de muestreo	
	Frecuencia = ___________
5. Ajuste para población finita	
a) Determinar la proporción de la muestra con respecto a la población	n / N = ___________
b) Si n/N es mayor a 0.05, ajuste con la siguiente formula:	n / (1+ n/N) = ___________

LSSI
LEAN SIX SIGMA INSTITUTE

Datos continuos

Plan de muestreo, datos continuos

1. Información inicial
- a) Qué es lo que se va a medir   Unidades = ___________________
- b) Cuál es el tamaño de la población N = ___________
- c) Cuál es la característica a medir
- (ejm. espesor)   Característica = ___________________
- d) Cuál es la desviación estándar
  estimada de la población s = ___________
- e) Cuál es la precisión de esta
  estimación (mismas unidades)   +/- d = ___________
- f) Seleccionar el nivel de confianza
  (z = 1.64 para un 90%)
  (z = 1.96 para un 95%) z = ___________

2. Selección de la estrategia de muestreo

☐ Aleatorio   ☐ Sistemático

3. Determinar el tamaño de la muestra

$$n = (zs/d)^2 \qquad n = \underline{\hspace{2cm}}$$

4. Determinar la frecuencia de muestreo

Frecuencia = ___________

5. Ajuste para población finita

- a) Determinar la proporción de la muestra
  con respecto a la población n/N = ___________
- b) Si n/N es mayor a 0.05, ajuste con la
  siguiente formula: $n/(1+n/N)$ = ___________

Hojas de recolección de datos

- La hoja de recolección de datos permite, en sus diferentes formas, manejar la recopilación de la información de una manera segura y que sirva para utilizar herramientas más sofisticadas, para posteriormente definir una acción.

Tipos:

1. Hoja para recolección de datos.
2. Hoja para localización de datos.

- Datos generales en todo tipo de hojas:

  - Fecha de elaboración.
  - Nombre de la persona que obtiene la información.
  - Equipo de medición.

1. Hojas para recolección de datos

Para datos continuos o medibles

Se utiliza para llevar el registro de aspectos como tiempos de operación, diámetros, longitudes, temperaturas, etc.

Fecha: <u>5 de febrero 2020</u>
Sucursal: <u>2035 Guadalajara</u>   Responsable: <u>Alberto Hernández</u>

Hora	Ventanilla	Número transacciones	Tiempo de atención (min.)
8:30	1	1	3,45
8:32	5	1	2,17
8:34	3	3	10,50
8:36	5	5	17,10
8:38	1	1	7,55
8:40	7	5	15,00

Para datos discretos o contables

Se utiliza en los casos en que la información que se desea registrar es de datos que no tienen una escala de medición y, por lo tanto, se establece un conteo. Por ejemplo: añadir un registro de quejas del cliente, absentismo laboral, etc.

Fecha: 5 de mayo   Turno:
Área: Urgencias   Responsable:

Tipo de paciente	Conteo	Frecuencia	Total acumulado
A			
B		1	1
C		2	3
D		4	7
E		7	14
F		10	24

2. Hojas para localización de datos

Este tipo de hoja incorpora elementos gráficos como planos, diagramas, dibujos e inclusive fotografías en las que se indica la localización específica de defectos, errores, zonas de rechazo, etc.

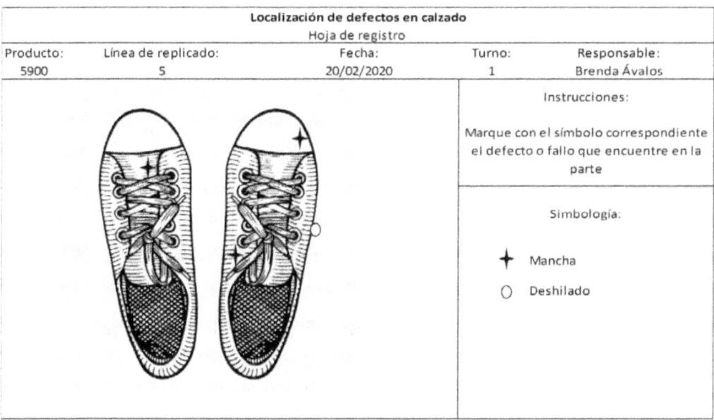

Plan de muestreo

Ejemplo	Medición	Factores de estratificación	Definición operacional	Tamaño de la muestra	Fuente de información	Método de recolección	Quién recolecta los datos
A - Banco del Pacífico	Tiempo de atención en ventanilla	Solo de 1 a 5 transacciones	Tiempo de atención en minutos	1 cliente cada 25 que ingresen a la sucursal (235 en total por semana)	Cronómetro	Hoja de recolección de datos	Ingeniero de mejora montinua
B - Operadores Logísticos del Golfo	Pedido completo y a tiempo	Solo pedidos estándar	Pedido completo y a tiempo	15 pedidos por día (339 por mes)	Hoja de entrega	Hoja de recolección de datos	Facturista
C - Manufacturera Química	Peso neto envasado	Ninguno	Peso en kilogramos del contenido de cada envase	1 Envase cada 6 minutos (81 muestras por lote)	Báscula (resolución gramos)	Hoja de recolección de datos	Inspector de envasado
D - Calzado Chelsea	Diseños a tiempo y en costo	Solo diseños para adulto	Diseños a tiempo y en costo	35 diseños por temporada	Dirección general	Hoja de recolección de datos	Director general

Ejemplo 1

Muestra discreta

En **Operadores Logísticos del Golfo,** el equipo de Valentín Ortega determina el número de entregas a muestrear en un mes para definir si fue tardía o incompleta. Por datos históricos se estima que en un mes se entregan aproximadamente 400 pedidos y se tiene una proporción de entregas tardías del 9 %, con una exactitud de +/– 1 %. Se elige una confianza del 90 % para la medición.

- Se observa que al ser muy pequeña la proporción de entregas tardías, el tamaño de la muestra es elevado. Incluso el cálculo inicial arroja un tamaño mayor que el de la población. El cálculo ajustado indica que se deben muestrear 339 de los 400 pedidos.

Plan de muestreo - Datos discretos

1. Información inicial

a) Qué es lo que se va a contar — Unidades = **Pedidos**

b) Cuál es el tamaño de la población — N = **400**

c) Cuál es la caracteristica a medir (por ejemplo, defectos) — Característica = **Entregas tarde**

d) Qué proporción de la población se estima que contiene esta caracteristica (defectos) — p = **0,09**

e) Cuál es la precisión de esta estimación (proporción en decimales) — +/- d = **0,01**

f) Seleccionar el nivel de confianza
($z = 1.64$ para un 90 %)
($z = 1.96$ para un 95 %) — z = **1,64**

2. Selección de la estrategia del muestreo

☐ Aleatorio   ☐ Sistemático

3. Determinar el tamaño de muestra

$$n = p(1-p) / (d/z)^2$$

n = **2203**   Tome el valor del apartado 5

4. Determinar la frecuencia del muestreo

Frecuencia = _______

5. Ajustar para población finita

a) Determinar la proporción de la muestra con respecto a la población — n / N = **5,506956**

b) Si n/N es mayor a 0.05, ajustar con la siguiente formula — n / (1+ n/N) = **339**   Este es el correcto

Ejemplo 2

Muestra continua

En **Manufacturera Química,** el equipo de Elsa Alatorre determina el número de envases a muestrear en un lote para definir si el peso está fuera de especificación y las causas raíz. Por datos históricos se estima que en un lote se envasan aproximadamente 3 200 piezas y se tiene una desviación estándar de 0.458 +/− 0.100. El equipo Six Sigma ha decidido elegir una confianza del 95 % para la medición.

- Se observa que el equipo deberá muestrear 81 envases por lote para determinar la desviación estándar real como base para la definición de las causas raíz de la misma (en la etapa **analizar)** y las posteriores acciones correctivas (en la etapa **mejorar).**

- Una vez determinado el tamaño de la muestra, se define la frecuencia del muestreo. Esto se hace con cálculos sencillos. Por ejemplo, el lote de 3 200 envases en Manufacturera Química se procesa en un tiempo de 8 horas (480 minutos). Se tomarán muestras cada 5 minutos con 55 segundos (480/81 = 5.926, es decir, aproximadamente, 6 minutos) para completar las 81 muestras.

Plan de muestreo - Datos continuos
1. Información inicial
a) Qué es lo que se va a medir   Unidades = **Envases**
b) Cuál es el tamaño de la población   N = **3200**
c) Cuál es la caracteristica a medir (por ejemplo, espesor)   Característica = **Peso del contenido**
d) Cuál es la desviación estándar estimada de la población   s = **0,458**
e) Cuál es la precisión de esta estimación (mismas unidades)   +/- d = **0,1**
f) Seleccionar el nivel de confianza (z = 1.64 para un 90 %) (z = 1.96 para un 95 %)   z = **1,96**
2. Selección de la estrategia del muestreo
☐ Aleatorio   ☐ Sistemático
3. Determinar el tamaño de la muestra
$n = (zs/d)^2$ n = **81**
4. Determinar la frecuencia del muestreo
Frecuencia =
5. Ajustar para población finita
a) Determinar la proporción de la muestra con respecto a la población   n / N = **0,02518217**
b) Si n/N es mayor a 0.05, ajustar con la siguiente formula   n / (1+n/N) = **79**

Ejercicio 1

- El área de ingeniería planifica un estudio con el fin de conocer el tiempo medio de reparación en las máquinas de inyección.

- La muestra será extraída de una población de 100 máquinas que figuran en los registros de la planta, de las cuales se conoce a través de un estudio piloto que su desviación estándar es de 0.5 +/− 0.25 horas.

- Se requiere el resultado con una confianza del 95 %.

- ¿Cuál debe ser el tamaño de la muestra?

Ejercicio 2

- Siguiendo con el estudio planteado en el ejercicio 1, se trata ahora de estimar la proporción de máquinas que trabajan diariamente diez horas o más sin parar.

- De un estudio piloto se dedujo que la probabilidad de que esto suceda es del 30 % (P = 0.30), con un error máximo de +/− 0.25 fijamos el nivel de confianza en 0.95.

- ¿Cuál es el tamaño de la muestra mínimo necesario para poder estimar la proporción de máquinas con la precisión requerida?

Histograma

Herramientas simples para problemas complejos

Objetivos

1. Conocer los conceptos básicos del histograma.
2. Realizar histogramas para entender los datos de cualquier proceso de la empresa.
3. Interpretar los histogramas para tomar decisiones en los proyectos de mejora o solución de problemas.

Contenidos

> Antecedentes
> ¿Qué es un histograma?
> ¿Para qué se usan?
> Componentes
> ¿Cuándo se usan?
> Procedimiento
> Ejemplo
> Ejercicio

Antecedentes

- Los histogramas fueron desarrollados por Karl Pearson (1857-1936).

- Fue un influyente matemático inglés y bioestadístico.

- Fundó el primer departamento de estadística universitaria del mundo en el University College de Londres en 1911, y contribuyó significativamente al campo de la biometría, la meteorología, y las teorías del darwinismo social.

¿Qué es un histograma?

Es una representación gráfica, en forma de barras, de la distribución de frecuencias de un conjunto de datos, en la que pueden observarse fácilmente tres propiedades:

1. Forma en que se distribuyen los datos.

2. Acumulación o tendencia central.

3. Dispersión o variabilidad.

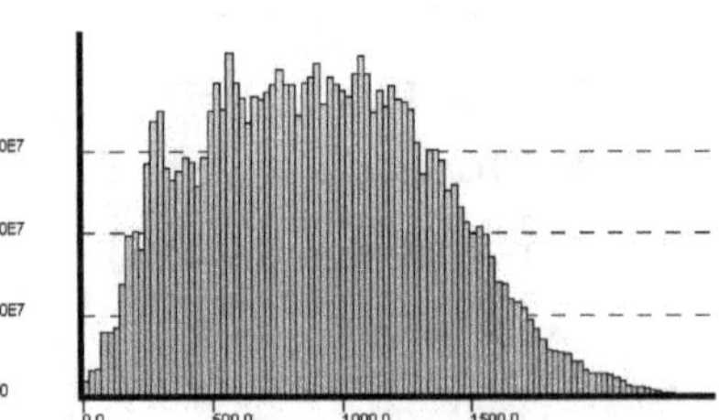

¿Para qué se usan?

Los histogramas se emplean con frecuencia para las finalidades siguientes:

- Obtener una comunicación clara y efectiva de la variabilidad de un sistema.

- Mostrar el resultado de un cambio en un sistema.

- Identificar anormalidades examinando la forma del histograma.

- Comparar la variabilidad con los límites de especificación.

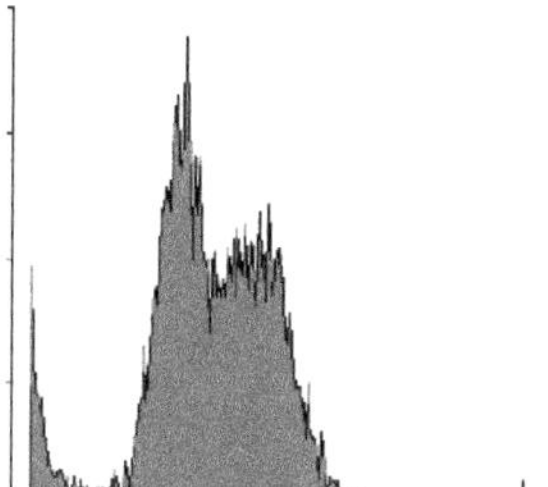

Componentes

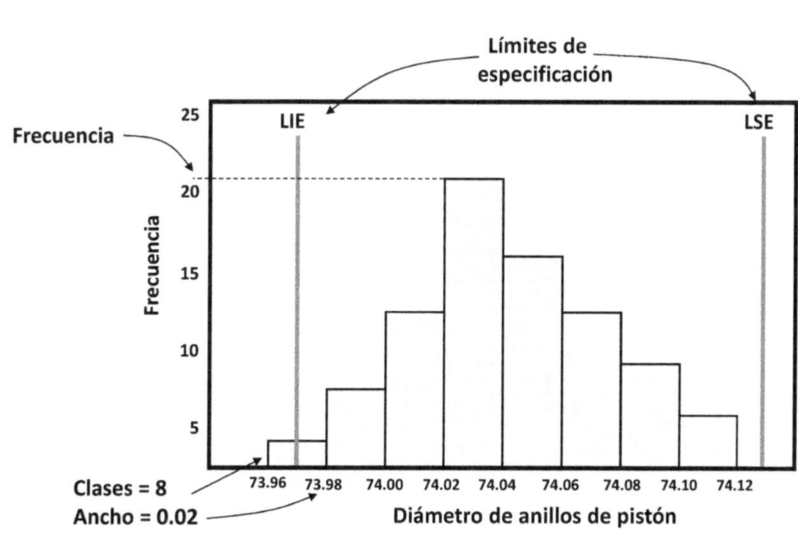

¿Cuándo se usan?

- En la **fase de medir y analizar**, para mostrar gráficamente los datos como auxiliar en el estudio de la capacidad del proceso o para detectar visualmente la presencia de múltiples distribuciones.

- Cuando se quiere comprender mejor una variable, específicamente:

  - El desempeño de un proceso en un momento determinado.

  - La distribución de los datos.

  - Comparación contra las especificaciones.

  - Obtención de cálculos básicos de probabilidad.

- En la **fase de mejorar**, para validar la mejora.

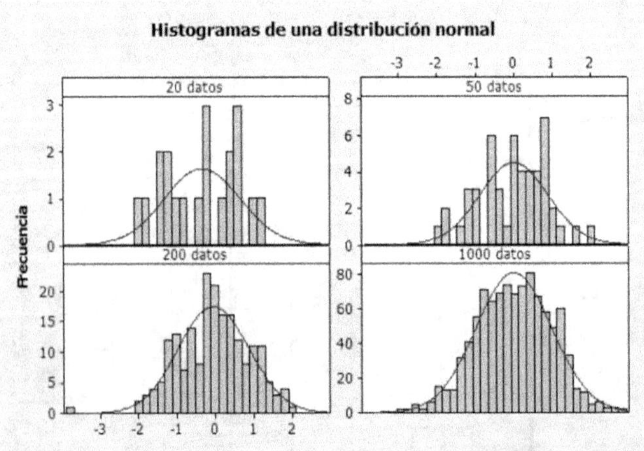

1. Recolección y acomodo de datos.

2. Cálculo del rango de los datos.

3. Determinar el número de clases.

4. Determinar el tamaño o ancho de clase.

5. Calcular las clases.

6. Construir la tabla de frecuencias.

7. Representar mediante una gráfica.

Ejemplos

Ejemplo 1: Servicio de reparto

La compañía Repartos, SA quiere investigar la distancia recorrida por sus vehículos durante el mes de agosto con el fin de optimizar sus recorridos para disminuir sus costos, ya que cada kilómetro recorrido tiene un costo de 2 USD. Los límites mínimo y máximo permitidos para cada unidad son 152 y 176 km, respectivamente. Además, cada kilómetro por arriba o por debajo de los límites tiene un costo adicional de 0.8 USD.

Paso 1: Recolección y acomodo de datos

Recopilar por lo menos 50 datos y dividirlos de manera tentativa en grupos o columnas, con el fin de identificar y señalar con una marca el dato mayor y menor del grupo.

161	165	168	164	163	170	162	166	177	173
170	164	165	167	174	167	167	167	167	169
165	164	164	159	169	164	168	164	164	176
164	168	163	163	173	167	165	167	167	161
170	161	171	170	163	166	166	167	166	170
178	158	172	171	168	155	154	174	155	161
170	167	174	158	165	167	168	170	157	167
160	168	159	164	159	163	160	166	163	166
163	170	170	169	175	170	164	177	170	164
164	164	161	159	179	158	179	165	158	166
168	173	164	168	171	177	165	164	177	169
173	163	170	150	170	153	167	171	153	172
158	177	169	156	167	162	166	164	162	170
161	165	163	159	156	170	163	170	170	157
164	169	166	160	163	163	169	166	163	160
159	170	157	164	165	175	163	165	175	165
161	168	167	166	169	166	171	159	166	164
153	161	157	163	160	163	165	158	163	157
155	174	170	169	167	179	157	166	179	159
164	163	174	168	165	160	173	164	160	159

Valor mayor

Valor menor

Paso 2: Cálculo del rango de los datos

El rango (R) es la diferencia que existe entre el valor mayor y el valor menor del conjunto de datos obtenidos.

Valor mayor = 179

Valor menor = 150

Rango = Valor mayor − Valor menor

Rango = 179 − 150

Rango = 29

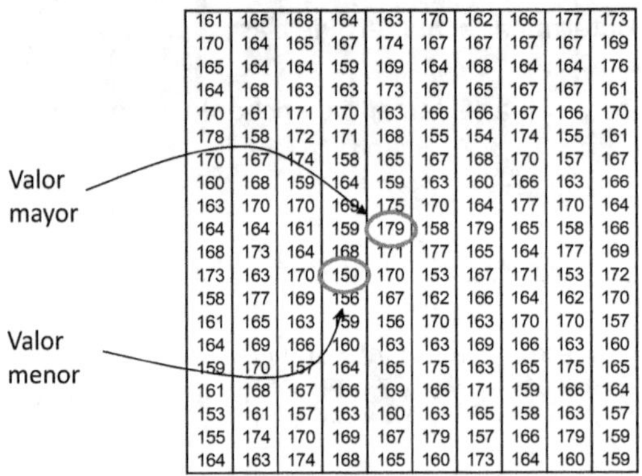

Paso 3: Determinar el número de clases

Para saber en cuántas clases (K) conviene agrupar los datos, se acostumbra a emplear la tabla siguiente:

Cantidad de datos (N)	Cantidad de clases (K)
Menos de 50	5 a 7
Entre 50 y 100	6 a 10
Entre 101 y 250	7 a 12
Más de 250	10 a 20

Para el ejemplo, utilizando la tabla para N = 200, elegimos K = 10.

Otra manera para determinarla es:

$$K = \sqrt{N}$$

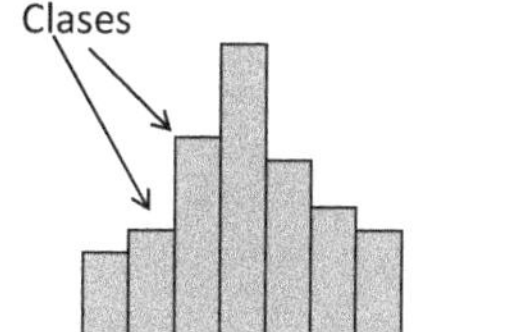

Paso 4: Determinar tamaño de la clase

Esta operación se lleva a cabo dividiendo el rango de los datos (R) aumentado en una unidad de medición (U), entre el número establecido de clases (K):

Ancho = (rango + una unidad de medición) / número de clases

$A = (R + U) / K$

$A = (29 + 1) / 10$

$A = 3$

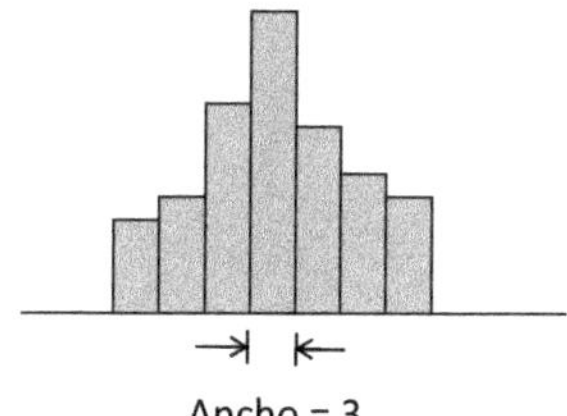

Paso 5: Cálculo de clases

Para la primera clase, la frontera inferior es el valor menor del conjunto de datos menos la mitad de la unidad de medición. Para calcular la frontera superior, a la frontera inferior se le debe sumar el ancho de la clase.

Primera clase

Frontera inferior = Valor menor − (U)/2

Frontera inferior = 150 − ½

Frontera inferior = 149.5

Frontera superior = Frontera inferior + ancho de clase

Frontera superior = 149.5 + 3

Frontera superior = 152.5

Clase	Intervalo
1	149.5 − 152.5
2	152.5 − 155.5
3	155.5 − 158.5
4	158.5 − 161.5
5	161.5 − 164.5
6	164.5 − 167.5
7	167.5 − 170.5
8	170.5 − 173.5
9	173.5 − 176.5
10	176.5 − 179.5

Paso 6: Construir la tabla de frecuencias

- La frecuencia es la cantidad de datos que hay en cada clase.

Clase	Intervalo	Frecuencia
1	149.5 – 152.5	1

- La frecuencia relativa es igual a la frecuencia de cada clase entre la cantidad total de datos.

Clase	Intervalo	Frecuencia	Frecuencia relativa
1	149.5 – 152.5	1	1 / 200 = .005

Clase	Intervalo	Frecuencia	Frecuencia relativa	Frecuencia relativa acumulada
1	149.5 – 152.5	1	0.005	0.005
2	152.5 – 155.5	7	0.035	0.040
3	155.5 – 158.5	14	0.070	0.110
4	158.5 – 161.5	24	0.120	0.230
5	161.5 – 164.5	42	0.210	0.440
6	164.5 – 167.5	43	0.215	0.655
7	167.5 – 170.5	38	0.190	0.845
8	170.5 – 173.5	12	0.060	0.905
9	173.5 – 176.5	9	0.045	0.950
10	176.5 – 179.5	10	0.050	1.000

Paso 7: Representar el histograma final

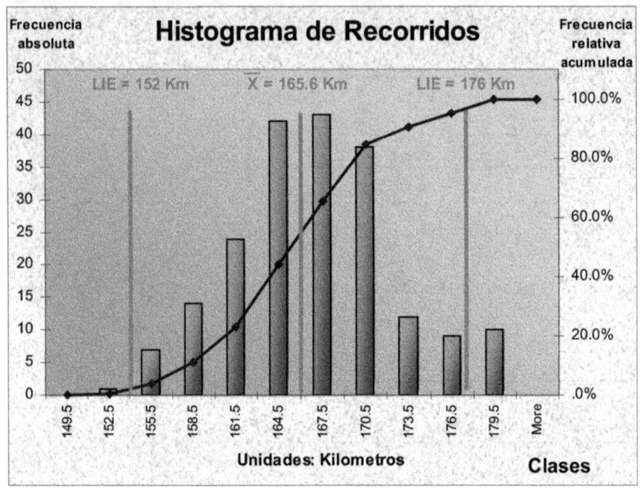

Tendencia central
Media = 165.6
Mediana = 165
Moda = 164

Dispersión
Rango = 29
Varianza = 32.5
Desviación Std = 5.7

Interpretación

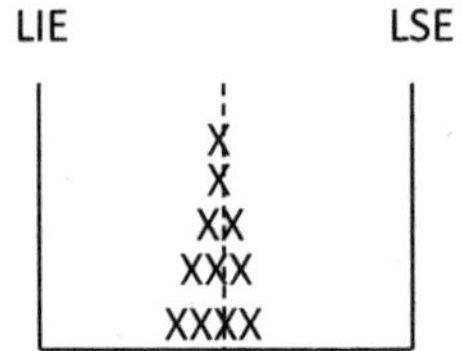

Caso 1: Proceso centrado con poca variación

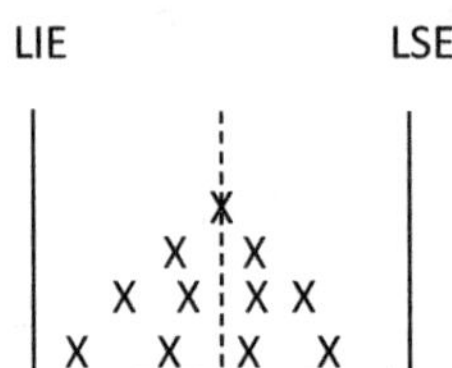

Caso 2: Proceso centrado con mucha variación

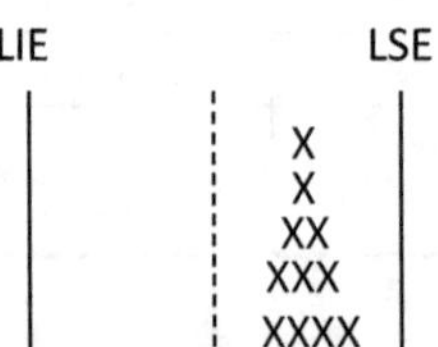

Caso 3: Proceso no centrado con poca variación

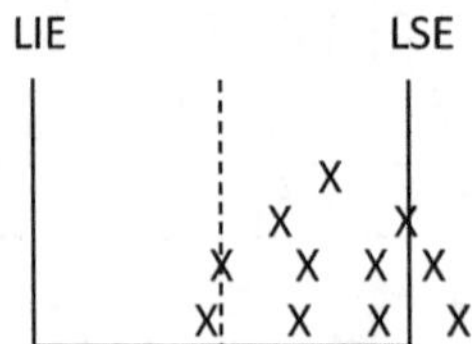

Caso 4: Proceso no centrado con mucha variación

Interpretación de distribuciones

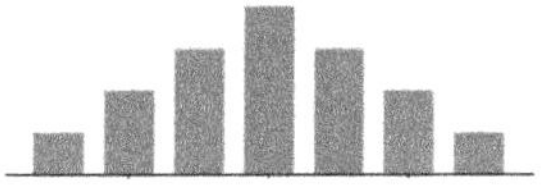

Distribución normal: datos simétricos ordenados alrededor del centro. Valores medios con alta frecuencia, mientras que los extremos muestran poca frecuencia. Forma de campana

Distribución bimodal: histograma con dos picos. Usualmente indica que hay dos poblaciones distintas en el proceso.

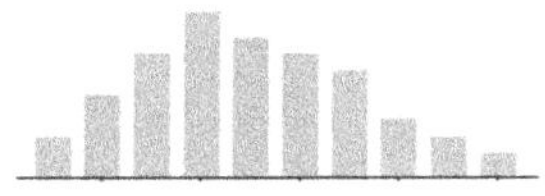

Distribución sesgada: los datos se concentran en los valores superiores (sesgo positivo) o inferiores (sesgo negativo). Los valores no están simétricamente distribuidos.

Elaborar el histograma del siguiente proceso de producción de cilindros para pistón.

- LIE = 73.90

- LSE = 74.05

161	165	168	164	163	170	162	166	177	173
170	164	165	167	174	167	167	167	167	169
165	164	164	159	169	164	168	164	164	176
164	168	163	163	173	167	165	167	167	161
170	161	171	170	163	166	166	167	166	170
178	158	172	171	168	155	154	174	155	161
170	167	174	158	165	167	168	170	157	167
160	168	159	164	159	163	160	166	163	166
163	170	170	169	175	170	164	177	170	164
164	164	161	159	179	158	179	165	158	166
168	173	164	168	171	177	165	164	177	169
173	163	170	150	170	153	167	171	153	172
158	177	169	156	167	162	166	164	162	170
161	165	163	159	156	170	163	170	170	157
164	169	166	160	163	163	169	166	163	160
159	170	157	164	165	175	163	165	175	165
161	168	167	166	169	166	171	159	166	164
153	161	157	163	160	163	165	158	163	157
155	174	170	169	167	179	157	166	179	159
164	163	174	168	165	160	173	164	160	159

Capacidad del proceso

*La calidad depende de la capacidad de entregar un producto
o servicio dentro de las especificaciones del cliente*

Objetivos

1. Conocer los conceptos generales de los estudios de capacidad del proceso.
2. Analizar la capacidad de cualquier proceso.
3. Documentar la capacidad del proceso para los proyectos Six Sigma.

Contenidos

> Introducción
> ¿Qué es capacidad del proceso ?
> ¿Para qué sirve?
> Evaluacion de la capacidad
> ¿Cuándo se utiliza?
> Procedimiento
> Ejemplos
> Ejercicios

Introducción

- Al analizar datos, es muy importante saber si estos se sitúan dentro de los límites establecidos por el cliente.

- El análisis de capacidad de proceso permitirá identificar el nivel de variación del proceso y el nivel de predicibilidad para lograr los objetivos.

¿Qué es capacidad del proceso?

- El índice de capacidad potencial es una comparación entre los límites de especificación (tolerancia) y los límites del proceso sin tomar en cuenta la ubicación del mismo: Pp o Cp.

- El índice de capacidad real sí toma en cuenta la localización del centro del proceso en comparación con los límites de especificación. Si un proceso no es potencialmente capaz, definitivamente tampoco tiene capacidad real: Ppk o Cpk.

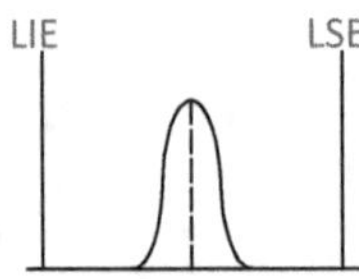

La capacidad del proceso para producir productos
o servicios dentro de especificaciones.

Variabilidad del proceso versus especificaciones del cliente

- La voz del proceso se representa por la variabilidad natural de un proceso.

- Las especificaciones del cliente representan sus necesidades, y son conocidas como la voz del cliente.

- Es importante comparar la variabilidad natural del proceso con los requerimientos de los clientes. Esto se conoce como capacidad del proceso.

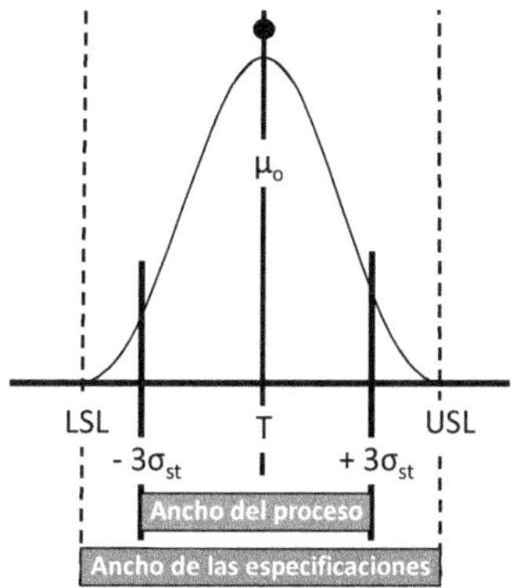

- Permite cuantificar la naturaleza del problema que se debe abordar, como por ejemplo:

    - ¿Son correctas las especificaciones para el parámetro (Y) de interés (salida del proceso o variable de desempeño)?
    - ¿Está la ubicación de la tendencia central del parámetro (Y) centrada dentro de las especificaciones apropiadas?
    - ¿Es la variación del proceso en el parámetro mayor que la permitida por las especificaciones?

- Permite a la organización predecir niveles de defecto que se escapan en el proceso.

- Justifica el arreglo del proceso si el producto o servicio no está cumpliendo con las especificaciones del cliente.

- Una manera de evaluar la capacidad del proceso para producir dentro de especificaciones, es comparar el ancho de la especificación con el ancho del proceso.

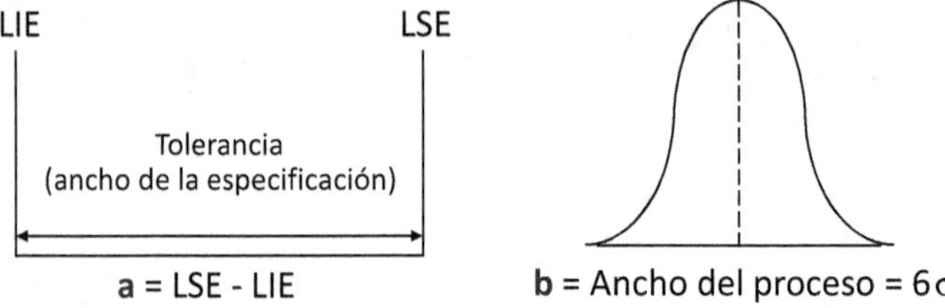

Índice de capacidad potencial (Cp)

- El índice de capacidad potencial se puede definir así:

$$Cp = \frac{a}{b} = \frac{LSE - LIE}{6s} \qquad s = \hat{\sigma}$$

- Representa una comparación de anchos, sin tomar en cuenta la *ubicación del proceso*. Indica el número de veces que el proceso "cabe" dentro de la especificación.

- Para tomar en cuenta las fluctuaciones de la media del proceso, se considera una "ventana" de operación de +/− 1.5, porque las gráficas de control de Shewart no son capaces de detectar cambios a largo plazo.

Índice de capacidad real (Cpk)

Como Cp no toma en cuenta la ubicación *(centrado)* del proceso, es necesario definir otro índice que sí la considere.

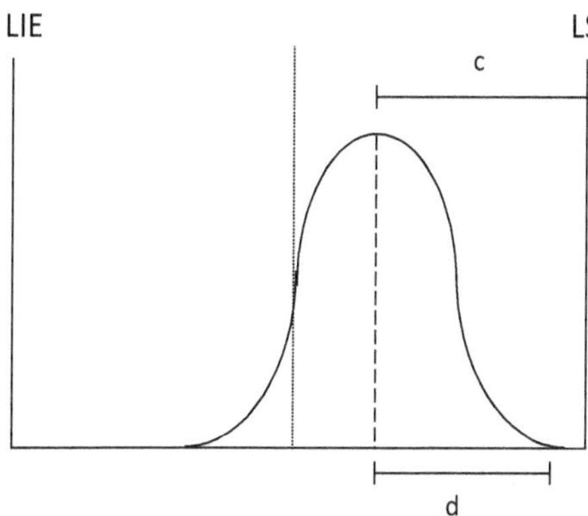

Tanto Cp como Cpk suponen normalidad del proceso, aunque para otros tipos de distribuciones también funciona (Wheeler y Chambers, 1992).

Se puede decir que Cpk es la tolerancia disponible cuando el proceso necesita 100 %.

Gunter (1989)

- Al comparar c/d se puede ver el centrado del proceso en relación con la mitad de la variación del mismo.

  c = La distancia entre el centro del proceso (media) y el límite de especificación más cercano.

  d = La mitad del ancho del proceso.

- El **índice de capacidad real** queda definido como:

$$Cpk = \frac{\bar{x} - LIE}{3s}$$

$$Cpk = \frac{LSE - \bar{x}}{3s}$$

El Cpk es el valor que resulte menor (incluyendo valores negativos).

- En el caso de tolerancia unilateral:

$$Cpk = \frac{\left| LE - \overline{X} \right|}{3s}$$

En este caso, LE es el único límite de especificación.

- El índice Cp se emplea para evaluar el proceso. Separa variación de centrado.

- El índice Cpk se utiliza para hacer seguimiento del proceso con respecto al tiempo. Evalúa variación y centrado sobre la base de un solo número.

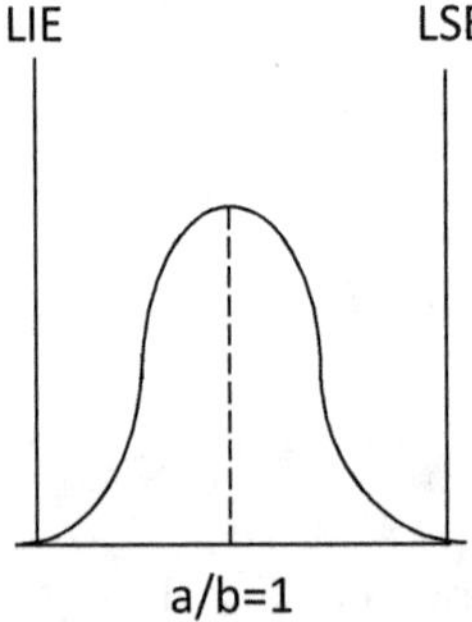

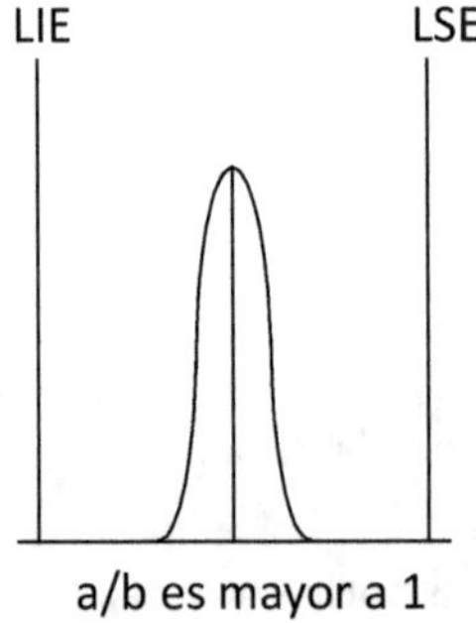

Comparando ambos procesos, se observa que el proceso para el cual a/b es mayor a 1, es mejor que el otro.

Ejemplos de evaluación gráfica de Cp y Cpk

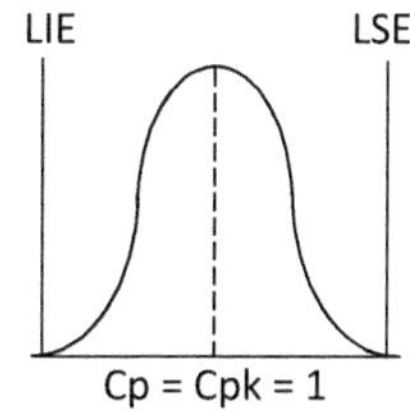

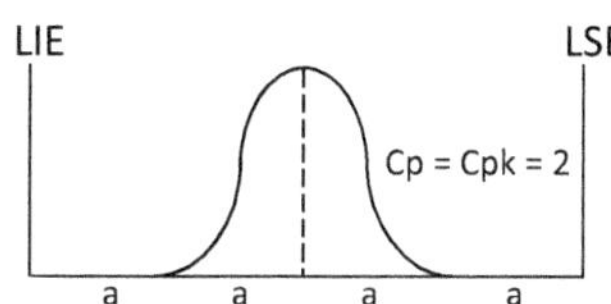

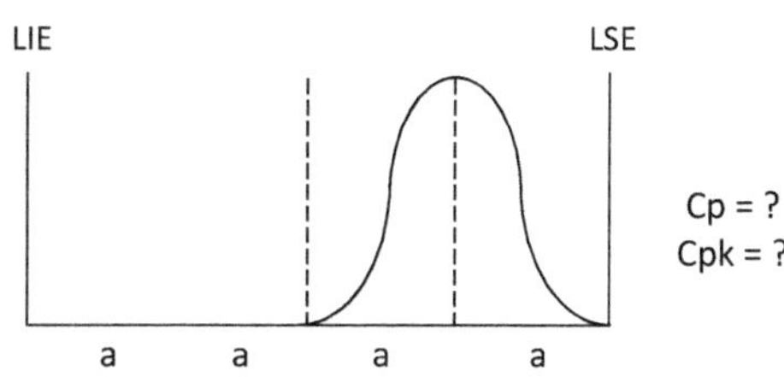

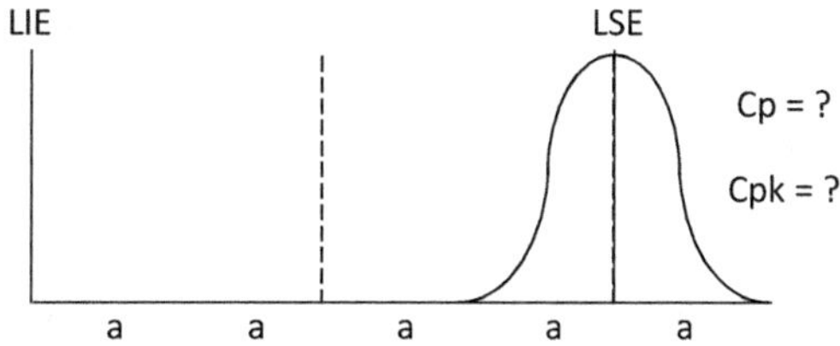

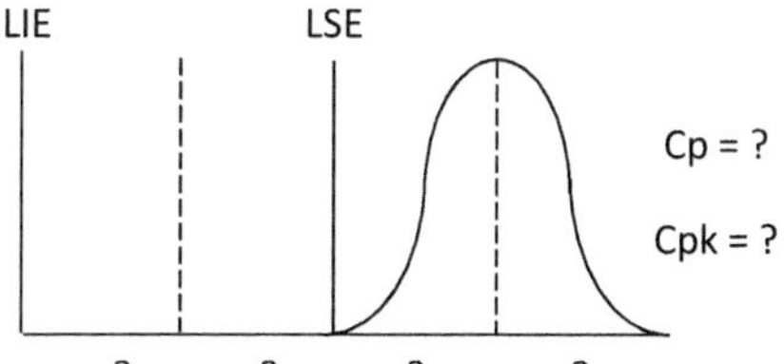

Relación entre Cp y Cpk

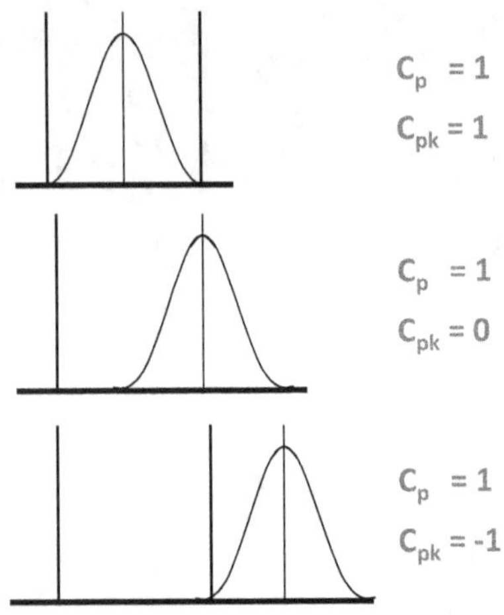

$C_p = 1$
$C_{pk} = 1$

$C_p = 1$
$C_{pk} = 0$

$C_p = 1$
$C_{pk} = -1$

Algunos detalles...

- Cp siempre es positivo. Es la razón de dos numeros positivos.

- Cpk puede ser positivo, cero o negativo.

- Cuando Cpk es cero, la salida *(yield)* es del 50 %.

- Cuando Cpk es negativo, la salida *(yield)* es menor al 50 %.

- Cuando Cpk está en su valor máximo será igual a Cp; cuando esto ocurre el proceso se centra.

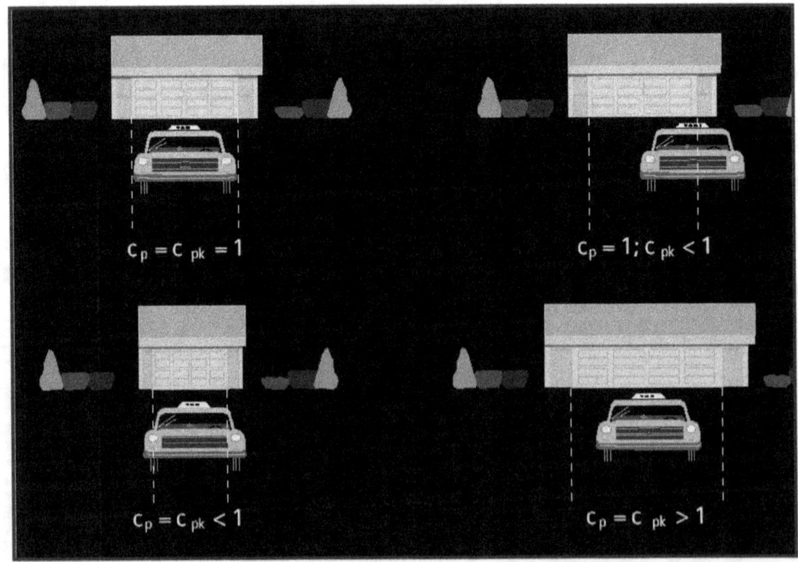

LSSI
LEAN SIX SIGMA INSTITUTE

Interpretación clásica de Cp y Cpk

- Si Cp es mayor que Cpk, el proceso no está centrado en el objetivo. Si son aproximadamente iguales, entonces el proceso está centrado.

- Si Cp o Cpk es menor a 1, el proceso es incapaz.

- Si Cp o Cpk está entre 1 y 1.33, el proceso es apenas capaz.

- Si Cp o Cpk es mayor a 1.33 el proceso es capaz.

- El índice Cpk prevalece sobre Cp para tener la evaluación real (actual) del proceso.

Capacidad a largo plazo versus a corto plazo

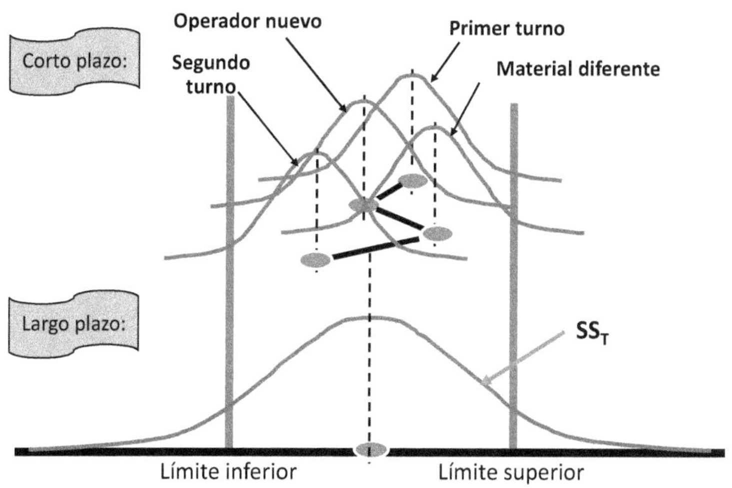

Estudios a corto y a largo plazo

- La diferencia entre Cp y Pp (o Cpk y Ppk) es que el Cp y el Cpk son índices calculados a partir de datos obtenidos en estudios a corto plazo, mientras que el Pp y Ppk son calculados a partir de datos obtenidos en estudios a largo plazo.

- En general, son preferibles los estudios a largo plazo, ya que estos incluyen todas las fuentes de variación (diferentes lotes, personal, etc.). Esto no implica necesariamente que deben ser por períodos de tiempo extremadamente largos.

- En lugar de calcular la «s» interna (subgrupos), los datos se combinan en un solo grupo y se calcula «s». Esta «s» estima la variación interna (subgrupos) y la variación debida a las fluctuaciones entre subgrupos.

- La ventaja de los estudios a corto plazo es que son rápidos y más sencillos que los estudios a largo plazo.

- Para realizar un estudio a corto plazo, se acostumbra tomar 20 subgrupos de 5 muestras cada uno y estimar la desviación estándar interna.

"Corto plazo es como ver la foto. Largo plazo es ver la película completa."
Luis Socconini

Capacidad y nivel sigma

- El nivel sigma es el número de desviaciones estándar que caben entre el centro del proceso y el límite de cliente más cercano (esto se explica con detalle en el siguiente tema).

- Generalmente, la industria depende de esta medición de calidad.

- El nivel sigma se puede derivar del Cpk o Ppk.

$$\text{Nivel sigma a corto plazo} = Cpk \times 3$$

$$\text{Nivel sigma a largo plazo} = Ppk \times 3$$

Reporte de desempeño del proceso

- Una importante consideración es que como los estudios a corto plazo no toman en cuenta la variación entre los subgrupos directamente, utilizan la ventana de operación de +/− 1.5 σ. Esta ventana fue obtenida a partir del análisis de una numerosa cantidad de datos de muy diversa índole y permite simplificar la presentación de resultados para el nivel Sigma, con base en la siguiente tabla:

	Período del estudio	
Reportar	**Corto**	**Largo**
Corto	Dejar como está	Sumar 1.5
Largo	Restar 1.5	Dejar como está

E. Escalante

- Es un convencionalismo internacional reportar el nivel Sigma a corto plazo.

¿Qué significan estos resultados?

$DPMO_{LP}$	$Sigma_{CP}$	Cpk_{CP}	
66,807	3.0	1.00	Pobre
22,750	3.5	1.17	
6,210	4.0	1.33	Bueno
1,350	4.5	1.50	
233	5.0	1.67	Excelente
32	5.5	1.83	
3.4	6.0	2.0	¡En Six Sigma!

¿Qué significan estos resultados?

Indice Cp	Calidad a corto plazo		Calidad a largo plazo	
	Calidad en sigmas Z	PPM fuera de especificación	Calidad en sigmas Z	PPM fuera de especificación
0.33	1	317300	-0.5	697700
0.67	2	45500	0.5	308700
1.00	3	2700	1.5	66807
1.33	4	63	2.5	6210
1.67	5	0.57	3.5	233
2.00	6	0.002	4.5	3.4

¿Cuándo se utiliza?

- Fase de medición
  - Para establecer la línea base estimada para un proceso controlado.

- Fase de análisis
  - Para confirmar la capacidad del proceso y determinar el nivel de variación.

- Fase de mejora
  - Para verificar la mejora del proceso.

- Fase de control
  - Para verificar continuamente la capacidad del proceso mejorado.

Procedimiento

1. Obtener los datos.

2. Calcular Pp o Cp.

3. Calcular Ppk o Cpk.

4. Interpretar los datos obtenidos.

5. Tomar decisiones.

Ejemplo 1

Brenda Ávalos y su equipo (de **Calzado Chelsea)** desean determinar los índices de capacidad potencial y real para el proceso de producir suelas moldeadas. Se tienen los siguientes datos, tomados de un estudio a largo plazo:

- Media: 165.2 g
- Desviación estándar: 5.484 g
- Límite inferior de especificación (LIE): 155 g
- Límite superior de especificación (LSE): 180 g

Índice de Capacidad Potencial (Pp)

Brenda Ávalos evalúa la capacidad potencial de su proceso para producir suelas moldeadas dentro de las especificaciones. El resultado es:

$$\textbf{Pp} = (180 - 155)/(6 \times 5.484) = 0.76$$

Índice de capacidad real (Ppk)

Siguiendo con su trabajo, el equipo de Brenda calcula el índice de capacidad real para el proceso de moldeado de las suelas:

- $\textbf{Ppk}_1 = (165.2 - 155)/(3 \times 5.484) = 0.62$
- $\textbf{Ppk}_2 = (180 - 165.2)/(3 \times 5.484) = 0.90$

El Ppk resultante es 0.62 (el menor valor de los dos).

El equipo de Brenda Ávalos, de **Calzado Chelsea,** utiliza los índices que ha calculado para interpretar la capacidad del proceso de moldeado de suela (Pp = 0.76, Ppk = 0.62):

- El proceso es incapaz, pues tanto el Pp como el Ppk son menores a 1. Existen valores fuera de los límites de especificación.

- El proceso está levemente descentrado, pues Pp es ligeramente mayor a Ppk.

- El nivel sigma de largo plazo aproximado es igual a: (0.62 × 3) = 1.86.

- El nivel sigma de corto plazo aproximado es igual a: 1.86 + 1.50 = 3.36.

Gráfica resultante para el proceso de moldeado de suela en Calzado Chelsea

- Se puede observar que el Pp es 0.76 y el Ppk 0.62 (incluso se observan los valores de Ppk calculados con cada uno de los límites).

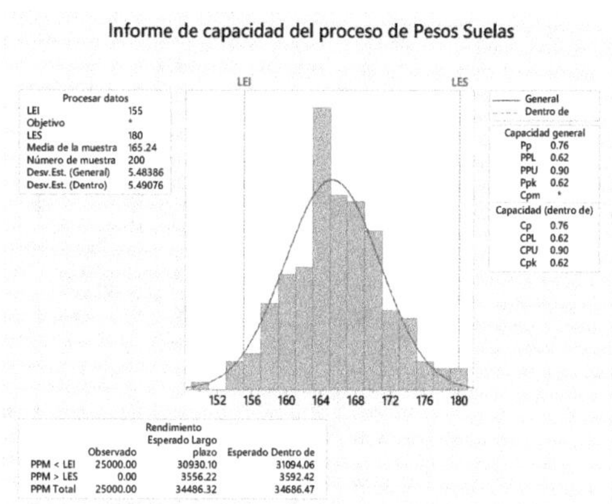

Ejemplo 2

La compañía **Repartos** (mismo ejemplo que en el tema de "Histogramas"), desea calcular la capacidad de su proceso, utilizando los datos recolectados (a largo plazo) y tomando en cuenta que las especificaciones son:

- Límite inferior de especificación (LIE): 152 km
- Límite superior de especificación (LSE): 176 km

Los datos de recorridos, recolectados a largo plazo, son:

161	165	168	164	163	170	162	166	177	173
170	164	165	167	174	167	167	167	167	169
165	164	164	159	169	164	168	164	164	176
164	168	163	163	173	167	165	167	167	161
170	161	171	170	163	166	166	167	166	170
178	158	172	171	168	155	154	174	155	161
170	167	174	158	165	167	168	170	157	167
160	168	159	164	159	163	160	166	163	166
163	170	170	169	175	170	164	177	170	164
164	164	161	159	179	158	179	165	158	166
168	173	164	168	171	177	165	164	177	169
173	163	170	150	170	153	167	171	153	172
158	177	169	156	167	162	166	164	162	170
161	165	163	159	156	170	163	170	170	157
164	169	166	160	163	163	169	166	163	160
159	170	157	164	165	175	163	165	175	165
161	168	167	166	169	166	171	159	166	164
153	161	157	163	160	163	165	158	163	157
155	174	170	169	167	179	157	166	179	159
164	163	174	168	165	160	173	164	160	159

Gráfica resultante para el proceso

Resultados:

- Media   165.595
- Desviación estándar   5.71276
- Pp   0.70
- Ppk   0.61

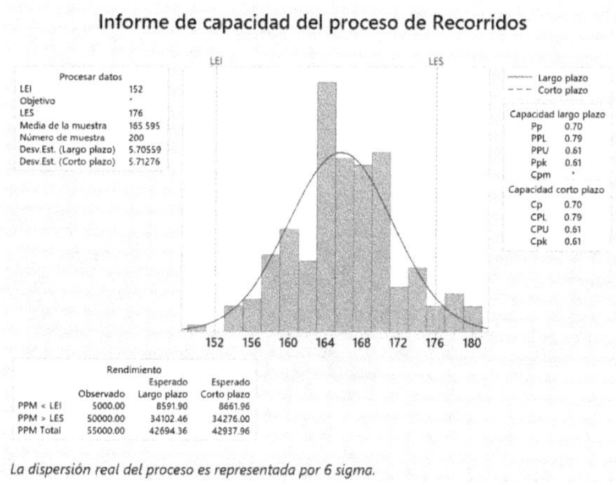

La dispersión real del proceso es representada por 6 sigma.

El equipo de la empresa **Repartos** utiliza los índices calculados para interpretar la capacidad del proceso de recorridos (Pp = 0.70, Ppk = 0.61):

- El proceso es incapaz, pues tanto el Pp como el Ppk son menores a 1. Existen valores fuera de los límites de especificación.

- El proceso está levemente descentrado, pues Pp es ligeramente mayor a Ppk.

- El nivel Sigma a largo plazo aproximado es igual a: (0.61 × 3) = 1.83.

- El nivel Sigma a corto plazo aproximado es igual a: 1.83 + 1.50 = 3.33.

Conclusiones

El cálculo de la capacidad y el nivel sigma de un proceso son altamente importantes, pues nos permitirán comparar estos valores antes y después de las mejoras, así como servir como una guía para determinar si el proceso se mantiene controlado una vez que el proyecto Lean Six Sigma concluya.

Ejercicios 1

- En un proceso de fabricación de clavos se realizaron 150 mediciones de la longitud de los mismos (estudio de largo plazo), obteniendo los siguientes resultados:

  Media = 1.03

  $\delta = 0.0573$

- Las especificaciones son:

  LIE = 0.90

  LSE = 1.10

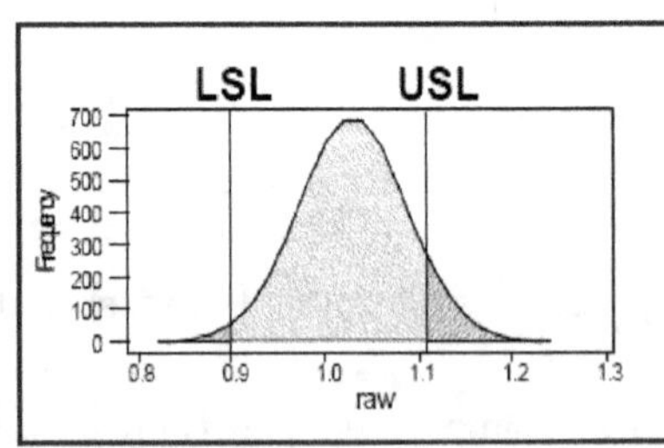

Problema práctico: calcular los índices de capacidad.

Ejercicios 2

- Calcular la capacidad del proceso de la longitud de puertas para automóvil cuya especificación es 100 +/− 5 cm, si de un estudio a largo plazo se obtuvieron los siguientes resultados:

$$\overline{X} = 102.3 \qquad \sigma = 1.2$$

- Elaborar una representación gráfica del proceso y calcular los índices de capacidad.

Ejercicios 3

Para los datos de diámetros obtenidos en el proceso de elaboración de cilindros para pistón (estudio a largo plazo), obtener e interpretar los índices de capacidad para los siguientes límites de especificación:

- LIE = 73.90
- LSE = 74.05

74.030	74.002	74.019	73.992	74.008
73.995	73.992	74.001	74.011	74.004
73.988	74.024	74.021	74.005	74.002
74.002	73.996	73.993	74.015	74.009
73.992	74.007	74.015	73.989	74.014
74.009	73.994	73.997	73.985	73.993
73.995	74.006	73.994	74.000	74.005
73.985	74.003	73.993	74.015	73.988
74.008	73.995	74.009	74.005	74.004
73.998	74.000	73.990	74.007	73.995
73.994	73.998	73.994	73.995	73.990
74.004	74.000	74.007	74.000	73.996
73.983	74.002	73.998	73.997	74.012
74.006	73.967	73.994	74.000	73.984
74.012	74.014	73.998	73.999	74.007
74.000	73.984	74.005	73.998	73.996
73.994	74.012	73.986	74.005	74.007
74.006	74.010	74.018	74.003	74.000
73.984	74.002	74.003	74.005	73.997
74.000	74.010	74.013	74.020	74.003
73.988	74.001	74.009	74.005	73.996
74.004	73.999	73.990	74.006	74.009
74.010	73.989	73.990	74.009	74.014
74.015	74.008	73.993	74.000	74.010
73.982	73.984	73.995	74.017	74.013

Desempeño del proceso

Un indicador para evaluar la capacidad de cualquier industria

Objetivos

1. Entender la importancia de medir el desempeño del proceso.
2. Conocer algunos indicadores que permitan medir el desempeño del proceso.
3. Calcular el rendimiento del proceso *(yield)*.
4. Calcular los defectos por millón de oportunidades.
5. Calcular correctamente el nivel sigma de cualquier proceso.

Contenidos

> Antecedentes
> ¿Qué es medir el desempeño del proceso?
> Rendimiento del proceso *(yield)*
> Defectos por millón de oportunidades
> Métrica Six Sigma
> Ejemplo integrador
> Ejercicios
> Cierre de la fase de "medir"

Antecedentes

¿Por qué medir el proceso?

- Los procesos son factores *clave* para ejecutar operaciones, estrategias y planes dirigidos al logro de los objetivos de la actividad empresarial.

- Se enfocan hacia responsabilidades de gestión y administración fundamentales.

- Los procesos tienen que *medirse*, estar controlados y se deben *mejorar* para alcanzar las metas de cualquier organización. Por ello es imprescindible:

  - Entender el pasado.
  - Controlar el presente.
  - Predecir el futuro.

Indicadores de efectividad

- Son aquellos indicadores que permiten evaluar el *grado en que el propósito se está cumpliendo.*

- El propósito del proceso debe señalar su razón trascendente dentro de la organización, ya sea en relación con la satisfacción de los clientes o en cuanto a su contribución para los objetivos estratégicos.

- Estos indicadores de efectividad se determinan respondiendo a las preguntas:

  - ¿Hasta qué punto se satisfacen los *requerimientos* de los clientes?
  - ¿En qué medida contribuye el proceso a los *objetivos estratégicos* de la organización?

Indicadores de eficiencia

- Un proceso es eficiente cuando produce productos o servicios con la *óptima utilización de los recursos.*

- El énfasis de estos indicadores está en la forma en que se utilizan los recursos durante la conversión, la prestación del servicio o mientras se agrega el valor esperado.

- Los indicadores de eficiencia se determinan respondiendo a las siguientes preguntas:

    - ¿Cómo de bien *funciona el proceso?* Es decir, ¿qué volumen de errores, repeticiones de trabajos o desperdicios tiene el proceso?

    - ¿En qué medida se *utilizan los recursos* para satisfacer los requerimientos de los clientes? Es decir, ¿cómo se mide su productividad, el tiempo de ciclo, utilización de equipos, la energía utilizada, etc.?

¿Qué es medir el desempeño del proceso?

- En términos generales, medir el desempeño de un proceso es realizar una *medición de los indicadores* que permiten conocer cómo este funciona en un momento determinado. Esta operación permitirá a su vez confirmar la *línea base* del proceso.

- Para cualquier proceso existen diversos indicadores utilizados para conocer la operación.

- Algunos de esos indicadores serán útiles en el desarrollo de los proyectos Lean Six Sigma.

Indicadores

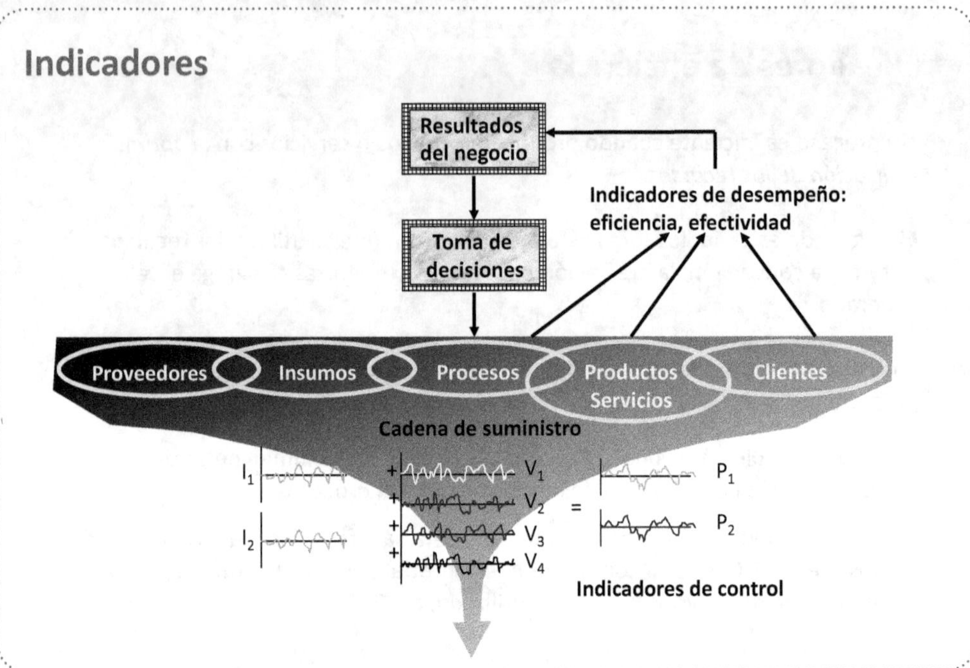

Rendimiento del proceso *(yield)*

- **Rendimiento tradicional**
  - Rendimiento al final del proceso.
    - Excluye las redes de repeticiones de trabajos internas.
    - Probabilidad de cero defectos o errores medida al final del proceso.

- **Rendimiento de primera vez *(first-time yield)***
  - Rendimiento promedio de procesos consecutivos o pasos del proceso.

- **Rendimiento en cadena (Y_{RT})**
  - Rendimiento total del proceso.
  - Incluye las redes internas de repeticiones de trabajos.
  - Probabilidad de producir cero defectos o errores a través del proceso.

Rendimiento tradicional

El rendimiento tradicional de un proceso se obtiene dividiendo el número de piezas o servicios que salen bien entre el número de piezas o servicios que entran.

Ejemplo

Obtener el rendimiento tradicional del siguiente proceso:

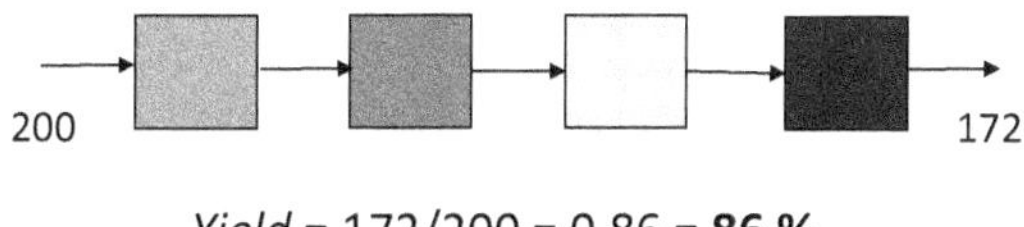

$$Yield = 172/200 = 0.86 = \textbf{86 \%}$$

Rendimiento de primera vez *(first time yield* Y_{FT}*)*

El rendimiento de primera vez corresponde al número de piezas o servicios hechos bien la primera vez en cada fase de un proceso.

Ejemplo

Obtener el Y_{FT} del siguiente proceso:

$$Y_{FT} = 197/200 = \textbf{0.9850} \quad 177/197 = \textbf{0.8985} \quad 172/177 = \textbf{0.9718} \quad 172/172 = \textbf{1.00}$$

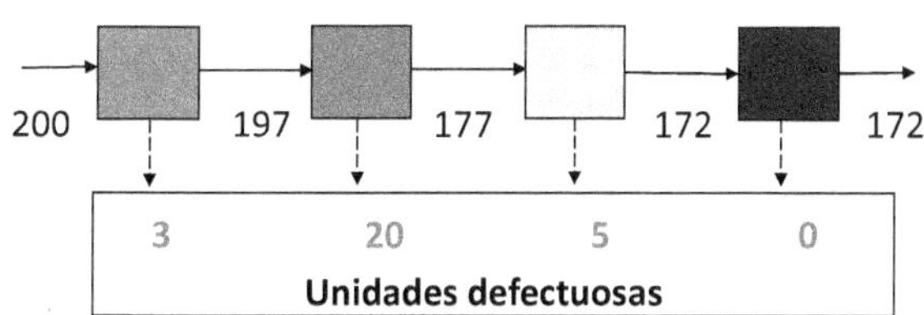

Rendimiento en cadena *(rolled throughput yield* Y_{RT}*)*

(Sin incluir repeticiones de trabajos)

El rendimiento en cadena es el producto del rendimiento en cada paso del proceso. En este caso no se incluyen las repeticiones de trabajos.

Ejemplo

$$Y_{RT} = (0.985)(0.8985)(0.9718)(1) = \mathbf{0.86} = Y_{FT} = 172/200$$

$$Y_{FT} = 197/200 = \mathbf{0.9850} \quad 177/197 = \mathbf{0.8985} \quad 172/177 = \mathbf{0.9718} \quad 172/172 = \mathbf{1.00}$$

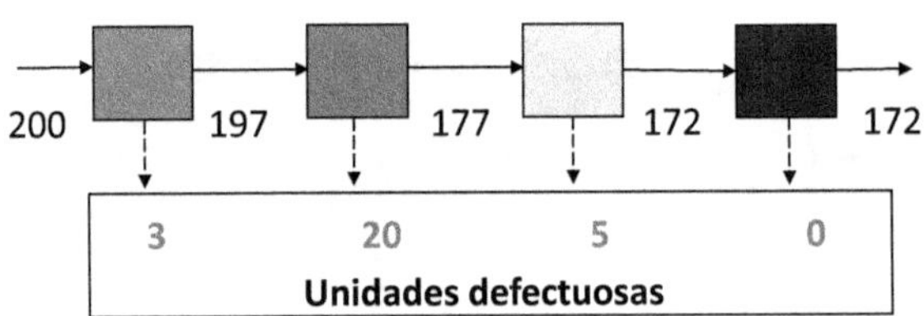

(Incluyendo repeticiones de trabajos)

El rendimiento en cadena es el producto del rendimiento en cada paso del proceso. En este caso sí incluye las repeticiones de trabajos.

Ejemplo

$$Y_{FT} = 192/200 = \mathbf{0.96} \quad 177/197 = \mathbf{0.8985} \quad 172/177 = \mathbf{0.9718} \quad 169/172 = \mathbf{0.9826}$$

$$Y_{RT} = (0.96)(0.8985)(0.9718)(0.9826) = \mathbf{0.8237}$$

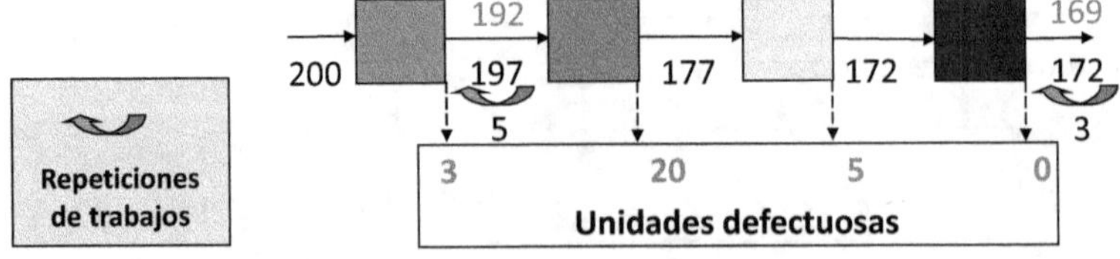

La fábrica oculta

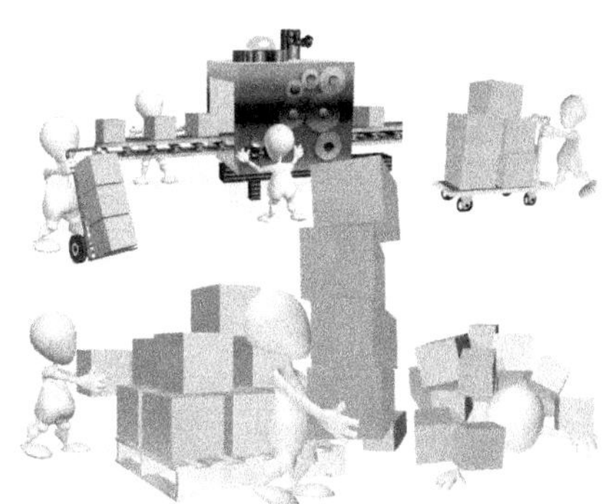

- El concepto de "fábrica oculta" surge cuando una compañía está utilizando *recursos adicionales* por no hacer bien sus productos o no prestar de manera correcta sus servicios a la primera oportunidad.

- A las repeticiones de trabajos o al desperdicio se le considera como una fábrica oculta.

Ejemplo de fábrica oculta

Para el proceso anterior, la fábrica oculta se encuentra en los pasos 1 y 4, y representan *áreas de oportunidad* de mejora en ese mismo orden.

Y_{FT} = 192/200 = **0.96** 177/197 = **0.8985** 172/177 = **0.9718** 169/172 = **0.9826**

Y_{RT} = (0.96)(0.8985)(0.9718)(0.9826) = **0.8237**

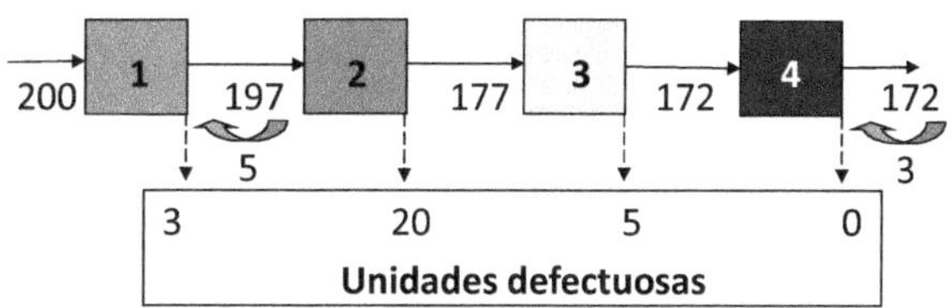

Y_{RT} = 82.37 % representa el porcentaje de piezas que serán producidas o de servicios prestados sin defectos o errores la primera vez.

Defectos por millón de oportunidades

DPMO es:

- El número de defectos observados por un millón de oportunidades.
- Una medida clave en Six Sigma.
- Un estándar corporativo para contar los defectos.
- Un recurso para cuantificar el impacto de las mejoras.
- Un medio para amplificar la urgencia de los problemas.

$$DPMO = \frac{Defectos}{Unidades \times Oportunidades} \times 1\ 000\ 000$$

Six Sigma = 3.4 DPMO

Nivel sigma	Defectos por millón de oportunidades	Rendimiento
6	3.4	99.9997%
5	233	99.997%
4	6 210	99.379%
3	66 807	93.32%
2	308 537	69.2%
1	690 000	31%

Conceptos importantes

- **Defectos:** número de unidades que incumplen las especificaciones.

- **Unidades:** número de unidades totales.

- **Oportunidades:** número total de posibilidades de defecto en un proceso (manufactura, servicio, administración, etc.) que generarían un resultado no deseado.

- **Total de oportunidades:** número de unidades por el número de oportunidades de defecto.

- **Defectos por total de oportunidades:** defectos / total de oportunidades.

- **Defectos por millón de oportunidades:** defectos / total de oportunidades por un millón.

Procedimiento

1. Evaluar el nivel de oportunidades.

2. Obtener defectos de una muestra.

3. Obtener el número de defectos por millón de oportunidades.

$$\text{DPMO} = \frac{\text{Defectuosos}}{\text{Unidades} \times \text{Oportunidades}} \times 1\,000\,000$$

Ejemplo 1

Compañía de servicio de atención telefónica

Rita se equivoca una vez de cada 100 llamadas que hace. 

90 % de las llamadas son internacionales (11 dígitos).
10 % de las llamadas son locales (8 dígitos).

Rita
935 DPMO

Martha se equivoca una vez de cada 100 llamadas que hace. 

10 % de las llamadas son internacionales (11 dígitos).
90 % de las llamadas son locales (8 dígitos).

Martha
1 205 DPMO

La gran ventaja al hablar en DPMO es que nos permite comparar procesos de diferente complejidad.

Ejemplo 2

- En una compañía de reparto de alimentos, se tienen las siguientes oportunidades de fallar al cliente en las características clave para la calidad (CTQ):

Unidad de orden de pedido	Una entrega	En 50 entregas
Tarde o demasiado temprano	1	13
Inexactitud en la cantidad	1	3
Alimentos no frescos	1	0
Oportunidades totales	**3**	**16**

- De una muestra de 50 entregas se encontraron un total de 16 incumplimientos.

- Obtener el volumen de defectos por millón de oportunidades (DPMO).

Ejemplo 2 (solución)

Defectos D	Unidades U	Oportunidades OP	TOP Total de oportunidades U × OP	DPO Defectos entre total de oportunidades D / TOP	DPMO DPO × 1 millón
16	50	3	150	0,106666667	106.666,67

Unidad de orden de pedido	Una entrega	En 50 entregas
Tarde o demasiado temprano	1	13
Inexactitud en la cantidad	1	3
Alimentos no frescos	1	0
Oportunidades totales	**3**	**16**

- Desde una perspectiva de calidad, Six Sigma se define como 3.4 defectos por millón de oportunidades. Esto se conoce como "nivel six sigma de calidad".

- **Estadístico Z:** mide la capacidad de un proceso, calculando la distancia entre las especificaciones y la media (μ) del proceso en unidades de la desviación estándar (σ).

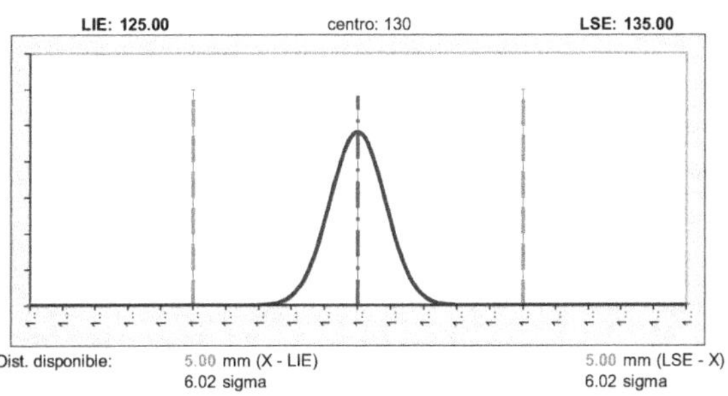

¿Cuántas desviaciones estándar «caben»?

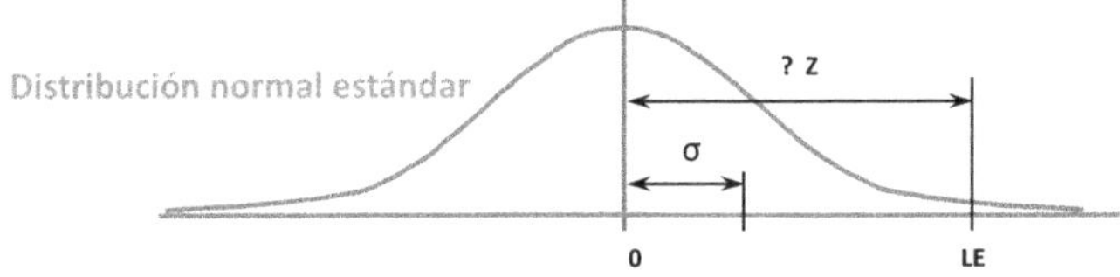

- La tendencia central en una distribución normal es definida por su *media*.

- La cantidad de variación en el desempeño o el ancho de la distribución es definida por su *desviación estándar*.

- Ante la pregunta cuántas desviaciones estándar pueden caber entre la media y los límites de especificación, la respuesta se puede averiguar mediante la siguiente fórmula:

$$Z = \frac{LE - \text{Media}}{\text{Desviación estándar}}$$

Distribución normal: ancho de un proceso

Para una distribución de *campana simétrica* la regla es la siguiente:

- Aproximadamente, el 68 % de las observaciones se situarán dentro de un rango de +/− 1σ de la media.

- Aproximadamente, el 95 % de las observaciones estarán dentro de un rango de +/− 2σ de la media.

- Aproximadamente, el 99.7 % de las observaciones estarán dentro de un rango de +/− 3σ de la media.

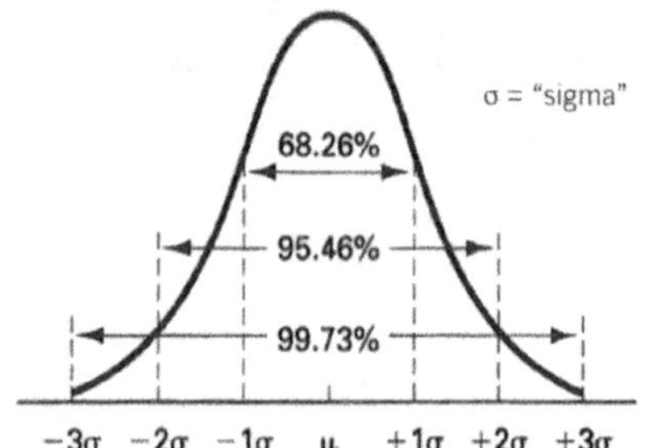

- En la figura se puede observar que «caben» cuatro desviaciones estándar entre la media y el límite de especificación.

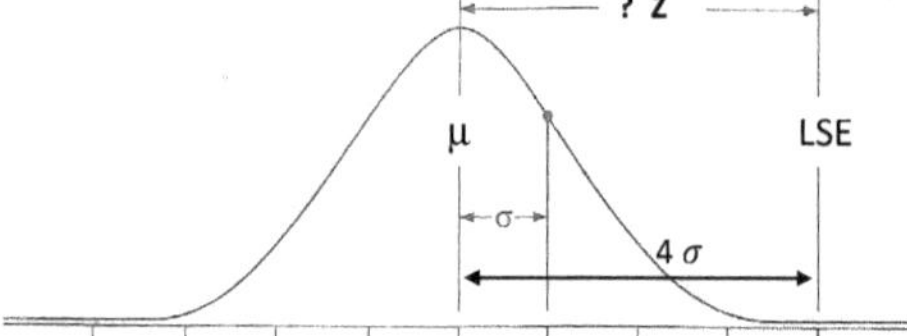

- **Existen tres formas en que la sigma (Z) puede cambiar:**

  - La localización de la *tendencia central* en la distribución (la media) se desplaza más cerca o más lejos del límite de especificación.

  - El *ancho* de la distribución, definido como desviación estándar, se hace más ancho o estrecho.

  - La localización del *límite de especificación* se mueve más cerca o más lejos de la media.

Métodos de obtención del nivel sigma

El nivel sigma puede obtenerse por dos diferentes métodos:

1. Atributos
   Se determina el número de fallos o defectos (mediante los DPMO, explicados anteriormente) y con base en ello se calcula el nivel sigma.

2. Variables
   Se determina el grado con el que una variable (por ejemplo, el peso neto de los envases) cumple con la especificación del cliente y posteriormente se calcula el nivel sigma.

Nivel sigma: procedimiento para atributos

1. Evaluar el nivel de oportunidades.

2. Obtener los defectos de una muestra.

3. Obtener el número de defectos por cada millón de oportunidades.

4. Obtener el nivel sigma a largo plazo (con una hoja de cálculo, mediante la distribución normal estándar inversa de los DPO).

5. Sumar 1.5 para obtener el nivel sigma de corto plazo.

Nivel sigma a largo plazo

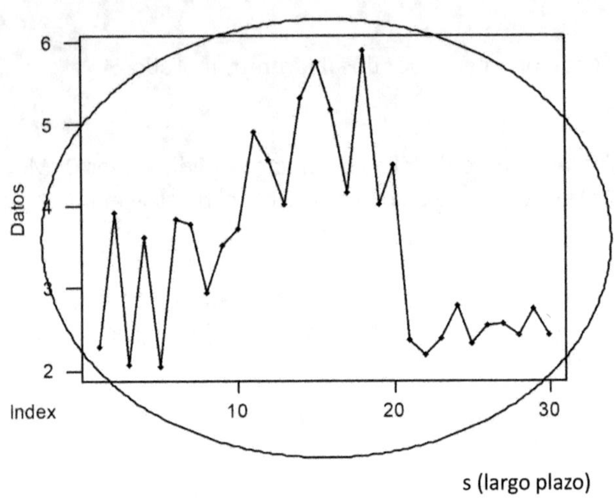

Nivel sigma a corto plazo

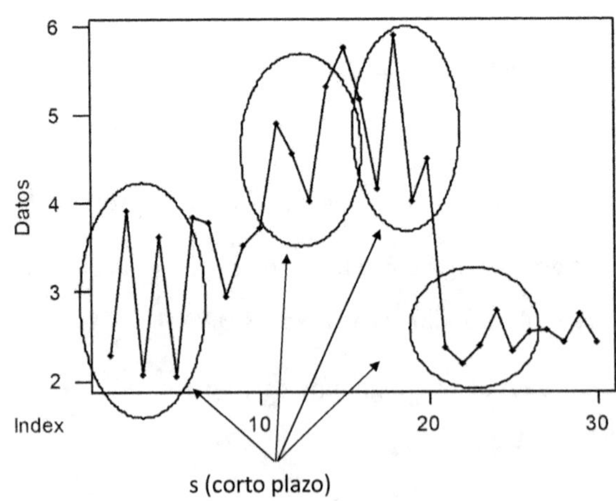

Ejemplo 1

Nivel sigma para atributos

En la compañía de reparto de alimentos ahora se desea obtener el nivel sigma (a largo y a corto plazo). Utilizar una hoja de cálculo para obtener los resultados.

Defectos D	Unidades U	Oportunidades OP	TOP Total de oportunidades U X OP	DPO Defectos entre total de oportunidades D / TOP	DPMO DPO × 1 millón	Nivel sigma largo plazo	Nivel sigma corto plazo
16	50	3	150	0,106666667	106.666,67	1,24445	**2,7445**

Unidad de orden de pedido	Una entrega	En 50 entregas
Tarde o demasiado temprano	1	13
Inexactitud en la cantidad	1	3
Alimentos no frescos	1	0
Oportunidades totales	**3**	**16**

Ejemplo 2

Nivel sigma para atributos

- En la fabricación de tarjetas electrónicas impresas, se tienen las siguientes oportunidades de cometer errores:

  - Componentes equivocados   100
  - Componentes mal soldados   20
  - Componentes mal insertados   10
  - Soldadura faltante   120
  - **Total de oportunidades   250**

- De una muestra de 3 000 tarjetas se encontró un total de 85 defectos.

- Obtener DPMO y nivel sigma (a largo y a corto plazo).

Ejemplo 2
Nivel sigma para atributos

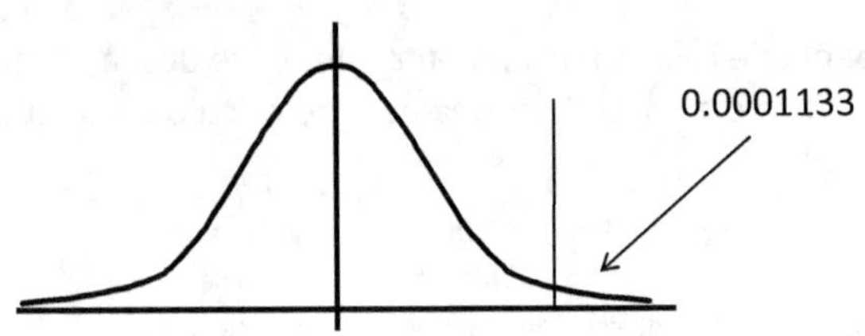

Defectos D	Unidades U	Oportunidades OP	TOP Total de oportunidades U × OP	DPO Defectos entre total de oportunidades D / TOP	DPMO DPO × 1 millón	Nivel sigma largo plazo	Nivel sigma corto plazo
85	3.000	250	750.000	0,0001133	113,3333333	3,6872769	5,1872769

Nivel sigma: procedimiento para variables

1. Calcular el valor Z para cada límite de especificación.

$$Z = \frac{LE - \text{Media}}{\text{Desviación estándar}}$$

2. Obtener el porcentaje correspondiente para cada valor Z (mediante una hoja de cálculo, utilizar la distribución normal estándar).

3. Sumar los dos valores de porcentajes y obtener el nivel sigma a largo plazo (mediante una hoja de cálculo, utilizar la distribución normal estándar inversa).

4. Sumar 1.5 para obtener el nivel sigma a corto plazo.

Ejemplo: nivel sigma para variables

- Se realizaron un total de 150 mediciones de las longitudes de tornillos, obteniendo los siguientes resultados:

  Media = 1.03

  $\sigma = 0.0573$

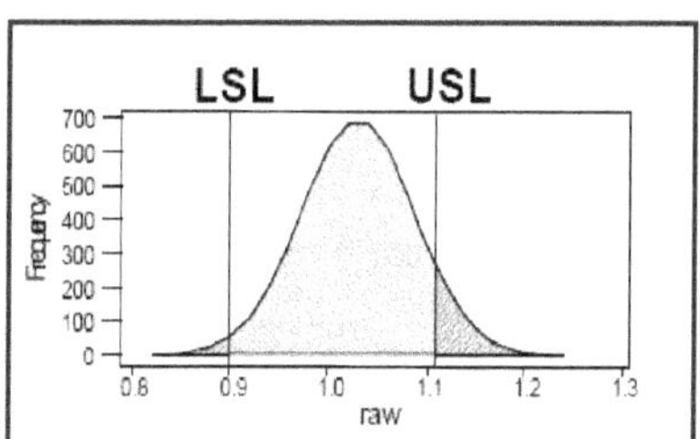

- Las especificaciones son:

  LIE = 0.90

  LSE = 1.10

- Obtener el nivel sigma.

La tarea es determinar la porción de la curva normal que está fuera de los límites inferior y superior de la especificación.

1. Calcular el valor de Z para cada límite de especificación.

$$Z_L = \frac{\left(LIE - \bar{X}\right)}{\sigma}$$

$$= \frac{0.9 - 1.03}{0.0573}$$

$$= -2.27$$

$$Z_L = \frac{\left(LSE - \bar{X}\right)}{\sigma}$$

$$= \frac{1.1 - 1.03}{0.0573}$$

$$= 1.22$$

2. Obtener el porcentaje correspondiente para cada valor Z (mediante una hoja de cálculo, utilizar la distribución normal estándar).

   - Distribución normal estándar (−2.27) = 0.0116 = **1.16 %.**
   - 1 - Distribución normal estándar (1.22) = 0.1109 = **11.09 %.**

3. Sumar los dos valores de porcentajes y obtener el nivel sigma a largo plazo (mediante una hoja de cálculo, utilizar la distribución normal estándar inversa).

   - 0.0116 + 0.1109 = 0.1226.
   - Distribución normal estándar inversa (1 − 0.1226) = 1.1623.

4. Sumar 1.5 para obtener el nivel sigma a corto plazo = **2.6623.**

Ejercicio: nivel sigma para variables

Determine el porcentaje de producto fuera de especificaciones y el nivel sigma para el siguiente caso:

Media = 5.2

$\sigma = 0.8$

LIE = 4.00

LSE = 6.00

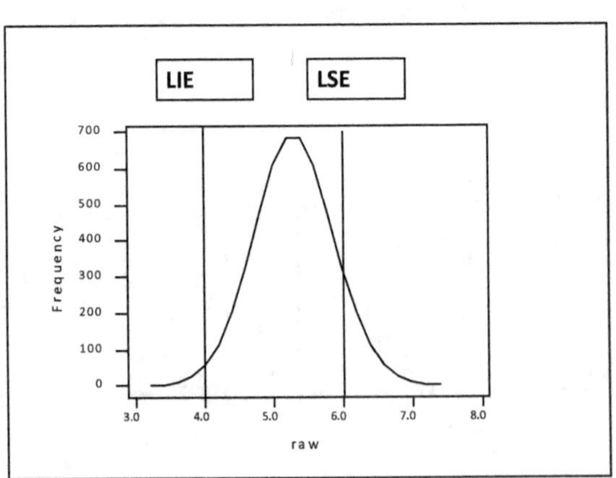

Se analizará el siguiente proceso de preparar café en una cafetera automática y servirlo:

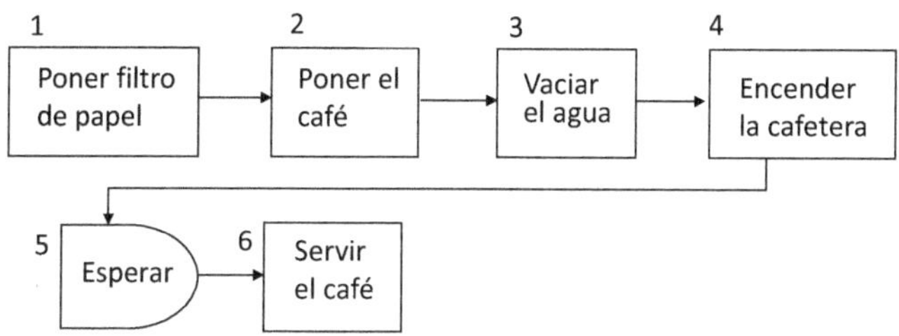

Considerar que la muestra de 100 preparaciones fue en un período largo de tiempo. Es decir, se incluyeron todas las fuentes de variación posibles en este proceso (es un estudio largo).

1. Identificar las CTQ (Proceso: preparar y servir el café)
   Temperatura adecuada del café y llenado adecuado.

2. Definir oportunidades de defectos

Paso	Descripcion	Oportunidad de error
1	Poner filtro de papel	2
2	Poner el café	1
3	Vaciar el agua	1
4	Encender la cafetera	1
5	Esperar	2
6	Servir café	2
Total		9

3. Buscar defectos en productos o servicios

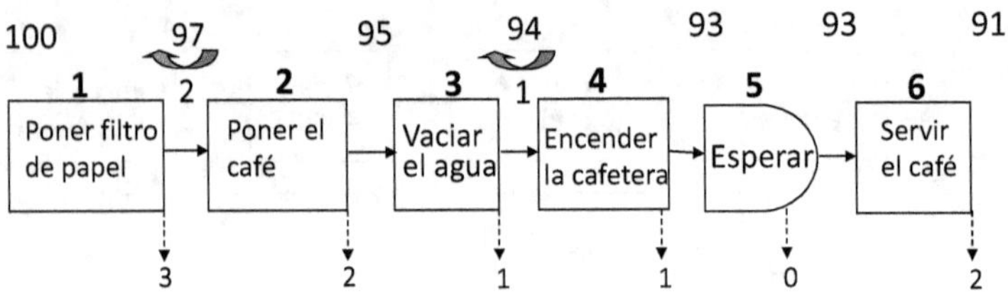

4. y 5. Calcular DPMO individual y su conversión a niveles sigma

De manera individual:

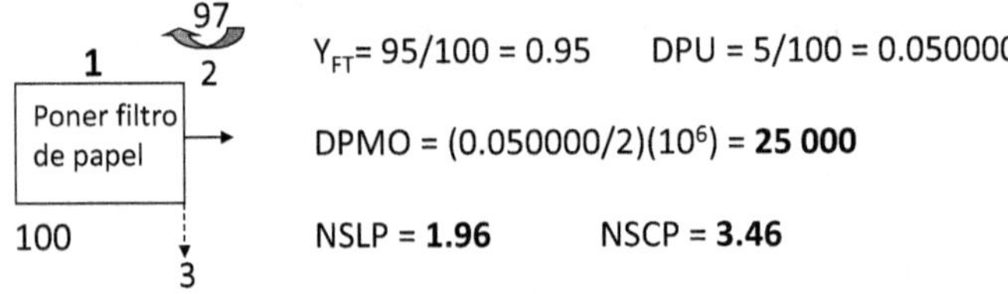

$Y_{FT}= 95/100 = 0.95$ $DPU = 5/100 = 0.050000$

$DPMO = (0.050000/2)(10^6) =$ **25 000**

$NSLP =$ **1.96** $NSCP =$ **3.46**

$Y_{FT} = 95/97 = 0.9794$ $DPU = 2/97 = 0.020619$

$DPMO = (0.020619/1)(10^6) =$ **20 619**

$NSLP =$ **2.04** $NSCP =$ **3.54**

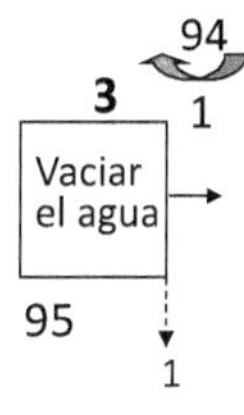

$Y_{FT} = 93/95 = 0.9789$　　　$DPU = 2/95 = 0.021053$

$DPMO = (0.021053/1)(10^6) =$ **21 053**

$NSLP =$ **2.03**　　　$NSCP =$ **3.53**

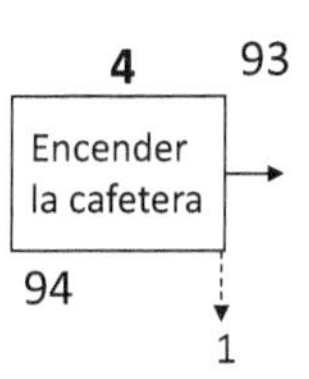

$Y_{FT} = 93/94 = 0.9894$　　　$DPU = 1/94 = 0.010638$

$DPMO = (0.010638/1)(10^6) =$ **10 638**

$NSLP =$ **2.30**　　　$NSCP =$ **3.80**

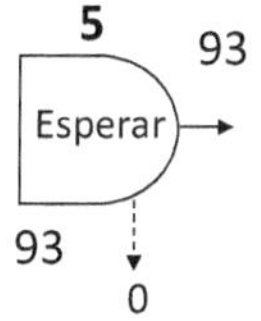

$Y_{FT} = 93/93 = 1.0$　　　　　$DPU = 0$

$DPMO =$ **0**

$NSLP$ (tiende a infinito) $=$ **4.50**　　　$NSCP =$ **6.00**

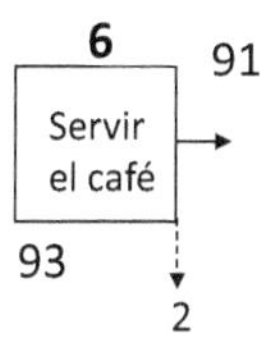

$Y_{FT} = 91/93 = 0.9785$　　　$DPU = 2/93 = 0.021505$

$DPMO = (0.021505/2)(10^6) =$ **10 753**

$NSLP =$ **2.30**　　　$NSCP =$ **3.80**

Resumen del análisis (Z es el nivel sigma de largo plazo y Zshift es el nivel sigma de corto plazo).

Caract.	Defectos	Unidades	Oport.	Tot. oport.	DPU	DPO	DPMO	DPMU	Z	Zshift
1	5	100	2	200	0,050	0,025000	25000	50000	1,96	3,46
2	2	97	1	97	0,021	0,020619	20619	20619	2,04	3,54
3	2	95	1	95	0,021	0,021053	21053	21053	2,03	3,53
4	1	94	1	94	0,011	0,010638	10638	10638	2,30	3,80
5	0	93	2	186	0,000	0,000000	0	0	4,50	6,00
6	2	93	2	186	0,022	0,010753	10753	21505	2,30	3,80
TOTAL	12		9	858		0,013986	13986	123815	2,20	3,70

El número de defectos por millón de oportunidades (**DPMO**) de todo el proceso es **(total DPO)(10^6) = 13 986** y corresponde a un nivel sigma largo plazo de **2.20 (3.70** a corto plazo).

Detección de áreas de oportunidad

Orden del proceso

Fase	DPMO	Sigma
Poner filtro	25000	3,46
Poner café	20619	3,54
Vaciar agua	21053	3,53
Encender	10638	3,80
Esperar	0	6,00
Servir	10753	3,80

Orden en base a nivel sigma

Fase	DPMO	Sigma
Poner filtro	25000	3,46
Vaciar agua	21053	3,53
Poner café	20619	3,54
Servir	10753	3,80
Encender	10638	3,80
Esperar	0	6,00

Ejercicio 1

En Banco del Pacífico se determinó que cada servicio de atención en ventanilla tiene cinco oportunidades de fallo:

- Tiempo demasiado lento.
- Error en el tipo de transacción.
- Inexactitud del cajero al entregar el dinero.
- Error en el número de cuenta.
- Atención deficiente hacia los clientes.

En la semana del 01 al 06 de febrero, en la sucursal 2035 de Guadalajara, se atendieron a 6 956 clientes en ventanilla y en estos servicios se detectaron 13 738 fallos.

Determinar los DPMO y el nivel sigma a corto plazo del proceso.

Ejercicio 2

Un proceso tiene los siguientes datos medidos a largo plazo:

- Media   102.3
- Desviación estándar   1.2
- Límite inferior de especificación   95
- Límite inferior de especificación   105

Calcular Pp, Ppk, la probabilidad de tener datos fuera de especificación y el nivel sigma a corto plazo del proceso.

Cierre de la fase de "medir"

Una vez concluidas las actividades de la fase "medir", el equipo de mejora debe verificar el cumplimiento de los objetivos, antes de pasar a la fase "analizar", mediante la siguiente lista de verificación:

Revisión de etapa de medición

Proyecto: ____   Fecha: _____________

	Si	No
1. Se determinó qué queremos aprender acerca del problema a solucionar y en qué parte del proceso podemos obtener la respuesta.	☐	☐
2. Se identificaron los indicadores que queremos utilizar, así como la utilidad y factibilidad en la obtención de los datos.	☐	☐
3. Se desarrollaron definiciones operacionales de las características que queremos medir.	☐	☐
4. Se probaron las definiciones operacionales para asegurar que el procedimiento a seguir es claro y permite una obtención consistente de información.	☐	☐
5. Se verificó que los datos que se necesitan son nuevos y no existen actualmente en la organización.	☐	☐
6. Se verificó si se requiere incluir factores de estratificación para facilitar el análisis de los datos.	☐	☐
7. Se probó que las hojas de recolección de datos, formatos, sistema de captura, etc., son fáciles de utilizar y proveen la información requerida.	☐	☐
8. Se determinó un tipo, un tamaño y una frecuencia de muestreo apropiada para asegurar que los datos a obtener sean representativos del producto, servicio o proceso que se ha de medir.	☐	☐
9. Se probó y validó el sistema de medición (R&R, estabilidad, etc.).	☐	☐
10. Los datos obtenidos se utilizaron para determinar la línea base del proyecto.	☐	☐
11. Se confirmó en la hoja de definición del proyecto que todos sus elementos sigan siendo válidos.	☐	☐

Gráficas de bigotes y cajas *(box plots)*

Comparando gráficamente diferentes procesos

Objetivos

1. Conocer los conceptos básicos de las gráficas *box plots.*
2. Desarrollar correctamente gráficas *box plots* para el desarrollo de proyectos.

Contenidos

> Antecedentes
> ¿Qué es la gráfica de bigotes y cajas *(box plots)*?
> ¿Para qué sirve?
> Procedimiento
> Ejemplo
> Ejercicio

Gráficas de bigotes y cajas *(box plots)*

¿Qué tienen que ver una caja y unos bigotes
con la estadística?

¿Qué es la gráfica de bigotes y cajas *(box plots)*?

- En una gráfica de cajas y bigotes o *box plots* se visualizan las distribuciones de un conjunto de datos.

- En este tipo de gráfica se puede comparar la variación de muestras independientes de datos.

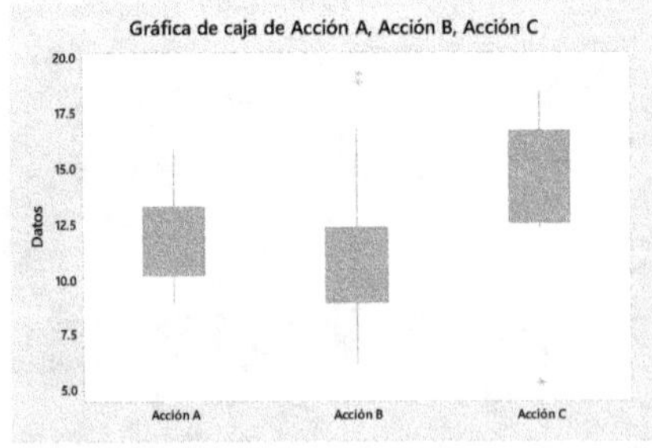

¿Para qué sirve?

- Una gráfica de *box plots* se utiliza para comparar rápidamente dos o más distribuciones de variación de las mismas características.

- Es como situar a dos personas espalda con espalda para comparar sus estaturas.

- En este caso, las preguntas que se deben responder son:

  - **¿Qué distribución tiene mayor *dispersión*?**
  - **¿Cuál de ellas tiene las medidas de *tendencia central* más altas o bajas?**

Procedimiento

1. Ordenar cada conjunto de datos, de menor a mayor.

2. Calcular los límites de los valores a representar gráficamente:

   a. Mínimo
   b. 1.er cuartil
   c. 2.º cuartil (mediana)
   d. 3.er cuartil
   e. 4.º cuartil (máximo)

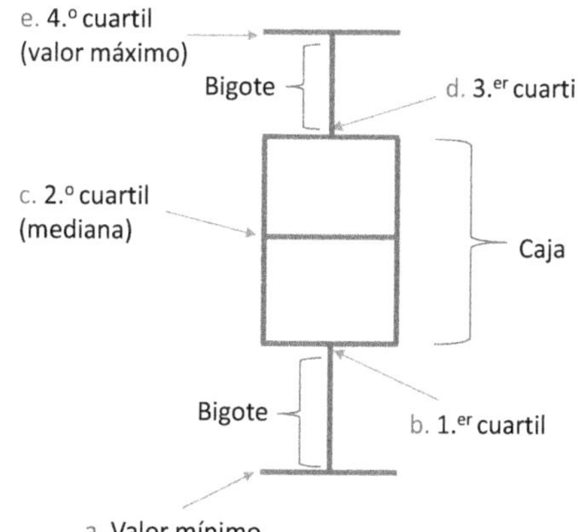

Se debe hacer notar que:

1. La distancia entre Q1 y Q3 es llamada el *rango intercuartil*.

2. La longitud máxima de cada bigote es de 1.5 veces el rango intercuartil.

3. Los puntos que queden más allá del bigote (si éste se ve limitado por la longitud máxima) son llamados *outliers.*

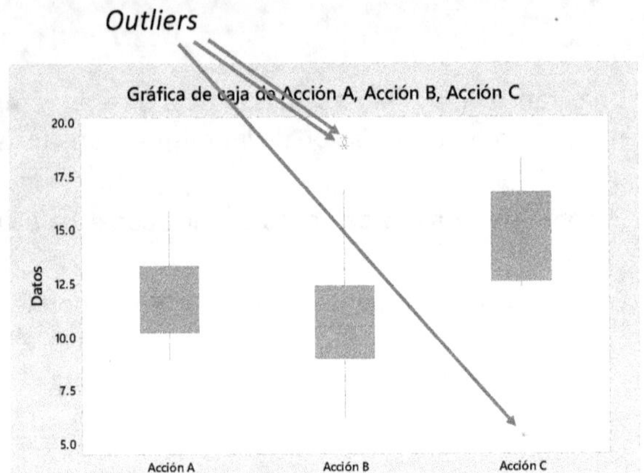

Interpretar las gráficas del siguiente modo:

1. La variabilidad está dada por la dimensión de la gráfica (tomando en cuenta tanto la caja como los bigotes, es decir, la amplitud entre X máxima y X mínima): cuanto más amplia sea la gráfica, mayor es la variabilidad de los datos.

2. La medida de tendencia central (punto donde se acumulan la mayoría de los datos), está representada por la línea central de la caja (que es la mediana).

3. Si se observan puntos atípicos o *outliers,* su causa raíz se deberá investigar.

El equipo de Banco del Pacífico desea determinar si el grado de capacitación de las personas que atienden las ventanillas de caja es un factor significativo para el tiempo de atención. Para ello, se miden los tiempos de seis personas (Antonio, Manuel, Paola, Marisela, Fabiola y Beatriz) con diferente grado de conocimiento del proceso. Los resultados fueron (en minutos):

Antonio	Manuel	Paola	Marisela	Fabiola	Beatriz
3.2	1.5	8.4	2.2	3.1	1.2
1.7	9.2	6.3	1.4	10.2	3.2
5.8	3.2	9.1	3.2	5.6	2.2
5.2	6.7	6.8	5.8	8.8	10.0
5.4	4.5	7.3	3.3	4.3	1.1
5.6	5.3	10.4	4.5	1.1	1.0
1.9	2.1	8.3	4.5	3.3	2.1
3.1	3.3	7.5	3.3	4.5	2.8
2.2	2.3	3.2	1.8	6.5	9.2
4.3	3.2	8.5	2.1	3.2	3.2
5.0		7.3	2.2	3.1	4.3
5.3			5.5		2.1
3.5			3.2		1.8
3.0					2.0

La gráfica de *box plots* resultante (usando Minitab) es:

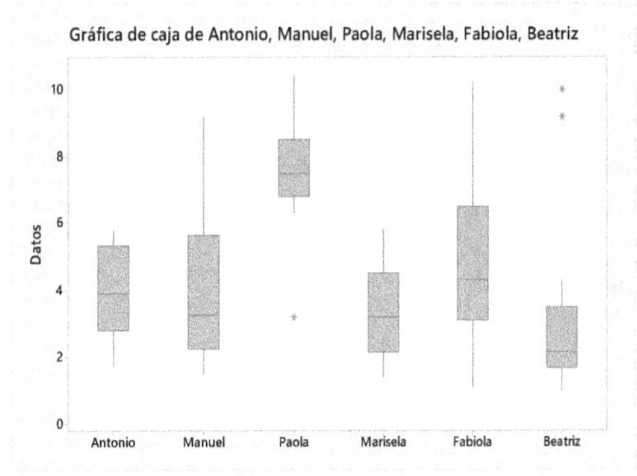

- Utilizando el diagrama de *box plots,* obtener conclusiones sobre los siguientes factores:

  - *Dispersión* de las distribuciones.
  - ¿Qué proceso tiene mayores *medidas centrales?*
  - ¿Qué proceso tiene *menor variabilidad?*
  - ¿Hacia qué *lado* se observa la dispersión?
  - ¿Qué persona presenta *menor tiempo* de atención?

  Estas conclusiones son un ejemplo de la utilidad de los diagramas de cajas y bigotes, también conocidos como *box plots.*

Las conclusiones que obtuvo el equipo de Alberto Hernández son:

- Beatriz, la cajera con mayor grado de capacitación, presenta una variabilidad muy pequeña y la medida de tendencia central más baja. Su gráfica muestra dos *outliers* alrededor de los 10 minutos. Al investigar la causa se encontró que en esas dos ocasiones el sistema central falló, originando pérdida de los datos y reprocesos.

- Marisela y Antonio, personas con un adecuado grado de capacitación, presentan variabilidad moderada y medidas de tendencia central similares (entre 3 y 4 minutos).

- Fabiola y Manuel, personas que no han recibido la capacitación sobre algunos módulos del sistema, tienen una variabilidad muy alta, principalmente debido a que cuando hacen cierto tipo de transacción deben consultar a otras personas, al no disponer de un manual de instrucciones estandarizado.

- Paola, cajera nueva que no ha recibido capacitación alguna, tiene un grado de variabilidad pequeño, pero su tendencia central está por encima de lo deseable (alrededor de 8 minutos).

El equipo de Alberto Hernández detectó que más del 80 % de los cajeros del Banco están en los casos de Fabiola, Manuel y Paola, es decir, con muy pobre o nula capacitación.

Ejercicio

Compare mediante *box plots* las longitudes de varillas producidas por tres procesos distintos y obtenga conclusiones.

Proceso 1	Proceso 2	Proceso 3
30.23	24.21	30.03
47.32	42.29	29.99
44.76	31.21	38.56
20.34	25.87	30.55
54.54	37.50	29.55
25.56	29.66	33.00
42.99	27.66	29.50
45.54	54.40	31.01
50.05	30.55	30.12
36.89	33.02	29.44
48.43	36.02	31.33
48.51	40.88	50.78
50.67	39.22	32.43
47.87	46.99	32.00
49.87	53.08	29.98
49.54	43.05	30.89
48.36	45.55	59.30
49.77	51.70	32.09
50.05	48.01	29.40
55.50	49.66	32.67
53.21	22.76	31.88
54.43	21.10	36.00
54.89	34.90	43.45
54.66		39.72
		33.67

Análisis *multivari*

Objetivos

1. Conocer los conceptos básicos de las gráficas multivariables.
2. Desarrollar adecuadamente las gráficas *multivari* para realizar proyectos de mejora.

Contenidos

> Antecedentes
> ¿Qué son las gráficas *multivari?*
> ¿Para qué se utilizan?
> Fuentes de variación
> ¿Cuándo se utilizan?
> Procedimiento
> Ejemplo
> Ejercicio

Antecedentes

- Las gráficas *multivari* fueron desarrollas por Leonard Seder en 1950.

Leonard Seder

- A Dorian Shanin se le atribuye el haber perfeccionado y promocionado esta herramienta en aplicaciones de manufactura.

Dorian Shainin

¿Qué es son las gráficas *multivari*?

- Son un procedimiento gráfico de descomposición de fuentes de variación.

- Su objetivo es mostrar las fuentes de variación más importantes de un proceso.

- Es una herramienta gráfica que, en conjunto con un subagrupamiento lógico, analiza los efectos de las entradas (categorizadas) sobre las salidas.

- Identifica capacidades y limitaciones inherentes en el proceso.

- La meta es reducir las muchas **X** triviales a las pocas vitales.

- Las pocas vitales marcarán el camino en el diseño experimental.

- Observar simultáneamente la variación que ocurre dentro de una parte o un evento, así como entre las distintas partes/piezas de un lote o conjunto de actividades de cualquier proceso y la variación con respecto al tiempo.

- Gráficamente, analiza las relaciones entre diversas variables independientes con una o más variables dependientes.

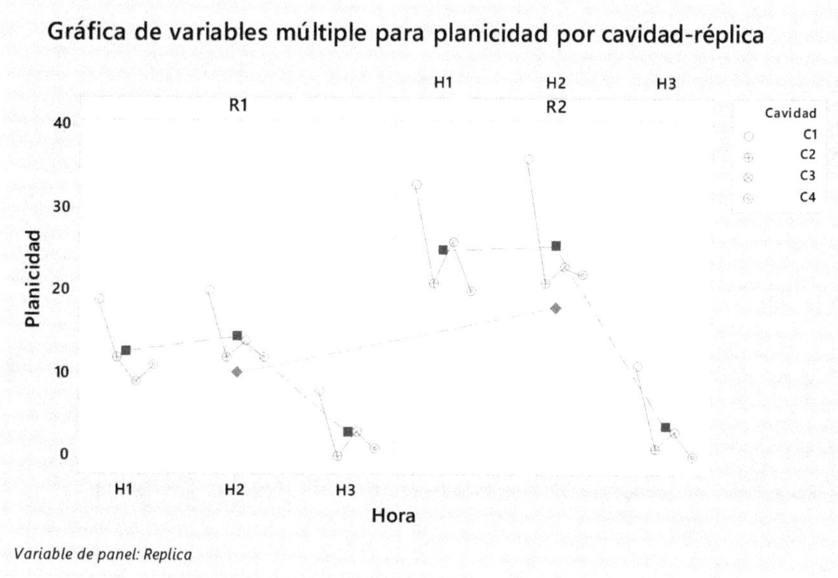

Gráfica de variables múltiple para planicidad por cavidad-réplica

Fuentes de variación

- **Variación interna (posición):** ocurre cuando existe variación en cierta característica de calidad a lo largo de una pieza. Por ejemplo: excentricidad, planicidad, espesor, conicidad, porosidad, entre otras manifestaciones. Tambien se puede aplicar a indicadores de servicio como el NPS *(net promoter score)* para medir la fidelidad de los clientes y el grado de satisfacción de los mismos. El valor objetivo de estas características en cuanto a su variación es cero.

- **Variación entre piezas o eventos (cíclica):** es la variación entre piezas, lotes o un servicio brindado en un determinado periodo de tiempo, relativamente corto.

- **Variación en el tiempo:** es la variación que ocurre entre piezas, lotes o servicios en un periodo de mayor amplitud (como un trimestre o incluso un año) y representa la variación debida al personal, la materia prima, la maquinaria, etc.

- **Variación de la fuente:** es la variación provocada por diferentes fuentes que elaboran o brindan el mismo producto o servicio. Por ejemplo, diferentes cavidades, cabezas, prestaciones logísticas, estaciones de servicio, etc.

¿Cuándo se utilizan?

- Fase de análisis

  - Para identificar las principales causas de la variación en un proceso.

- Fase de mejora

  - Para confirmar que la solución adoptada ha reducido la variación en un proceso.

Procedimiento

1. Definir el tamaño de la muestra.

   - Se recomienda que el tamaño de la muestra (Kasmiersky, 1995) sea de por lo menos entre tres y cinco unidades.

   - El tiempo entre las muestras debe ser suficientemente largo para poder observar la variación entre ellas.

   - Se deben tomar cuando menos quince mediciones para el estudio.

2. Separar las muestras en grupos de datos para identificar la variación entre grupos.

3. Realizar una gráfica.

4. Interpretar los datos obtenidos.

Ejemplo

En **Banco del Pacífico** se utilizará el análisis *multivari* aplicado al tiempo de atención en ventanilla (medido en minutos) para:

- Tres cajeros con diferente grado de entrenamiento.
- Número de transacciones efectuadas (de 1 a 5 transacciones o más de 5 transacciones).
- Hora del día (a principio del turno, a mitad del turno, al final del turno).

	Beatriz		Antonio		Paola	
Horario	1 a 5 trans.	Más de 5	1 a 5 trans.	Más de 5	1 a 5 trans.	Más de 5
Inicio (09:00 a 11:30)	3,21	10,09	7,05	15,11	12,09	23,12
Medio (11:30 a 14:00)	4,05	9,32	6,15	17,03	11,10	21,09
Fin (14:00 a 16:30)	2,89	11,01	5,98	15,15	11,99	22,07

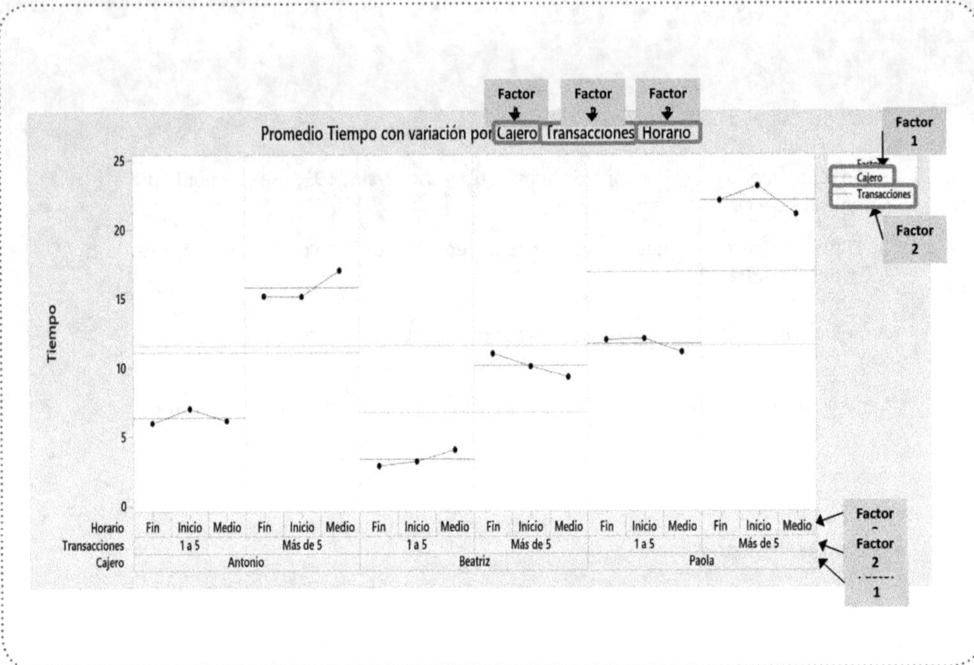

Ejemplo - Conclusiones

1. El grado de capacitación del cajero tiene influencia sobre el tiempo de atención (líneas amarillas): Beatriz, la cajera más capacitada, presenta el menor promedio, mientras que este se eleva para Antonio (nivel medio de entrenamiento) y aún más para Paola (cajera de reciente ingreso que no ha recibido capacitación).

2. El número de transacciones también influye en el tiempo de atención (líneas rojas): en todos los casos se presenta un mayor promedio cuando se realizan más de cinco transacciones.

3. Finalmente, el tiempo de atención no presenta diferencias significativas entre los tres horarios del día (líneas azules), ya que en todos los casos se observa poca variación (esto es indicativo de que el cajero no sufre ningún cansancio que pudiera afectar su rendimiento).

El equipo de mejora de **Operadores Logísticos del Golfo** intenta ubicar las causas raíz para los *faltantes de producto* mediante un análisis *multivari,* midiendo el número de productos negados y tomando en cuenta los siguientes factores:

- Tipo de cliente: minoristas o corporativos.
- Centro de distribución desde el que se hace la entrega: Ciudad de México, Guadalajara y Monterrey.
- Estación del año: primavera, verano, otoño e invierno.

Estación del año	Minoristas			Corporativos		
	Cd. México	Guadalajara	Monterrey	Cd. México	Guadalajara	Monterrey
Primavera	15	9	7	25	15	15
Verano	23	7	5	31	10	13
Otoño	17	5	11	29	13	9
Invierno	37	17	19	55	27	31

Pruebas de hipótesis e intervalos de confianza

Para identificar las variables más significativas del proceso

Objetivos

1. Conocer los conceptos básicos de las pruebas de hipótesis y los intervalos de confianza.
2. Desarrollar pruebas de hipótesis e intervalos de confianza para proyectos de mejora o solución de problemas.

Contenidos

> Antecedentes
> ¿Qué son las pruebas de hipótesis?
> Elementos de una prueba de hipótesis
> Niveles de confianza
> ¿Qué son los intervalos de confianza?
> ¿Para qué se utilizan los intervalos de confianza?
> ¿Cuándo se utilizan?
> Procedimiento
> Tipos
> Ejercicio

Determinar variables significativas

- Para analizar un proceso y determinar las *variables significativas*, se pueden usar pruebas de hipótesis e intervalos de confianza.

- Una vez encontrados los factores clave, se *ajusta* el proceso y se *reduce* su variación.

Teorema del límite central

Supongamos que para su análisis se toman muestras de tamaño suficientemente grande, y que se calculan las medias de dichas muestras.

Sin importar cual sea la distribución original (unidades individuales), la distribución de las medias de dichas muestras será normal.

$$\mu_{\overline{X}} = \mu \qquad \sigma_{\overline{X}}^{2} = \frac{\sigma^{2}}{n}$$

Distribuciones originales (X)   **Distribución de sus medias ($\overline{X}$)**

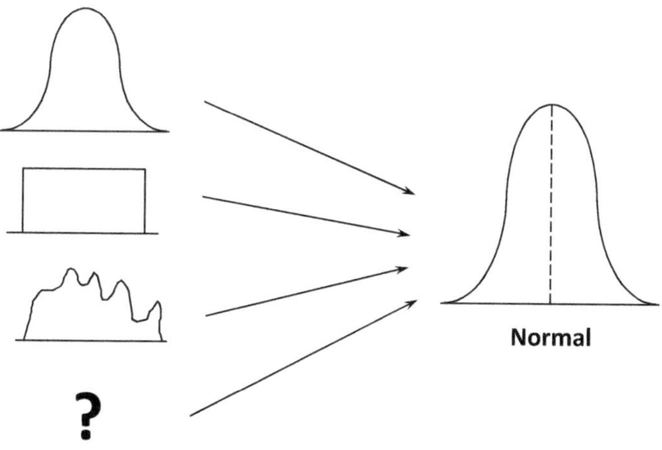

Definición del teorema del límite central

Para poblaciones con distribuciones desconocidas

- El poder del teorema del límite central radica en su habilidad de aproximar X barra para **todas** las distribuciones, no solo para la normal.

- Dada una distribución desconocida con media μ y desviación estándar σ, $n \geq 30$ observaciones nos dará una aproximación a la normal de X barra.

- Para $n < 30$ observaciones, la aproximación de X barra es buena solo si la distribución es cercana a la normal.

Nota: $n \geq 30$ es el número de subgrupos que extraemos de una población (no es el tamaño de muestra): Por ejemplo, si se están tomando cinco muestras por subgrupo, son necesarios treinta subgrupos para empezar a ver la distribución normal.

¿Qué son las pruebas de hipótesis?

Se trata de un procedimiento estadístico utilizado para tomar una decisión en base a una muestra, en cuanto al valor que puede tener algún parámetro (media, varianza, proporción, diferencia entre medias o proporciones, o cociente entre varianzas), o sobre la distribución que puede tener la población de donde provienen los datos.

Elementos de una prueba de hipótesis

1. **Las hipótesis:** la que se desea probar (Ho), y su complemento (Ha).

2. **La(s) muestra(s):** la información que se obtiene de la población o las poblaciones.

3. **La estadística de prueba (EP):** es una variable aleatoria que resume la información de la muestra.

4. **La región de rechazo de Ho (RRHo):** es una parte de la distribución de referencia en la cual si la estadística de prueba se encuentra ahí, se rechaza la hipótesis Ho.

5. **La decisión:** decidir si se rechaza o no la hipótesis Ho.

6. **El nivel de confianza** de la prueba $(1-\alpha)$.

Tipos de errores y sus probabilidades

Al probar las hipótesis y decidir si se rechaza (o no) la hipótesis nula (Ho), existen dos tipos de errores:

1. Error tipo I: *rechazar Ho* cuando Ho en realidad *era verdadera*.
2. Error tipo II: *aceptar Ho* cuando Ho en realidad *es falsa*.

De estos dos tipos de errores, se desprenden dos probabilidades:

$$\alpha = p \text{ (error tipo I)}$$
$$\alpha = p \text{ (rechazar Ho | Ho verdad)}$$

$$\beta = p \text{ (error tipo II)}$$
$$\beta = p \text{ (aceptar Ho | Ho falsa)}$$

Niveles de confianza

- Alfa (α) representa el máximo riesgo o probabilidad de concluir que el parámetro verdadero de la población (media, σ, etc.) cae en una región donde realmente no está o la probabilidad de no capturar el parámetro real en el intervalo de confianza (también conocido como error tipo I).

- Esta probabilidad α se conoce como el "nivel de significancia" y es siempre mayor que cero, usualmente se establece en 0,10, 0,05 o 0,01 (10, 5 o 1 %).

- El valor ($1-\alpha$) se conoce como el "nivel de confianza" y comúnmente se utilizan valores de 0,9, 0,95 y 0,99 (90, 95 y 99 %).

¿Qué son los intervalos de confianza?

- **En la práctica:**
  - Un rango determinado por una muestra de datos, el cual indica dónde caen los verdaderos parámetros de la población con un cierto grado de confianza.

- **Estadísticamente:**
  - El intervalo de confianza (IC) para un parámetro de la población, media (μ) o sigma (σ), es un intervalo aleatorio, que se define como $100(1-\alpha)$ %, donde:

    - Probabilidad (IC inferior $\leq \mu \leq$ IC superior) = $1-\alpha$.
    - Probabilidad (IC inferior $\leq \sigma \leq$ IC superior) = $1-\alpha$.

  - Comúnmente se utilizan intervalos de confianza de 90, 95 y 99 %.

¿Intervalos de confianza?

Por ejemplo, para un nivel de confianza del 95%, se pueden interpretar como sigue:

- Aproximadamente 95 muestras de 100 nos darán un IC que contenga el verdadero parámetro de la población.

- Aproximadamente 5 muestras de 100 nos darán un IC que no contenga el verdadero parámetro de la población.

- Hay un 95% de seguridad en que el verdadero parámetro de la población está dentro de este intervalo.

¿Para qué se utilizan los intervalos de confianza?

- Los elementos estadísticos muestrales, tales como la media y la desviación estándar de la muestra, son solo estimaciones de los verdaderos parámetros de la población, μ y σ.

- Debido a la variabilidad inherente muestra a muestra en estas estimaciones, se cuantifica la incertidumbre usando intervalos de confianza (IC) calculados estadísticamente.

  - En la industria automotriz, calculamos un IC del 95 % para nuestros datos.

  - En la industria médica, calculamos un IC del 99.9 % para nuestros datos.

- El intervalo de confianza proporciona una manera de investigar la variación muestra a muestra.

- Se utilizan intervalos de confianza para obtener confianza estadística de los parámetros de la población, la media, la desviación estándar y el Cp.

¿Cuándo se utilizan?

- **Etapa de analizar:** para comparar significados de las muestras procedentes de diferentes condiciones.

- **Etapa de mejorar:** para comparar las medidas de procesos después de las mejoras contra las referencias.

Procedimiento

1. Enunciar el problema práctico.
2. Probar la normalidad de los datos.
3. Determinar objetivos para μ y σ (o σ^2) y/o proporción (p).
4. Establecer la hipótesis nula (Ho).
5. Determinar el estadístico de prueba apropiado.
6. Encontrar los valores críticos con el valor de alfa y la distribución.

> Si el estadístico calculado > valor crítico, entonces **rechace** la hipótesis (Ho).
> o, si el valor p ≤ 0.05 (valor p $\leq$ alfa), entonces **rechace** la hipótesis (Ho).

7. Determinar el intervalo de confianza.
8. Traducir la conclusión estadística a términos del proceso.

Tipos

1. Para varianzas

2. Para una media

3. Para la diferencia de medias

4. Para una y dos proporciones

5. Para más de dos proporciones

1. PH e IC para variancias

1.1 Una varianza

a) $n \geq 30$

Región de rechazo de Ho (RRHo)

$$\text{Ho: } \sigma^2 = \sigma_0^2 \qquad \text{Ha: } \sigma^2 > \sigma_0^2 \qquad Z > Z_\alpha$$

$$\sigma^2 < \sigma_0^2 \qquad Z < -Z_\alpha$$

$$\sigma^2 \neq \sigma_0^2 \qquad |Z| > Z_{\alpha/2}$$

$$Z = \frac{S - \sigma_0}{\sigma_0/\sqrt{2n}} \qquad \text{IC:} \left[\frac{S}{1 + \dfrac{Z_{\alpha/2}}{\sqrt{2n}}} ; \frac{S}{1 - \dfrac{Z_{\alpha/2}}{\sqrt{2n}}} \right]$$

1. PH e IC para variancias

b) n < 30

Región de rechazo de Ho (RRHo)

$$\text{Ho: } \sigma^2 = \sigma_0^2 \qquad \text{Ha: } \sigma^2 > \sigma_0^2 \qquad X^2 > X^2_{\alpha,n-1}$$

$$\sigma^2 < \sigma_0^2 \qquad X^2 < X^2_{1-\alpha,n-1}$$

$$\sigma^2 \neq \sigma_0^2 \qquad X^2 > X^2_{\alpha/2,n-1} \text{ o } X^2 < X^2_{1-\alpha/2,n-1}$$

$$X^2 = \frac{(n-1)S^2}{\sigma_0^2} \qquad \text{IC: } \left[\frac{(n-1)S^2}{X^2_{\alpha/2,n-1}} \; ; \; \frac{(n-1)S^2}{X^2_{1-\alpha/2,n-1}}\right]$$

1. PH e IC para variancias

1.2 Diferencia de desviaciones estándar para poblaciones normales

a) $(n_1, n_2) \geq 30$

Región de rechazo de Ho (RRHo)

$$\text{Ho: } \sigma_1 = \sigma_2 \qquad \text{Ha: } \sigma_1 > \sigma_2 \qquad Z > Z_\alpha$$

$$\sigma_1 < \sigma_2 \qquad Z < -Z_\alpha$$

$$\sigma_1 \neq \sigma_2 \qquad |Z| > Z_{\alpha/2}$$

$$\text{EP: } Z = \frac{S_1 - S_2}{Sp\sqrt{\dfrac{1}{2n_1} + \dfrac{1}{2n_2}}}$$

$$IC = S_1 - S_2 \pm Z_{\alpha/2} Sp\sqrt{\frac{1}{2n_1} + \frac{1}{2n_2}}$$

1. PH e IC para variancias

1.2 Cociente de varianzas para poblaciones normales

b) $(n_1, n_2) < 30$

Región de rechazo de Ho (RRHo)

$$Ho: \sigma_1^2 = \sigma_2^2 \qquad Ha: \sigma_1^2 > \sigma_2^2 \qquad F > F_{\alpha, n_1-1, n_2-1}$$

$$\sigma_1^2 < \sigma_2^2 \qquad F < F_{1-\alpha, n_1-1, n_2-1}$$

$$\sigma_1^2 \neq \sigma_2^2 \qquad F < F_{1-\alpha/2, n_1-1, n_2-1} \text{ o } F > F_{\alpha/2, n_1-1, n_2-1}$$

Transformación de F

$$EP: F = \frac{S_1^2}{S_2^2} \qquad IC: \left[\frac{S_1^2}{S_2^2\, F_{\alpha/2, n_1-1, n_2-1}} ; \frac{S_1^2\, F_{\alpha/2, n_2-1, n_1-1}}{S_2^2} \right] \qquad F_{1-\alpha/2, n_1-1, n_2-1} = \frac{1}{F_{\alpha/2, n_2-1, n_1-1}}$$

Si el valor 1 no está en el intervalo de confianza,
se rechaza la igualdad de las varianzas.

1. PH e IC para variancias

Ejemplo de PH e IC para varianzas

Se obtuvieron los siguientes datos para el costo operativo (en USD) de 20 envíos en **Operadores Logísticos del Golfo:**

2,123	1,733	1,628	1,670
1,925	2,171	1,647	1,554
2,143	1,700	2,170	1,804
1,490	1,706	1,827	1,860
2,014	1,776	2,127	2,050

Se desea comprobar que la desviación estándar es mayor a 200 USD.
Usar alfa 5 %. Suponer población normal y proceso estable.

1. PH e IC para variancias

Respuesta: ejemplo de PH e IC para varianzas

$$\text{Ho: } \sigma = 200 \text{ USD} \quad \text{vs} \quad \text{Ha: } \sigma > 200 \text{ USD}$$

Datos:
Desviación estándar de la muestra = 200   n = 20

Respuesta:

$$X^2 = \frac{(n-1)S^2}{\sigma_0^2} = \frac{19(220)^2}{200^2} = 22.99$$

$$X^2_{\alpha,n-1} = X^2_{0.05,19} = 30.1$$

Prueba

Hipótesis nula H_0: $\sigma = 200$
Hipótesis alterna H_1: $\sigma > 200$

Método	Estadística de prueba	GL	Valor p
Bonett	—	—	0.136
Chi-cuadrada	22.99	19	0.238

Como 22.99 < 30.1 y valor p > 0.05, no se rechaza Ho, es decir, no se rechaza (se acepta) que la desviación estándar puede ser menor o igual a 200 USD.

1. PH e IC para variancias

Ejercicio de PH e IC para varianzas

Probar la siguiente Ho con alfa = 0.05

$$\text{Ho: } \sigma_1 = \sigma_2 \quad \text{vs} \quad \text{Ha: } \sigma_1 \neq \sigma_2$$

Para los datos de costo operativo por envío en los meses de enero y febrero:

Muestra 1: enero   Desviación estándar: 207 USD
                        Tamaño de la muestra: 20

Muestra 2: febrero   Desviación estándar: 187 USD
                        Tamaño de la muestra: 25

También determinar el intervalo de confianza del 95 % para el cociente de varianzas.

1. PH e IC para variancias

Respuesta: ejercicio de PH e IC para varianzas

Utilizando el formato de Excel

Estadístico de prueba		Estadístico de tablas	
F Prueba	F [(1 - α/2), n1 - 1, n2 - 1]		F [α/2, n1 - 1, n2 - 1]
1.23	0.41		2.35

	Valor P	Conclusión
Lím superior	0,6306	Se aprueba H0
Lím inferior	1,3694	Se aprueba H0

Intervalo de confianza para el cociente de las desviaciones estándar

Lím. inferior	Lím. superior
0,7228	1,7335

Utilizando Minitab

Relación de desviaciones estándar

Relación estimada	IC de 95% para la relación usando F
1.10695	(0.723, 1.733)

Prueba

Hipótesis nula	$H_0: \sigma_1 / \sigma_2 = 1$
Hipótesis alterna	$H_1: \sigma_1 / \sigma_2 \neq 1$
Nivel de significancia	$\alpha = 0.05$

Método	Estadística de prueba	GL1	GL2	Valor p
F	1.23	19	24	0.631

Por ambos métodos se comprueba que no se rechaza Ho, es decir, que las desviaciones estándar de ambas poblaciones son iguales, lo cual se corrobora porque el intervalo de confianza de su cociente contiene el valor de 1 (por ambos métodos se obtiene el mismo intervalo).

2. PH e IC para una media

$$\text{Ho: } \mu_1 = \mu_o \qquad \text{Ha: } \mu_1 > \mu_o$$

Región de rechazo de Ho (RRHo)

$\mu_1 > \mu_o$	$Z > Z_\alpha \qquad t > t_{\alpha,n-1}$
$\mu_1 < \mu_o$	$Z < -Z_\alpha \qquad t < -t_{\alpha,n-1}$
$\mu_1 \neq \mu_o$	$|Z| > Z_{\alpha/2} \qquad |t| > t_{\alpha/2,n-1}$

a) $n \geq 30$ Asumimos varianza "conocida" e igual a la de la población.

$$Z = \frac{\overline{X} - \mu_0}{s/\sqrt{n}} \qquad IC = \overline{X} \pm Z_{\alpha/2} \frac{s}{\sqrt{n}}$$

b) $n < 30$

b1) Varianza conocida e igual a la de la población.

$$Z = \frac{\overline{X} - \mu_0}{\sigma/\sqrt{n}} \qquad IC = \overline{X} \pm Z_{\alpha/2} \frac{\sigma}{\sqrt{n}}$$

b2) Varianza "desconocida", puede ser igual o diferente a la de la población.

$$t = \frac{\overline{X} - \mu_0}{S/\sqrt{n}} \qquad IC = \overline{X} \pm t_{\alpha/2,n-1} \frac{S}{\sqrt{n}}$$

2. PH e IC para una media

Ejemplo de PH e IC para una media

- De una muestra de n = 50 datos de costo operativo por envío en **Operadores Logísticos del Golfo** (proceso estable) se obtuvo:

$$\bar{X} = 890 \text{ USD} \qquad S = 220 \text{ USD}$$

- ¿Presentan estos datos suficiente evidencia que sugiera que el promedio del costo operativo es menor a 1 000 USD?

- Utilizar un nivel de confianza del 95 %.

$$Ho: \mu = 1000 \qquad Ha: \mu < 1000$$

$$Z = \frac{\bar{X} - \mu_0}{S/\sqrt{n}} \qquad (\alpha = 0{,}05)$$

$$Z = \frac{890 - 1000}{220/\sqrt{50}} = -3.535 \quad vs \quad -Z_\alpha = -Z_{0.05} = -1.645$$

Región de rechazo de Ho (RRHo)

$$Z > Z_\alpha \quad t > t_{\alpha,n-1}$$
$$Z < -Z_\alpha \quad t < -t_{\alpha,n-1}$$
$$|Z| > Z_{\alpha/2} \quad |t| > t_{\alpha/2,n-1}$$

Prueba	(Minitab)
Hipótesis nula	$H_0: \mu = 1000$
Hipótesis alterna	$H_1: \mu < 1000$

Valor Z	Valor p	
-3,54	0,000	$p \leq 0.05$

Como −3.535 < −1.645 (p ≤ 0.05), existe suficiente evidencia para rechazar Ho, es decir, para rechazar que el promedio de costo operativo es mayor o igual a 1 000 USD.

Ejercicio de PH e IC para una varianza y una media

- Para los siguientes cincuenta datos de volumen en una línea de llenado:

74.030	73.994	74.002	73.998	73.988	74.009	74.000	73.994	73.984	74.001
73.995	74.004	73.992	74.000	74.004	73.995	73.994	74.006	74.012	73.999
73.988	73.983	74.024	74.002	74.010	73.985	74.006	74.003	74.010	73.989
74.002	74.006	73.996	73.967	74.015	74.008	73.984	73.995	74.002	74.008
73.992	74.012	74.007	74.014	73.982	73.998	74.000	74.000	74.010	73.984

Con una confianza del 99 %:

- Determinar si es posible afirmar que la desviación estándar es menor a 0.010 ml.

- Establecer un intervalo de confianza para la desviación estándar del proceso.

- Determinar si es posible afirmar que el volumen promedio de llenado es mayor a 73,8 ml.

- Establecer un intervalo de confianza para el volumen promedio de llenado.

3. PH e IC para la diferencia de medias

Región de rechazo de Ho (RRHo)

$$\text{Ho: } \mu_1 = \mu_2 \qquad \text{Ha: } \mu_1 > \mu_2 \qquad Z > Z_\alpha \quad t > t_{\alpha,n_1+n_2-2}$$

$$\mu_1 < \mu_2 \qquad Z < -Z_\alpha \quad t < -t_{\alpha,n_1+n_2-2}$$

$$\mu_1 \neq \mu_2 \qquad |Z| > Z_{\alpha/2} \quad |t| > t_{\alpha/2,n_1+n_2-2}$$

Diferentes tamaños muestrales, varianzas conocidas e iguales a la de la población

a) $(n_1, n_2) \geq 30$

$$Z = \frac{\overline{X}_1 - \overline{X}_2}{\sqrt{\dfrac{S_1^2}{n_1} + \dfrac{S_2^2}{n_2}}}$$

$$IC = \overline{X}_1 - \overline{X}_2 \pm Z_{\alpha/2} \sqrt{\frac{S_1^2}{n_1} + \frac{S_2^2}{n_2}}$$

Diferentes tamaños muestrales, varianza de la población desconocida

b) $(n_1, n_2) < 30$

Varianzas desconocidas pero iguales

b1) $\sigma_1 = \sigma_2$

$$t = \frac{\overline{X}_1 - \overline{X}_2}{S_P \sqrt{\dfrac{1}{n_1} + \dfrac{1}{n_2}}}$$

$$IC = \overline{X}_1 - \overline{X}_2 \pm t_{\alpha/2,n_1+n_2-2} \, S_P \sqrt{\frac{1}{n_1} + \frac{1}{n_2}}$$

Desviación estándar promedio $\qquad S_P = \sqrt{\dfrac{(n_1 - 1)S_1^2 + (n_2 - 1)S_2^2}{n_1 + n_2 - 2}}$

3. PH e IC para la diferencia de medias

Diferentes tamaños muestrales, varianza de la población desconocida

b) $(n_1, n_2) < 30$

Varianzas desconocidas pero diferentes (prueba t de Welch)

b2) $\sigma_1 \neq \sigma_2$

$$t = \frac{\overline{X}_1 - \overline{X}_2}{\sqrt{\dfrac{S_1^2}{n_1} + \dfrac{S_2^2}{n_2}}}$$

$$IC = \overline{X}_1 - \overline{X}_2 \pm t_{\alpha/2,gl}\sqrt{\frac{S_1^2}{n_1} + \frac{S_2^2}{n_2}}$$

El tamaño de muestra para el IC es:

$$n_1 = n_2 = \left(\frac{Z_{\alpha/2}}{E}\right)(S_1^2 + S_2^2)$$

Considerar estos grados de libertad (gl) para determinar la RRHo.

$$gl = \frac{\left(\dfrac{S_1^2}{n_1} + \dfrac{S_1^2}{n_2}\right)^2}{\dfrac{\left(\dfrac{S_1^2}{n_1}\right)^2}{n_1 - 1} + \dfrac{\left(\dfrac{S_2^2}{n_2}\right)^2}{n_2 - 1}}$$

3. PH e IC para la diferencia de medias

Ejemplo de PH e IC para la diferencia de medias

Se desea comparar los promedios de los costos operativos por envío para los meses de marzo y abril. Se tomó una muestra de 10 costos para marzo y 12 costos para abril, de donde se obtuvo:

Xprom. (marzo) = 1050 USD	S (marzo) = 100 USD
Xprom. (abril) = 990 USD	S (abril) = 170 USD

Probar la hipótesis de igualdad de costos promedio.
Usar alfa = 5%.
Calcular el IC correspondiente.

3. PH e IC para la diferencia de medias

$Ho: \mu_1 = \mu_2 \quad Ha: \mu_1 \neq \mu_2$ **Diferentes tamaños muestrales, asumimos iguales varianzas (porque los costos provienen del mismo proceso).**

$$t = \frac{\overline{X}_1 - \overline{X}_2}{S_P\sqrt{\frac{1}{n_1} + \frac{1}{n_2}}} \qquad S_P = \sqrt{\frac{(n_1 - 1)S_1^2 + (n_2 - 1)S_2^2}{n_1 + n_2 - 2}}$$

$$S_P = \sqrt{\frac{9(100)^2 + 11(170)^2}{10 + 12 - 2}} = 142.811$$

Prueba

Hipótesis nula	$H_0: \mu_1 - \mu_2 = 0$
Hipótesis alterna	$H_1: \mu_1 - \mu_2 \neq 0$

Valor T	GL	Valor p
0.98	20	0.338

$$t = \frac{1050 - 990}{142.811\sqrt{\frac{1}{10} + \frac{1}{12}}} = 0.9812$$

$$t_{\propto/2, n_1 + n_2 - 2} = t_{0.025, 20} = 2.086$$

→ Como 0.9812 no es mayor que 2.086 (valor p > 0.05), no se rechaza la igualdad de las medias de las dos poblaciones.

→ Se acepta, por tanto, H0.

$$IC = 1050 - 990 \pm (2.086)(142.811)\sqrt{\frac{1}{10} + \frac{1}{12}}$$

$$= (-67.55, 187.55)$$

Estimación de la diferencia

Diferencia	Desv.Est. agrupada	IC de 95% para la diferencia
60.0	142.8	(-67.6, 187.6)

Como el valor cero está incluido en el intervalo, no se rechaza la igualdad de las medias de las dos poblaciones. Se acepta, por tanto, H0.

Ejercicio:
Resolver el mismo problema considerando el caso de varianzas diferentes y comparar los resultados.

Respuesta: PH e IC para la diferencia de medias

Usando formato de Excel

Estadístico de prueba	Estadístico de tablas		Valor P	Conclusión	Intervalo de confianza	
t prueba	t [α/2, gl calc]				Lím. inferior	Lím. superior
1,03	2,10		0,3177	Se Aprueba H0	-62,65	182,65

Usando Minitab

Prueba

Hipótesis nula　　H_0: $\mu_1 - \mu_2 = 0$
Hipótesis alterna　H_1: $\mu_1 - \mu_2 \neq 0$

Valor T	GL	Valor p
1.03	18	0.318

Estimación de la diferencia

	IC de 95% para la
Diferencia	diferencia
60.0	(-62.7, 182.7)

Respuesta: t = 1.027, gl = 18.19, IC: (-62.65, 182.65) → Misma conclusión.

Caso de observaciones no independientes (observaciones en parejas): poblaciones normales, muestras pequeñas.

Ho: $\mu_d = 0$　　　　Ha: $\mu_d \neq 0$　　　　Rechazar Ho si　$|t| > t_{\alpha/2,\,n-1}$

$$EP: t = \frac{\bar{d} - \delta}{\dfrac{S_d}{\sqrt{n}}}$$

d representa las diferencias y n es el número de las mismas.

$$IC: \bar{d} \pm t_{\alpha/2,\,n-1}\left(\frac{S_d}{\sqrt{n}}\right)$$

3. PH e IC para la diferencia de medias

Ejemplo para observaciones en parejas

Se desea evaluar la diferencia en tiempo de proceso para dos operadores en una línea de ensamble de componentes electrónicos. Debido a que el tiempo aumenta conforme avanza el turno (por el cansancio natural del operador), se toman muestras de los tiempos en parejas durante un turno. Los resultados en segundos se muestran en la siguiente tabla.

Determinar si ambos operadores tienen tiempos de proceso iguales entre sí, con 95 % de confianza.

Hora	Operador 1	Operador 2	Diferencia (1-2)
7:00	11,35	10,98	0,37
7:30	11,74	11,31	0,43
8:00	11,98	11,78	0,20
8:30	12,21	12,03	0,18
9:00	12,56	12,43	0,13
9:30	12,87	12,79	0,08
10:00	12,99	13,00	-0,01
10:30	13,31	13,35	-0,04
11:00	13,45	13,51	-0,06
11:30	13,57	13,69	-0,12
12:00	13,89	13,97	-0,08
12:30	14,05	14,03	0,02
13:00	14,33	14,31	0,02
13:30	14,90	14,93	-0,03
14:00	15,10	15,15	-0,05
14:30	15,32	15,39	-0,07
15:00	15,55	15,55	0,00
Promedio			0,0571
Desviación estándar			0,157590

3. PH e IC para la diferencia de medias

Respuesta: ejemplo para observaciones en parejas

Usando Minitab:

Estimación de la diferencia pareada

N	Media	Desv.Est.	Error estándar de la media	IC de 95% para la diferencia_μ
17	0.0571	0.1576	0.0382	(-0.0239, 0.1381)

diferencia_μ: media de (muestra 1 - muestra 2)

Prueba

Hipótesis nula H_0: diferencia_μ = 0
Hipótesis alterna H_1: diferencia_μ ≠ 0

Valor T	Valor p
1.49	0.155

Con valor p > 0.05, se acepta Ho, es decir, la igualdad de los tiempos, corroborado por el intervalo de confianza, que contiene el valor de cero.

4. PH e IC para una y dos proporciones

Una proporción

a) $n \geq 30, 0.1 \leq p \leq 0.9$

Región de rechazo de Ho (RRHo)

$$Ho: p = p_0 \qquad Ha: p > p_0 \qquad Z > Z_\alpha$$

$$p < p_0 \qquad Z < -Z_\alpha$$

$$p \neq p_0 \qquad |Z| > Z_{\alpha/2}$$

$$EP: Z = \frac{X - np_0}{\sqrt{np_0(1 - p_0)}}$$

$$IC: \hat{p} \pm Z_{\alpha/2} \sqrt{\frac{\hat{p}(1 - \hat{p})}{n}}$$

$$\hat{p} = \frac{X}{n}$$

X = número de éxitos en la muestra.

Diferencia entre dos proporciones

b) $(n_1, n_2) \geq 30$

Región de rechazo de Ho (RRHo)

$$Ho: p_1 = p_2 \qquad Ha: p_1 > p_2 \qquad Z > Z_\alpha$$

$$p_1 < p_2 \qquad Z < -Z_\alpha$$

$$p_1 \neq p_2 \qquad |Z| > Z_{\alpha/2}$$

$$EP: Z = \frac{\hat{p}_1 - \hat{p}_2}{\sqrt{\hat{p}(1 - \hat{p})\left(\frac{1}{n_1} + \frac{1}{n_2}\right)}}$$

$$IC: \hat{p}_1 - \hat{p}_2 \pm Z_{\alpha/2} \sqrt{\frac{\hat{p}_1(1 - \hat{p}_1)}{n_1} + \frac{\hat{p}_2(1 - \hat{p}_2)}{n_2}}$$

$$\hat{p}_1 = \frac{X_1}{n_1} \qquad \hat{p}_2 = \frac{X_2}{n_2}$$

$$\hat{p} = \frac{X_1 + X_2}{n_1 + n_2}$$

Ejemplo de PH e IC para proporciones

Se desea saber si existe diferencia entre las proporciones de quejas recibidas de los clientes para dos diferentes sucursales de **Banco del Pacífico.** Se contabilizó que el número de quejas para la sucursal 1 fue 702 de un total de 7 272 servicios, y en la sucursal 2 fue 1 056 de un total de 13 393 servicios. Usar alfa 5 % y calcular el correspondiente IC.

$$\text{Ho: } p_1 = p_2 \qquad \text{Ha: } p_1 \neq p_2$$

$$\hat{p}_1 = \frac{X_1}{n_1} \qquad \hat{p}_2 = \frac{X_2}{n_2} \qquad \hat{p} = \frac{X_1 + X_2}{n_1 + n_2}$$

$$\hat{p}_1 = \frac{702}{7272} = 0.0965 \qquad \hat{p}_2 = \frac{1056}{13393} = 0.0788 \qquad \hat{p} = \frac{702 + 1056}{7272 + 13393} = 0.0851$$

$$\text{EP: } Z = \frac{\hat{p}_1 - \hat{p}_2}{\sqrt{\hat{p}(1 - \hat{p})\left(\frac{1}{n_1} + \frac{1}{n_2}\right)}} \qquad Z = \frac{0.0965 - 0.0788}{\sqrt{0.0851(1 - 0.0851)\left(\frac{1}{7272} + \frac{1}{13393}\right)}} = 4.35$$

→ Como 4.35 > 1.96 = $Z_{\alpha/2}$, se rechaza la igualdad de la proporción de quejas para las dos sucursales.

$$\text{IC: } \hat{p}_1 - \hat{p}_2 \pm Z_{\alpha/2} \sqrt{\frac{\hat{p}_1(1 - \hat{p}_1)}{n_1} + \frac{\hat{p}_2(1 - \hat{p}_2)}{n_2}}$$

$$= 0.0965 - 0.0788 \pm 1.96 \sqrt{\frac{0.0965\,(1 - 0.0965)}{7272} + \frac{0.0788\,(1 - 0.0788)}{13393}}$$

$$= (0.0095, 0.0259)$$

Como el valor cero no está incluido en el intervalo, *se rechaza* la igualdad de proporciones de quejas para las dos sucursales.

Usando Minitab:

Estimación de la diferencia

Diferencia	IC de 95% para la diferencia
0.0176875	(0.009508, 0.025867)

IC basado en la aproximación a la normal

Prueba

Hipótesis nula H_0: $p_1 - p_2 = 0$
Hipótesis alterna H_1: $p_1 - p_2 \neq 0$

Método	Valor Z	Valor p
Aproximación normal	4.24	0.000
Exacta de Fisher		0.000

Mismos resultados e idéntico intervalo de confianza, por lo tanto, *se rechaza* la igualdad de las proporciones de quejas para las dos sucursales.

Ejercicio de PH e IC para proporciones

Se analiza la proporción de defectos que se obtienen de dos diferentes líneas de fabricación:

- De la línea 1 se toman 120 muestras, obteniéndose una proporción de defectos de 0.15.
- De la línea 2 se toman 200 muestras, obteniéndose una proporción de defectos de 0.18.

Con una confianza del 99 %:

- Determinar si es posible afirmar que las proporciones de defectos en ambos procesos son iguales.
- Establecer un intervalo de confianza para la diferencia de proporciones.

5. PH e IC para más de dos proporciones

$$\text{Ho}: p_1 = p_2 = p_3 = \cdots = p_k$$

Ha: Al menos una proporción es diferente

$$X^2 = \sum_{i=1}^{c} \frac{(fo_i - fe_i)^2}{fe_i}$$

Rechazar Ho si:

$$X^2 > X^2_{\alpha,,k-1}$$

$$fe = \frac{(\text{Total renglón})\,(\text{Total columna})}{\text{Gran Total}}$$

fo = frecuencia observada.
fe = frecuencia esperada.
k = número de proporciones a comparar.
c = número de celdas.

5. PH e IC para más de dos proporciones

Ejemplo de PH e IC para más de dos proporciones

Se desea saber si existe diferencia en el número de unidades defectuosas para tres diferentes turnos, en la fabricación de calentadores de agua. Usar alfa 5 %. Se obtuvieron los siguientes resultados:

TURNO	1	2	3	TOTAL
Unid. defectuosas (x)	30 (16.89)	10 (14.36)	8 (16.75)	48
Unid. producidas (n)	3251	2763	3223	9237
Unid. buenas (n-x)	3221 (3234,11)	2753 (2748,64)	3215 (3206,25)	9189

$$X^2 = \frac{(30 - 16.89)^2}{16.89} + \cdots + \frac{(3215 - 3206.25)^2}{3206.25} = 16.144$$

$$X^2_{0.05,2} = 5.99$$

→ Como $X^2 = 16.144 > 5.99$ se concluye que por lo menos el número de unidades defectuosas en **uno** de los tres turnos es **diferente.**

Usando Minitab (Estadísticas -> Tablas -> Prueba de Chi Cuadrada). Se debe hacer una tabla con defectuosos versus buenos:

Filas: Filas de la hoja de trabajo

	Defect	Buenos	Todo
1	30	3221	3251
	16.9	3234.1	
2	10	2753	2763
	14.4	2748.6	
3	8	3215	3223
	16.7	3206.3	
Todo	48	9189	9237

Contenido de la celda
Conteo
Conteo esperado

Prueba de chi-cuadrada

	Chi-cuadrada	GL	Valor p
Pearson	16.144	2	0.000
Relación de verosimilitud	15.483	2	0.000

→ Como valor p < 0.05, se rechaza H0 y se concluye que por lo menos el número de unidades defectuosas en **uno** de los tres turnos es **diferente.**

Ejercicio de PH e IC para más de dos proporciones

Se analiza la proporción de defectos que se obtienen en tres diferentes turnos de dos diferentes líneas de fabricación:

TURNO 1:
    De la Línea 1 se toman 120 muestras, obteniéndose 8 piezas defectuosas
    De la Línea 2 se toman 150 muestras, obteniéndose 12 piezas defectuosas
TURNO 2:
    De la Línea 1 se toman 100 muestras, obteniéndose 6 piezas defectuosas
    De la Línea 2 se toman 200 muestras, obteniéndose 10 piezas defectuosas
TURNO 3:
    De la Línea 1 se toman 180 muestras, obteniéndose 11 piezas defectuosas
    De la Línea 2 se toman 150 muestras, obteniéndose 9 piezas defectuosas

Con una confianza del 95 %, determinar si es posible afirmar que las proporciones de defectos en todos los turnos y líneas son iguales.

Análisis de varianza (Anova)

14

Objetivos

1. Conocer los conceptos básicos del análisis de varianza.
2. Integrar el análisis de varianza al desarrollo de proyectos Six Sigma.

Contenidos

> Antecedentes
> ¿Qué es el análisis de varianza?
> Conceptos básicos
> Tipos de análisis de varianza

  - Anova de un factor fijo
  - Anova de un factor con bloques
  - Anova de dos factores
  - Anova de dos factores con bloques
  - Anova de tres factores

> Ejemplos
> Ejercicios

Antecedentes

- Fue desarrollado por Sir Ronald Aylmer Fisher (1890-1962).

- Sus problemas de visión lo obligaron a visualizar los problemas en términos geométricos que se pudieran dibujar.

- En 1919 inició estudios con grandes cantidades de datos sobre las variaciones en las cosechas.

- En 1925 publicó su libro *Métodos estadísticos para investigadores.*

- En 1935 publicó su libro *Diseño de experimentos,* que se convirtió en un estándar.

LSSI
LEAN SIX SIGMA INSTITUTE

¿Qué es el análisis de varianza?

1. El método **Anova** consiste en descomponer la variación total de los datos en:

   a. La variación **interna** o **natural** de los grupos.

   b. La variación **entre grupos** de medias.

2. Comparar estos dos tipos de variación:

$$F_{calc} = \frac{\text{Variación entre medias}}{\text{Variación interna}}$$

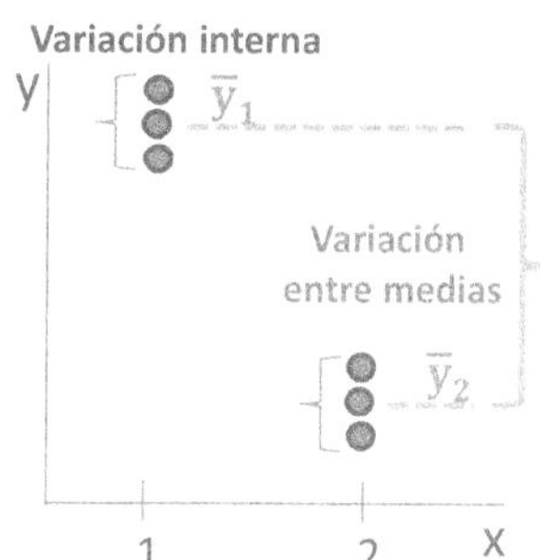

3. Decidir *si existe o no diferencia entre las medias* que se están analizando.

- Anova es una prueba de hipótesis:

  Hipótesis nula, Ho: todas las medias* son iguales.
  Hipótesis alternativa, Ha: al menos una media es diferente.

- Región de rechazo H_0:

GRAFICA DE LA DISTRIBUCION F

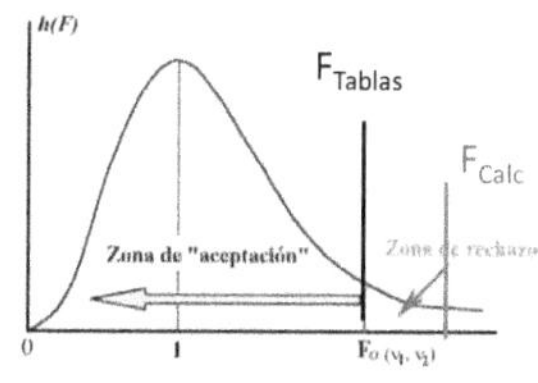

Si $F_{calc} \leq F_{tablas}$ (**p-value** $\geq$ **0,05**): se acepta Ho, las medias son iguales.

Si $F_{calc} > F_{tablas}$ (**p-value** < **0,05**): se rechaza Ho, al menos una media es ≠ (Ha).

* Medias de los diferentes grupos o niveles del factor.

Conceptos básicos

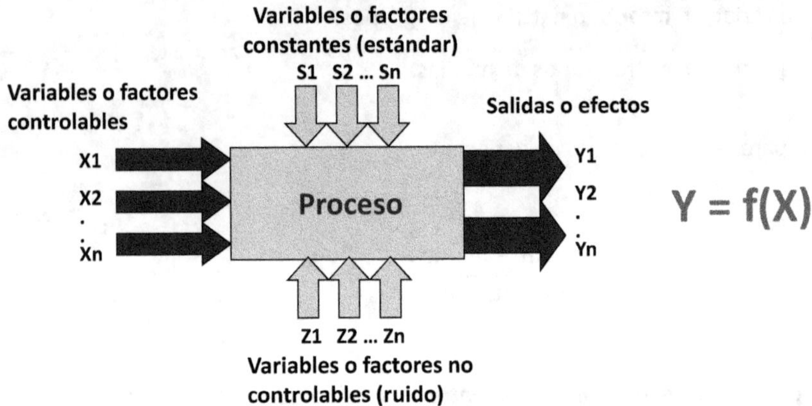

Cocinar panqueques

- **Factores**
  - Temperatura.
  - Cantidad de harina.
  - Cantidad de leche.
  - Cantidad de huevos.
  - Cantidad de azúcar.
  - Tiempo en el fuego.

- **Niveles**
  - Temperatura: 200°, 210°, 220°.
  - Harina: ½ kg, ¾ kg.
  - Leche: ¼ l, ½ l.
  - Huevos: 2, 3, 4.
  - Azúcar: 100 g, 200 g.
  - Tiempo: 5 min., 8 min.

- **Factores ruido**
  - Altura respecto al mar.
  - Humedad ambiental.

- **Tratamientos**
  - Todas las combinaciones $2^4 \times 3^2 = 144$.

Conceptos básicos para un correcto análisis

- **Replicar**: esto se refiere a efectuar cada prueba al menos dos veces para obtener una estimación del error y saber si algunos factores influyen en la respuesta.

- **Aleatorizar**: realizar las pruebas en un orden totalmente al azar para neutralizar posibles fuentes de variación.

- **Bloquear**: controlar los factores de ruido para no afectar a los resultados por el efecto de variables nocivas para el estudio.

Elementos a considerar

1. **Uso de conocimiento no estadístico**: se debe buscar la experiencia de las personas expertas en cada tema específico para retroalimentar el estudio. El conocimiento no estadístico es vital para elegir los factores, determinar los niveles e interpretar los resultados obtenidos.

2. **Mantener el diseño y el análisis de manera tan simple como sea posible**: es necesario no exagerar en el uso de técnicas estadísticas complejas y sofisticadas. Los métodos de diseño y análisis más simples son siempre los mejores y los más fáciles de utilizar.

3. **Tener presente la significancia práctica y estadística**: a veces se encuentran soluciones que optimizan una respuesta, pero son económicamente inviables o no se pueden mantener a largo plazo.

4. **Los experimentos son generalmente iterativos**: en la mayoría de los casos no es conveniente diseñar un experimento demasiado extenso, ya que las respuestas irán apareciendo sobre la marcha. Por tanto, no deberá invertirse mas de un 25 % de los recursos para la experimentación en la fase inicial, ya que es necesario disponer de recursos para la fase final.

1. Anova de un factor fijo.

2. Anova de un factor con bloques.

3. Anova de dos factores.

4. Anova de dos factores con bloques.

5. Anova de tres factores.

1. Anova de un factor fijo

- Investigar el efecto que los diferentes niveles de un solo factor (x) tienen con respecto a la media de una variable de respuesta (y).

- En el ejemplo que se expone a continuación vamos a ver si el proceso de fabricación (x) tiene influencia en la longitud de clavos (y).

Longitud de los clavos según su proceso de fabricación:

Proceso	Réplicas			Yi prom
	1	2	3	
A	2.05	2.03	2.02	2.03333
B	1.98	1.99	2.00	1.99000
C	2.07	2.05	2.05	2.05667

Y prom   2.02667

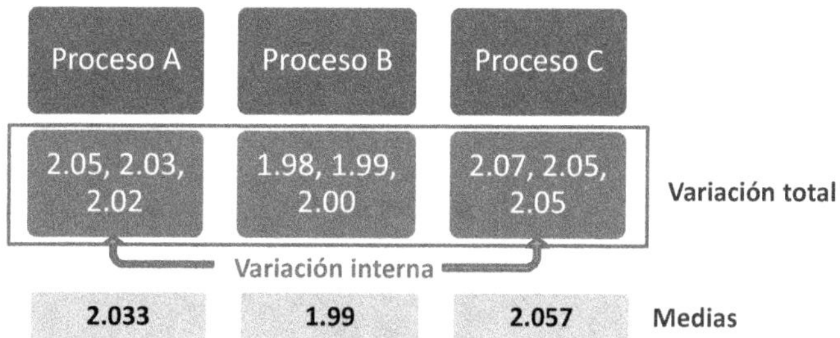

- ¿Es significativa la diferencia que se puede apreciar a simple vista?

- Anova lo responderá.

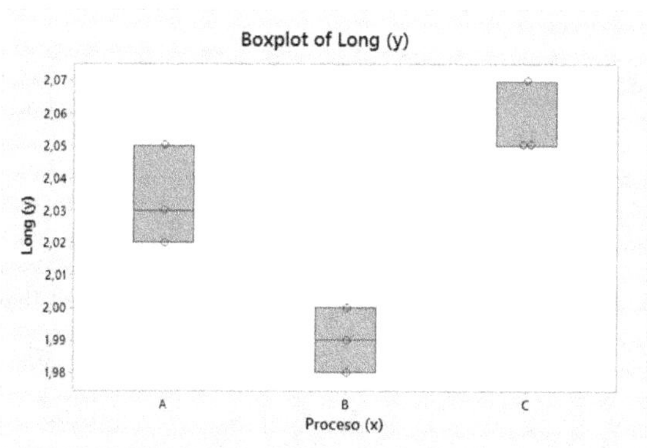

Procedimiento: tabla de Anova

Fuentes de variación	SS	gl	MS	F
Tratamientos (t)	SSt	$a - 1$	MSt = SSt / a-1	MSt / MSE
Error (E) (por diferencia)	SSE	N - a	MSE = SSE / N-a	
Total	SST	N - 1		

SS = Suma de cuadrados *(sum of squares)*.
gl = Grados de libertad.
MS = Variación promedio *(mean square)*.
F = Comparación entre variación interna (error) y la variación entre grupos (tratamientos).

Volviendo a los datos del ejercicio de los clavos:

Fuentes de variación	SS	gl	MS	F
Tratamientos (t)	0.006867	2	0.003434	22.08
Error (E) (por diferencia)	0.000933	6	0.000156	
Total	0.00780	8		

> F_{tablas} (0,05;2;6) = 5,14

Microsoft Excel Worksheet

Análisis de Varianza

Fuente	GL	SC Ajust.	MC Ajust.	Valor F	Valor p
Proceso (x)	2	0,006867	0,003433	22,07	0,0017
Error	6	0,000933	0,000156		
Total	8	0,007800			

< 0,05   Minitab

Al comparar Fo calculado con el estadísitico de tablas F = 5.14 (Excel) se obtiene:

$$F_{calc} > F_{tablas} \text{ (or P-value < 0.05)}$$

→ se concluye que la variable "proceso" **sí** afecta a la longitud de los clavos.

Supuestos previos

La variable dependiente (Y) debe ser medible y se debe cumplir:

- **Normalidad:** la distribución de los errores debe ser normal.
- **Homocedasticidad:** homogeneidad de las varianzas.
- **Independencia** de las observaciones.

Los errores deben ser independientes y normalmente distribuidos.

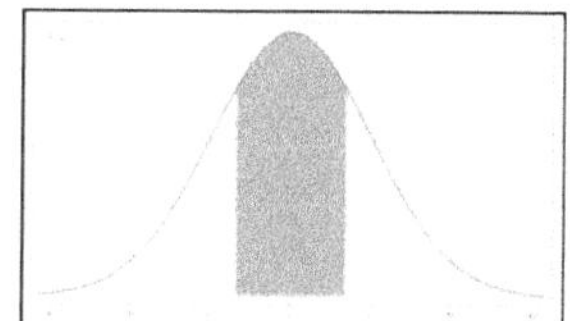

$$\varepsilon \sim N(0, \sigma^2).$$

Ejemplo 1: Anova de un factor fijo

En **Operadores Logísticos del Golfo** se analiza la influencia del número de operadores que realizan la preparación de pedidos *(picking)* sobre el tiempo de este proceso. En este caso, el factor es una variable cuantitativa discreta, del cual se probaron 5 niveles y se realizaron 5 réplicas. El tiempo de *picking* se midió en minutos. Los resultados fueron:

Núm. operadores	Réplicas				
	1	2	3	4	5
5	9,0	8,7	9,1	8,5	8,8
6	7,3	7,6	7,2	7,5	7,7
7	5,6	5,8	5,3	5,3	5,1
8	4,9	4,8	4,8	5,0	5,0
9	5,2	5,1	5,0	4,9	5,3

- **Establecer el problema práctico:**

  - Nosotros, como analistas de mejora, quisiéramos saber si el número de operadores pudiera afectar el tiempo de proceso de *picking*.

  - Es recomendable que se los datos se representen gráficamente.

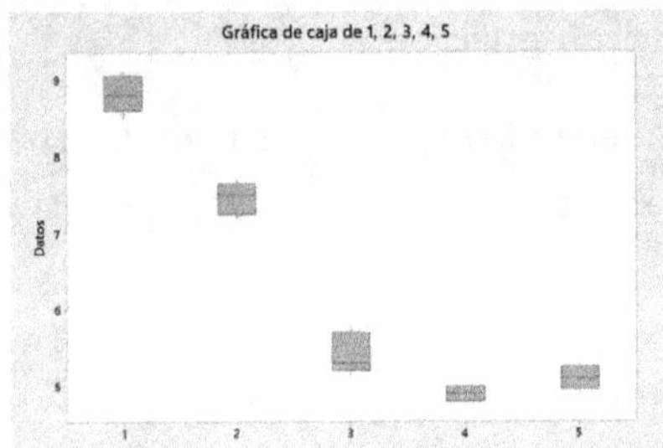

Normalidad

- Un procedimiento para verificar el cumplimiento del supuesto de normalidad de los residuos consiste en graficar los residuos en el papel de probabilidad normal.

- Si al graficar, los residuos tienden a estar en línea recta, entonces significa que están normalmente distribuidos.

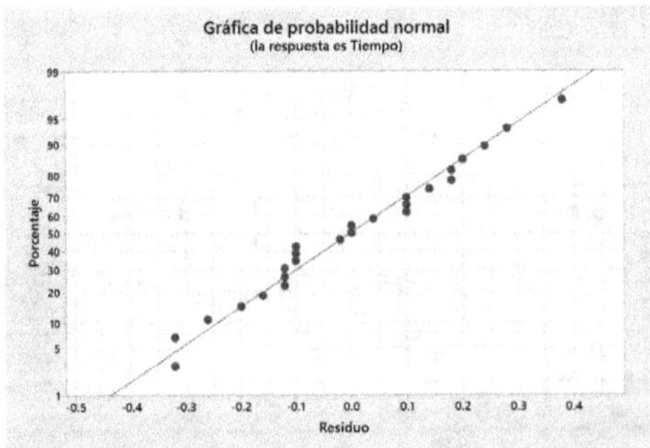

Varianza constante

- Una forma de verificar el supuesto de varianza constante (o que los tratamientos tienen la misma varianza), es graficando los residuos versus los valores ajustados.

- Si los puntos de la gráfica se distribuyen en un número similar por arriba y por debajo de la línea central, o sea, la dispersión de estos puntos es aproximadamente la misma, entonces es señal de que se cumple la varianza constante.

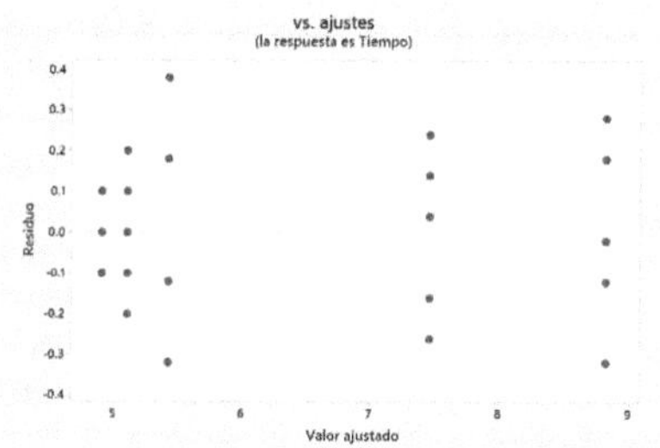

Independencia

- Al efectuar experimentos, se debe registrar el orden en que fueron realizados. La prueba de independencia consiste en graficar los residuos versus el orden de cada experimento.

- Si se observan fluctuaciones aleatorias (gráfica aleatoria de zigzag) en una banda horizontal, la independencia se acepta; si se detecta una tendencia o patrón, entonces es señal de que no hay independencia entre los datos.

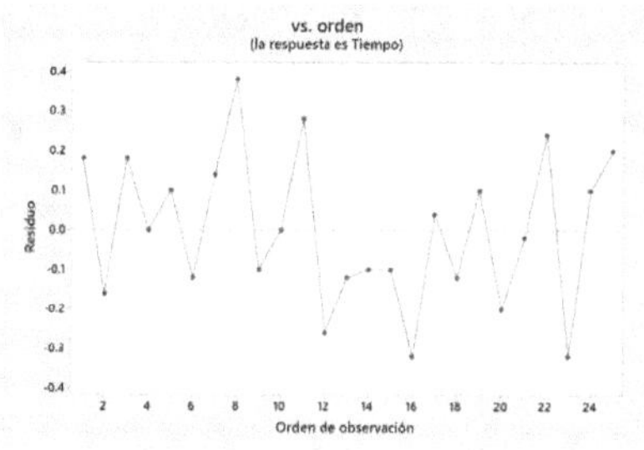

Ejemplo 2: Anova de un factor fijo

Fuente de variación	SS	gl	MS	F		F tablas
Tratamientos	59.312000	4	14.828000	**349.717**	>	2.866
Error	0.848000	20	0.042400			
TOTAL	**60.160000**	**24**				

Microsoft Excel Worksheet

Análisis de Varianza

Fuente	GL	SC Ajust.	MC Ajust.	Valor F	Valor p	
Operadores	4	59.3120	14.8280	349.72	0.000	**< 0,05**
Error	20	0.8480	0.0424			
Total	24	60.1600				

Minitab

$F_{calc} > F_{tablas}$ **y P-value < 0.05** → la variable número de operadores <u>sí</u> afecta al tiempo de *picking*.

* Se cumplen los supuestos previos.

Se concluye que el número de operadores es un factor significativo en el tiempo del proceso de *picking*. Es necesario aclarar que mediante Anova únicamente se puede determinar si el factor es o no significativo. El nivel óptimo del mismo se obtendrá en la fase mejorar.

Ejercicio: Anova de un factor fijo

- En un proceso de fabricación de vidrio se desea saber si la temperatura afecta la densidad del vidrio. Se realizaron pruebas y se obtuvieron los siguientes datos:

Temperatura	Densidad		
1	4.5	7.8	6.7
2	3.8	5.6	9.1
3	7.6	4.6	7.6
4	3.5	3.5	4.8

- Conclusión:

Resultado

Fuentes de variación	SS	gl	MS	F	F Tablas
Tratamientos	13.609167	3	4.536389	1.329	< 4.066
Error	27.3	8	3.4125		
Total	40.909167	11			

Conclusión: **No Significativo** ← Microsoft Excel Worksheet

Análisis de Varianza

Fuente	GL	SC Ajust.	MC Ajust.	Valor F	Valor p
Temperatura	3	13,61	4,536	1,33	0,331
Error	8	27,30	3,413		
Total	11	40,91			

> 0,05 ← Minitab

$F_{calc} < F_{tablas}$ y **P-value > 0.05** → la variable temperatura <u>no</u> afecta a la densidad del vidrio.

* Se cumplen los supuestos previos

2. Anova de un factor con bloques

Al experimentar es frecuente encontrar otras variables que están presentes y que pueden influir en los resultados. Por lo tanto, es necesario "neutralizar" o "bloquear" el efecto de tales variables.

Ejemplo: Anova de un factor con bloques

- Suponer que en el ejemplo de los clavos se cuenta con tres proveedores de materia prima y que en cada proceso se usó la materia prima de un proveedor diferente.

- En este caso, la posible diferencia en la longitud de los clavos tal vez no se deba a los diferentes procesos A, B, C, sino a la diferencia entre la materia prima de los tres proveedores. Es decir, existe una variable adicional en el experimento (materia prima), la cual es necesario *bloquear* para poder comparar los procesos sin que exista diferencia alguna.

Se dan los siguientes datos:

Proceso	A	B	C	
1	2,05	1,98	2,07	Proveedor 1
2	2,08	2,04	2,10	Proveedor 2
3	1,99	1,97	2,02	Proveedor 3

Respuesta

Usando: 
Microsoft Excel
Worksheet

Fuente de variación	SS	gl	MS	F	F tablas		Conclusión:
Tratamientos	0,00687	2	0,003433	18,7273	6,94		**Significativo**
Bloques	0,00960	2	0,004800	26,1818	6,94		**Significativo**
Error	0,00073	4	0,000183				
Total	**0,0172**	8					

Como tanto para los tratamientos como para los bloques F_{calc} **> F tablas**, se concluye que los procesos (con estos niveles) y los bloques tienen un efecto significativo en la variable respuesta.

Es necesario eliminar la influencia de los bloques antes de establecer conclusiones acerca de los procesos. Para ello, se puede utilizar una sola materia prima en todos los procesos o igualar las especificaciones de las tres materias primas.

Usando: Minitab

Análisis de varianza de Longitud

Fuente	GL	SC	MC	F	P		Conclusión:
Proceso	2	0.006867	0.003433	18.73	0.009	**< 0,05**	Significativo
Bloque	2	0.009600	0.004800	26.18	0.005	**< 0.05**	Significativo
Error	4	0.000733	0.000183				
Total	8	0.017200					

Como ambos **p-value < 0.05** se concluye que los procesos (con estos niveles) y los bloques tienen un efecto significativo en la variable respuesta.

Misma conclusión: es necesario eliminar la influencia de los bloques antes de establecer conclusiones acerca de los procesos.

- Si calculamos Anova sin considerar bloques, **SSt** (0,006867) es la misma para las dos Anova, es decir, la variación entre tratamientos (procesos) no está afectada por el efecto de los diferentes proveedores (bloques). **SSE,** sin embargo, si varía al considerar el bloqueo.

- **¿Resultó útil el bloqueo?** Se puede comparar MSbl vs MSE:
  si MSbl > 2 - 2.5 MSE se puede decir que la respuesta es sí.

Análisis de Varianza

Fuente	GL	SC Ajust.	MC Ajust.	Valor F	Valor p
Proceso (x)	2	0,006867	0,003433	18,73	0,009
Proveedor (Bloq)	2	0,009600	0,004800	26,18	0,005
Error	4	0,000733	0,000183		
Total	8	0,017200			

$$\frac{.004800}{.000183} = 26.23 > 2\text{-}2.5$$

→ Si valió la pena el bloqueo

Ejercicio: Anova de un factor con bloques

En el caso del estudio en **Operadores Logísticos del Golfo**, se desea analizar también si el procedimiento de *picking* tiene influencia sobre el tiempo de proceso con relación al número de operadores. La siguiente tabla muestra los tiempos de preparación de pedidos (en minutos); la réplica 1 se realizó siguiendo el procedimiento ya establecido para el *picking* y la réplica 2 se hizo siguiendo un nuevo procedimiento de prueba. Determinar si el procedimiento tiene significancia.

Operadores	Proc A	Proc B
5	9,0	8,8
6	7,3	7,7
7	5,6	5,1
8	4,9	5,0
9	5,2	5,3

Respuesta

Usando: Microsoft Excel Worksheet

Fuente de variación	SS	gl	MS	F	F tablas	Conclusión:
Tratamientos	23,97400	4	5,993500	102,4530	6,39	**Significativo**
Bloques	0,00100	1	0,001000	0,0171	7,71	**No Significativo**
Error	0,23400	4	0,058500			
Total	**24,209**	9				

El factor bloqueado (procedimiento de *picking)* resulta no significativo, por lo que se establece que solamente el número de operadores tiene influencia sobre el tiempo de proceso.

Usando: Minitab

Análisis de varianza de Picking

Fuente	GL	SC	MC	F	P		Conclusión:
No. Operadores	4	23.9740	5.99350	102.45	0.000	**< 0,05**	Significativo
Proc (Bloq)	1	0.0010	0.00100	0.02	0.902	**> 0.05**	No Significativo
Error	4	0.2340	0.05850				
Total	9	24.2090					

Nuevamente se concluye que el factor bloqueado (procedimiento de *picking)* resulta no significativo, por lo que se establece que solamente el número de operadores tiene influencia sobre el tiempo de proceso.

3. Anova de dos factores

Utilizado para evaluar el efecto de dos factores sobre una variable de salida. Este análisis ayudará también a identificar si la *interacción* entre los dos factores es significativa.

Ejemplo: Anova de dos factores

En un proceso de fabricación de lámparas de proyección intervienen dos variables:

A: **Presión de llenado** (1000, 1100, 1200 psi) x_1

B: **Gas de lavado** (N2, ArN2) x_2

Se desea saber si tales variables influyen en el *flujo luminoso* (lúmenes) de las lámparas.

	Presion de llenado (A)		
Gas de lavado (B)	1000	1100	1200
N2	88	91	87
N2	89	91	88
ArN2	92	87	95
ArN2	94	90	93

Respuesta

Usando: 
Microsoft Excel
Worksheet

Fuente de variación	SS	gl	MSE	F	F tablas	Conclusión:
Factor (A)	2,667	2	1,33333	0,842	5,143	**No Significativo**
Factor (B)	24,083	1	24,08333	15,211	5,987	**Significativo**
Interacción (AB)	44,667	2	22,33333	14,105	5,143	**Significativo**
Error	9,500	6	1,58333			
Total	80,917	11				

El gas de lavado (B) y la interacción AB son significativas. Como la interacción es significativa, se debe también investigar (optimizar) el valor de la presión (A), a pesar de que individualmente resultó ser no significativa.

Usando: Minitab

Análisis de Varianza

Fuente	GL	SC Ajust.	MC Ajust.	Valor F	Valor p	Conclusión:
Presión	2	2.667	1.333	0.84	0.476	No Significativo
Gas	1	24.083	24.083	15.21	0.008	Significativo
Presión*Gas	2	44.667	22.333	14.11	0.005	Significativo
Error	6	9.500	1.583			
Total	11	80.917				

Misma conclusión.

Ejercicio: Anova de dos factores

- Se desea probar la eficiencia de dos tipos de polvo en cuanto a la *potencia disipada* de focos incandescentes de 75 W, fabricados en dos turnos. Se cuenta con la siguiente información de pruebas realizadas.

  X1   polvo
  X2   turno
  Y   potencia disipada

| | Polvo | | | |
Turno	1		2	
1	56	65	72	78
2	58	60	63	67

Conclusión ____

Respuesta

Usando: 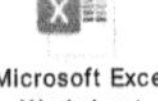 Microsoft Excel Worksheet

Fuente de variación	SS	gl	MSE	F	F tablas
Factor (A)	210,125	1	210,12500	12,270	7,709
Factor (B)	66,125	1	66,12500	3,861	7,709
Interacción (AB)	36,125	1	36,12500	2,109	7,709
Error	68,500	4	17,12500		
Total	380,875	7			

Conclusión:

Significativo

No Significativo

No Significativo

Usando: Minitab

Analysis of Variance

Source	DF	Adj SS	Adj MS	F-Value	P-Value	Conclusión:
polvo	1	210,13	210,13	12,27	0,025	Significativo
turno	1	66,13	66,13	3,86	0,121	No significativo
polvo*turno	1	36,12	36,12	2,11	0,220	No significativo
Error	4	68,50	17,12			
Total	7	380,88				

4. Anova de dos factores con bloques

En este análisis, además de identificar si los factores y su interacción son significativos, también se podrá *bloquear* e identificar si las variables de *ruido* son significativas.

Ejemplo: Anova de dos factores con bloques

- En el ejercicio del flujo luminoso (lúmenes) que se obtenía de lámparas de proyección con los factores:

    A: **Presión de llenado** (1000, 1100, 1200 psi).

    B: **Gas de lavado** (N2, ArN2).

Suponer que dos operadores efectuaron las mediciones, que por razón de tiempo cada uno de ellos pudo realizar seis mediciones solamente y se cree que pudo haber diferencia entre la manera en que dichas mediciones fueron efectuadas por cada operador. Es decir, existe una *variable adicional* que es el efecto de los operadores y se desea neutralizar (bloquear) para que no interfiera en el experimento. La restricción para poder bloquear es que el tamaño de bloques sea *ab*, donde *a* y *b* son el número de niveles de *A* y *B,* respectivamente.

| Gas de lavado (B) | Operador 1 | | | Operador 2 | | |
| | Presion de llenado (A) | | | Presion de llenado (A) | | |
	1000	1100	1200	1000	1100	1200
N2	88	91	87	89	91	88
ArN2	92	87	95	94	90	93

Respuesta

Usando: **X** Microsoft Excel Worksheet

Fuentes de variación	SS	gl	MS	F	F tablas
Factor (A)	2,667	2	1,333	0,899	5,786
Factor (B)	24,083	1	24,083	16,236	6,608
Bloques	2,083	1	2,083	1,404	6,608
AB	44,667	2	22,333	15,056	5,786
Error	7,417	5	1,483		
Total	80,917	11			

Conclusión:
No Significativo
Significativo
No Significativo
Significativo

¿Valió la pena el bloqueo?   MSbl / MSE = 2.083/1.483 = 1.40 < 2,5

De lo anterior podemos concluir que las variables significativas son el gas de llenado (B) y su interacción con la presión de lavado (AB). Además, se observa tanto por el valor de p como al comparar MSbl versus MSE (no es mayor a 2.5), que no existe diferencia significativa entre los inspectores.

Usando: Minitab

Analysis of Variance

Source	DF	Adj SS	Adj MS	F-Value	P-Value
presion llen (A)	2	2.667	1.333	0.90	0.464
gas lavado (B)	1	24.083	24.083	16.24	0.010
oper (BLOQ)	1	2.083	2.083	1.40	0.289
presion llen (A)*gas lavado (B)	2	44.667	22.333	15.06	0.008
Error	5	7.417	1.483		
Total	11	80.917			

Conclusión:
No significativa
Significativo
No significativo
Significativa

Resultó útil el bloqueo?   MSbl / MSE = 2.083/1.483 = 1.40 < 2,5

Misma conclusión.

Ejercicio: Anova de dos factores con bloques

- Para el ejemplo anterior, suponer que se cuenta con otra réplica más y se emplea a un tercer operador para realizar las mediciones.

Gas de lavado (B)	Operador 1			Operador 2			Operador 3		
	Presion de llenado (A)			Presion de llenado (A)			Presion de llenado (A)		
	1000	1100	1200	1000	1100	1200	1000	1100	1200
N2	88	91	87	89	91	88	72	75	65
ArN2	92	87	95	94	90	93	48	46	54

Respuesta

Usando: Microsoft Excel Worksheet

Fuentes de variación	SS	gl	MS	F	F tablas	Conclusión:
Factor (A)	283,111	2	141,556	1,363	4,103	No Significativo
Factor (B)	3,556	1	3,556	0,034	4,965	No Significativo
Bloques	2290,111	2	1145,056	11,025	4,103	Significativo
AB	323,111	2	161,556	1,556	4,103	No Significativo
Error	1038,556	10	103,856			
Total	3938,444	17				

Observe que en este caso los bloques son significativos, por lo que no se pueden emitir conclusiones acerca de los factores. Incluso se alteran los resultados de la prueba anterior. Es necesario homologar el criterio de los inspectores al realizar las mediciones.

Usando: Minitab

Análisis de Varianza

Fuente	GL	SC Ajust.	MC Ajust.	Valor F	Valor p	Conclusión:
Presiones	2	283.11	141.56	1.36	0.300	No Significativo
Gas Lavado	1	3.56	3.56	0.03	0.857	No Significativo
Inspectores (Bloq)	2	2290.11	1145.06	11.03	0.003	Significativo
Presiones*Gas Lavado	2	323.11	161.56	1.56	0.258	No Significativo
Error	10	1038.56	103.86			
Total	17	3938.44				

Misma conclusión.

5. Anova de tres factores

Este análisis se utiliza para evaluar el efecto de tres factores sobre una variable de salida. Esto ayudará también a identificar si las *interacciones dobles* (todas las combinaciones de dos factores) son significativas.

Se debe hacer notar que, por los cálculos efectuados, la interacción triple no debe tomarse en cuenta. Esto es lo que se conoce como una interacción (o factor) ignorable.

Ejemplo: Anova de tres factores

En una fábrica de tarjetas electrónicas se realiza un experimento para determinar si las temperaturas en los tres procesos clave (y sus interacciones) son significativas para la proporción de tarjetas rotas que se obtienen. Los resultados obtenidos fueron los siguientes:

T grabado	T soldadura	T agua	Proporción tarjetas rotas	
			R1	R2
-3 ° C	60 ° C	20 ° C	0.040	0.032
-1 ° C	60 ° C	20 ° C	0.012	0.008
-3 ° C	98 ° C	20 ° C	0.036	0.028
-1 ° C	98 ° C	20 ° C	0.000	0.000
-3 ° C	60 ° C	70 ° C	0.020	0.020
-1 ° C	60 ° C	70 ° C	0.000	0.016
-3 ° C	98 ° C	70 ° C	0.016	0.008
-1 ° C	98 ° C	70 ° C	0.004	0.004

Respuesta

Usando: 
Microsoft Excel
Worksheet

Fuente de variación	SS	gl	MSE	F	F tablas	Conclusión:
Factor (A)	0,001521	1	0,001521	52,448	5,318	Significativo
Factor (B)	0,000169	1	0,000169	5,828	5,318	Significativo
Factor (C)	0,000289	1	0,000289	9,966	5,318	Significativo
Interacción (AB)	0,000001	1	0,000001	0,034	5,318	No Significativo
Interacción (AC)	0,000361	1	0,000361	12,448	5,318	Significativo
Interacción (BC)	0,000001	1	0,000001	0,034	5,318	No Significativo
Interacción (ABC)	0,000025	1	0,000025	0,862	5,318	No Significativo
Error	0,000232	8	0,000029			
Total	0,002599	15				

Las tres temperaturas: grabado, soldadura y agua (A, B y C), así como la interacción de la temperatura de grabado con temperatura del agua (AC) son significativas.

Usando: Minitab

Análisis de Varianza

Fuente	GL	SC Ajust.	MC Ajust.	Valor F	Valor p	Conclusión:
T grabado	1	0.001521	0.001521	52.45	0.000	Significativo
T soldadura	1	0.000169	0.000169	5.83	0.042	Significativo
T agua	1	0.000289	0.000289	9.97	0.013	Significativo
T grabado*T soldadura	1	0.000001	0.000001	0.03	0.857	No Significativo
T grabado*T agua	1	0.000361	0.000361	12.45	0.008	Significativo
T soldadura*T agua	1	0.000001	0.000001	0.03	0.857	No Significativo
T grabado*T soldadura*T agua	1	0.000025	0.000025	0.86	0.380	No Significativo
Error	8	0.000232	0.000029			
Total	15	0.002599				

Misma conclusión.

Ejercicio: Anova de tres factores

- En una empresa de fabricación de recipientes plásticos se realizan experimentos para determinar si en el porcentaje de productos buenos tienen significancia tres factores: temperatura, tiempo de moldeo y tipo de materia prima (tamizada y sin tamizar). Los resultados fueron:

Temperatura	Tiempo	Materia prima	Porcentaje de producto bueno	
			R1	R2
90	8	Sin tamizar	76,4	76,9
130	8	Sin tamizar	76,3	76,9
90	15	Sin tamizar	80,4	81,0
130	15	Sin tamizar	77,9	79,6
90	8	Tamizada	84,4	84,6
130	8	Tamizada	84,7	84,5
90	15	Tamizada	82,7	83,2
130	15	Tamizada	85,0	84,7

Respuesta

Usando: 

Microsoft Excel Worksheet

Fuente de variación	SS	gl	MSE	F	F tablas	Conclusión:
Factor (A)	0,00000	1	0,00000	0,000	5,318	No Significativo
Factor (B)	6,00250	1	6,00250	22,439	5,318	Significativo
Factor (C)	146,41000	1	146,41000	547,327	5,318	Significativo
Interacción (AB)	0,00250	1	0,00250	0,009	5,318	No Significativo
Interacción (AC)	4,00000	1	4,00000	14,953	5,318	Significativo
Interacción (BC)	14,06250	1	14,06250	52,570	5,318	Significativo
Interacción (ABC)	3,42250	1	3,42250	12,794	5,318	Significativo
Error	2,14000	8	0,26750			
Total	176,04000	15				

El tiempo de moldeo y el tipo de materia prima (B y C), así como las interacciones de la temperatura con la materia prima (AC) y del tiempo de moldeo con el tipo de materia prima (BC) son significativas (todos los factores tienen influencia en el resultado).

Ejercicio: Anova de tres factores

Usando: Minitab

Análisis de Varianza

Fuente	GL	SC Ajust.	MC Ajust.	Valor F	Valor p	Conclusión:
Temp	1	0.000	0.000	0.00	1.000	No Significativo
T Moldeo	1	6.003	6.003	22.44	0.001	Significativo
Mat. Prima	1	146.410	146.410	547.33	0.000	Significativo
Temp*T Moldeo	1	0.003	0.003	0.01	0.925	No Significativo
Temp*Mat. Prima	1	4.000	4.000	14.95	0.005	Significativo
T Moldeo*Mat. Prima	1	14.062	14.062	52.57	0.000	Significativo
Temp*T Moldeo*Mat. Prima	1	3.422	3.422	12.79	0.007	Significativo
Error	8	2.140	0.267			
Total	15	176.040				

Misma conclusión. La interacción triple no se toma en cuenta.

Correlación

Toda causa genera un efecto, el secreto consiste en identificarlo

Objetivos

1. Conocer los conceptos básicos del análisis de correlación.
2. Elaborar diagramas de dispersión para un conjunto de variables e identificar su relación.
3. Aplicar el análisis de correlación en cualquier proyecto de mejora y en todo tipo de procesos (servicio, manufactura, ventas, finanzas, etc.).

Contenidos

> Introducción
> ¿Qué es correlación?
> ¿Para qué sirve?
> Diagrama de dispersión
> Tipos y grados de relación
> Interpretación
> ¿Cuándo se utiliza?
> Procedimiento
> Ejemplo
> Ejercicio
> Cierre de la fase de "analizar"

Introducción

Existen muchas situaciones donde se requiere identificar cómo una variable interactúa con otra para poder responder con precisión:

- ¿En qué medida están relacionadas dos variables?
- ¿Cómo es la relación entre dos variables?

Para eso utilizamos el **análisis de correlación simple**.

Consideraciones:

- La correlación mide la fuerza de asociación entre dos variables.
- No asume relación causal entre las variables.
- Debe ser usada en conjunto con técnicas gráficas, como los diagramas de dispersión.
- La medición que indica en qué medida están relacionadas dos variables es el coeficiente de correlación **r**.

¿Qué es correlación?

La correlación indica la fuerza que existe entre dos variables de un mismo proceso, como, por ejemplo: rapidez y entrenamiento:

- Un reporte financiero se entrega más rápido cuando los responsables de elaborarlo están mejor entrenados.

- A mayor entrenamiento, el personal de cocina es capaz de preparar los platos de un restaurante en menor tiempo.

- Cuantas más horas recibe un operador de entrenamiento, más rápido puede cumplir con el ensamble de una máquina.

¿Para qué sirve?

- El análisis de correlación o regresión se utiliza para estudiar variables cuantitativas.

- Recordemos, el propósito de Six Sigma es determinar la ecuación:

$$Y = f(X)$$

Donde:

- **Y** es el valor esperado de un proceso (calidad, velocidad, costo, etc.).
- **X** representa todas las variables que se requieren en un proceso (personas, máquinas, materiales, información, etc.).

- Sirve para visualizar el tipo y el grado de relación o predicción entre dos variables.

Diagrama de dispersión

- Es una gráfica del tipo X-Y, donde **X** e **Y** son dos variables numéricas.

- Ayuda a visualizar si las dos variables están relacionadas y la forma en que lo están.

- Por ejemplo:

  - Analizar en un grupo de estudiantes la relación entre su estatura (X) y su peso (Y).

  - Estudiar la relación de una variable de entrada (X) de un proceso (velocidad, temperatura, humedad) con el valor de una característica de calidad (Y) del producto (el peso, el tamaño, las impurezas, etc.).

Tipos y grados de relación

Tipos de relación

Relación lineal

Relación lineal positiva

Relación lineal negativa

Relación curva

Relación curvilínea positiva

Relación curvilínea negativa

Relación curvilínea (en U)

Grados de relación

Relación fuerte

Relación débil

Sin relación

Interpretación

De acuerdo con el *Statistical Quality Control Handbook* de la compañía estadounidense de ingeniería eléctrica Western Electric (1956), es necesario considerar que:

1. Aunque se aprecie una relación fuerte entre dos o más variables, estas no necesariamente indican una relación de causa y efecto entre ellas. La relación causa-efecto se obtiene del conocimiento del proceso.

2. Si no se aprecia una relación significativa entre unas determinadas variables, puede deberse a que realmente no exista correlación, o a que la cantidad o el rango de los datos de que se dispone sea insuficiente.

Interpretación del coeficiente de correlación de Pearson

- Los valores que toma el coeficiente de correlación, r, son:
  - De -1 a 1 $(-1 \leq r \geq 1)$.

Criterio	Comentario
r cercanos a 1	Correlación positiva lineal muy fuerte
r cercanos a -1	Correlación lineal negativa muy fuerte
r cercanos a -0.85 o 0.85	Correlación lineal fuerte
r cercanos a -0.50 o 0.50	Correlación lineal moderada o débil
r iguales o menores que -0.30 o 0.30	Correlación lineal prácticamente inexistente
r cercanos o iguales a cero	Poca o nula relación lineal entre X y Y

Causalidad y casualidad

La **causalidad** implica una **relación de causa-efecto** entre las variables, mientras que la **casualidad no.**

Ejemplos

a) Presión versus temperatura

b) Consumo de electricidad en verano versus temperatura ambiente.
(Montgomery y Peck, 1992)

c) Número de cigüeñas versus número de nacimientos (durante cien años).

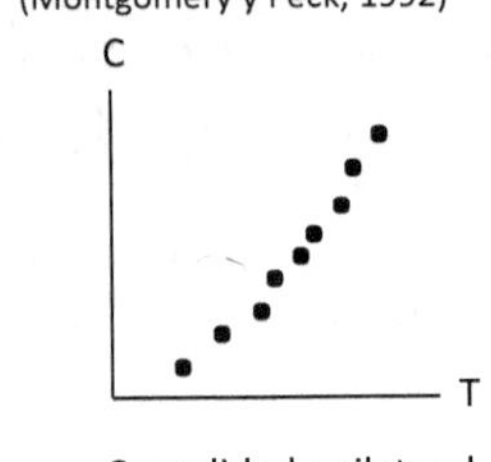

Causalidad bilateral

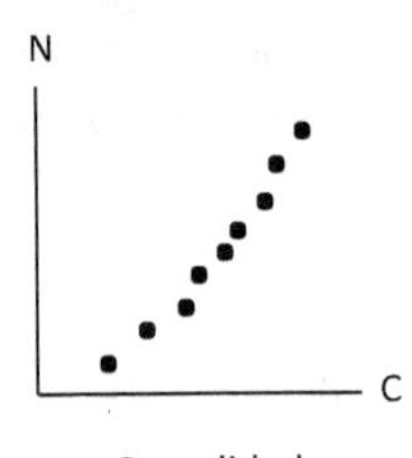

Causalidad unilateral

Casualidad

Cuando no existe *causalidad,* el modelo no se puede utilizar para controlar el proceso, pero sí para predecirlo.

¿Cuándo se utiliza?

- **En fase de** análisis:

  - Para entender la correlación de variables (X) en relación a un resultado esperado (Y). Proporciona al equipo de trabajo conocimiento sobre las variables potenciales en las que se puede trabajar para mejorar el proceso. Por ejemplo, un material determinado (X) contra la velocidad de entrega (Y).

  - Para identificar alguna relación entre variables de entrada (X). Por ejemplo, el desempeño del equipo de trabajo con respecto al nivel de entrenamiento de las personas.

- **En la fase de** mejora:

  - Para validar las acciones de mejora entre las variables de entrada (X) y los resultados logrados (Y).

1. Establecer el objetivo del análisis.
2. Establecer variables:
   - Entrada y salida.
   - Entrada y entrada.
   - Salida y salida.
3. Hacer una tabla y colocar las variables.
4. Representar gráficamente.
5. Obtener la ecuación de la recta.
6. Interpretar.

¿Cuánto tiempo requiere?

- El tiempo es cambiante, según el número de variables a evaluar y, sobre todo, el tiempo de que se disponga para obtener los datos necesarios.

- Una vez obtenidos los datos, el tiempo del análisis debe ser de entre una a dos horas, para establecer en equipo el nivel de correlación entre las variables y tomar decisiones sobre las que realmente afectan los resultados del proceso.

Ejemplo 1

El equipo de Valentín Ortega, de **Operadores Logísticos del Golfo,** desea corroborar la hipótesis planteada en su diagrama Ishikawa respecto a que la falta de producto en el almacén es la causa raíz de las entregas con retraso o incompletas. Para ello, analiza la relación entre el número de faltantes por semana y el OTIF (porcentaje de entregas a tiempo completas). La tabla de datos es la siguiente:

Semana	Faltantes	OTIF	Semana	Faltantes	OTIF
7	10	88.0	13	0	99.8
8	6	93.9	14	1	99.1
9	5	95.5	15	2	97.0
10	8	90.5	16	7	92.2
11	7	92.6	17	11	85.8
12	3	96.3	18	8	90.9

1. Objetivo:

Determinar la relación que existe entre la falta de producto en el almacén (variable de entrada) y las entregas a tiempo y completas (variable de salida).

2. Variables:

- Entrada: falta de producto.
- Salida: entregas a tiempo y completas.

3. Tabla:

Semana	Faltantes (X)	OTIF (Y)
7	10	88
8	6	93.9
9	5	95.5
10	8	90.5
11	7	92.6
12	3	96.3
13	0	99.8
14	1	99.1
15	2	97
16	7	92.2
17	11	85.8
18	8	90.9

4 y 5. Representar gráficamente y obtener la ecuación de la recta:

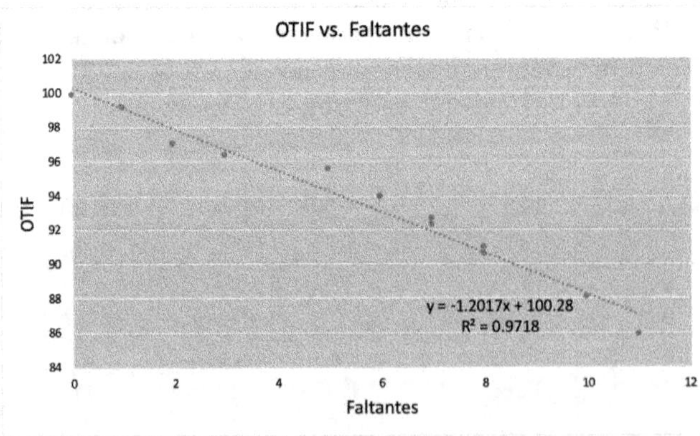

6. Interpretar:

- Existe una relación fuerte negativa entre estas dos variables (si los faltantes aumentan, el OTIF disminuye).

- La ecuación de la recta: OTIF = −1.2018 faltantes + 100.28.

  - El coeficiente del primer término indica (al ser negativo) que el OTIF disminuirá en 1.2018 unidades por cada unidad que aumenten los faltantes.

  - En este caso, el cero se encuentra en el rango de medición de los faltantes (X), por lo que el segundo término de la ecuación significa que el OTIF será aproximadamente el 100 % cuando el número de faltantes sea 0 (si el cero no se encuentra en el intervalo de las X, este coeficiente no tiene significado ni utilidad).

- El coeficiente de determinación es: R^2 = 97.18 %.

  - El coeficiente de determinación indica una relación fuerte, ya que el 97.18 % de la variación en el OTIF es explicada por la variación en los faltantes. Para que la relación se considere fuerte, este coeficiente debe ser mayor o igual al 80 %.

Ejemplo 2

En un proceso de fabricación de múltiples de admisión, se desea determinar el tipo y el grado de relación entre la dureza de la pieza (Y) y el tiempo de solidificación (X).

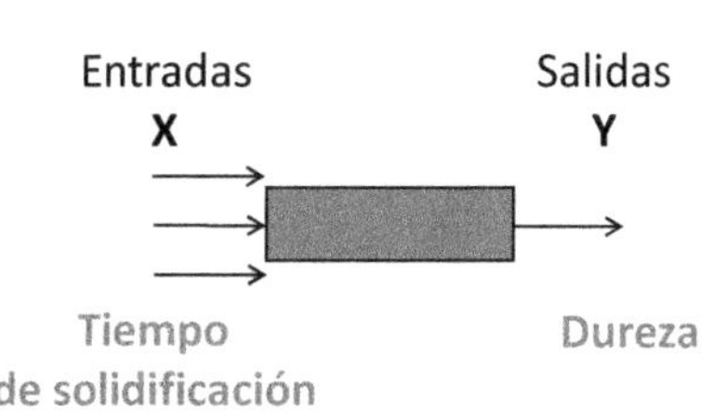

T-Solid	Dureza
10	4,5
11	4,2
12	3,8
13	3,6
14	3,4
15	3,0
16	2,9
17	2,4
18	2,2
19	2,1
20	1,8

1. Objetivo:

Determinar la relación que existe entre el tiempo de solidificación (variable de entrada) y la dureza de la pieza, que es la variable de salida exigida como clave para la calidad del producto (CTQ).

2. Variables:

- Entrada: tiempo de solidificación.
- Salida: dureza de la pieza.

3. Tabla:

T-Solid (X)	Dureza (Y)
10	4.5
11	4.2
12	3.8
13	3.6
14	3.4
15	3
16	2.9
17	2.4
18	2.2
19	2.1
20	1.8

4 y 5. Representar gráficamente y obtener la ecuación de la recta:

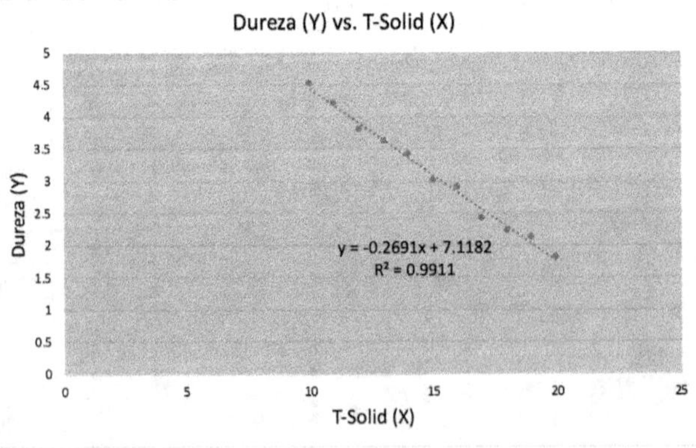

6. Interpretar:

Por cada unidad de aumento en el tiempo de solidificación, la dureza disminuye 0.2690 unidades. Como el rango de los datos no incluye X = 0, la constante 7.11 no tiene significado.

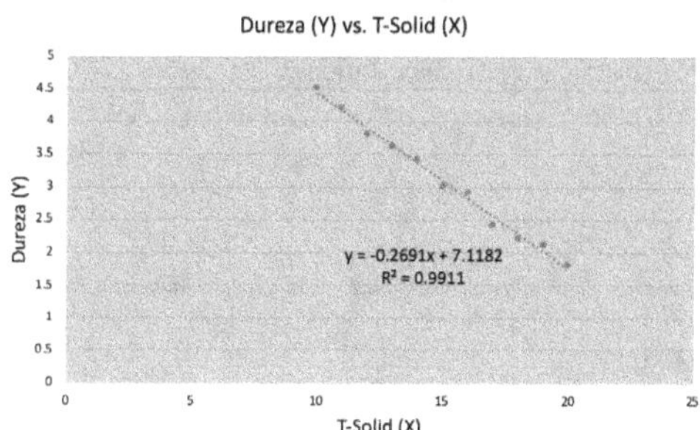

El coeficiente de determinación es la proporción de la variación explicada o representada por el modelo de regresión.

El 99.1 % de la variación en la dureza es explicada por el tiempo de solidificación.

Realizar un diagrama de dispersión e interpretarlo, de acuerdo con la siguiente información de temperatura de precalentamiento y dureza. Determinar el tipo y el grado de relación entre dichas variables.

Temp	Dureza
390	1.5
391	1.8
392	2.1
393	2.3
394	2.6
395	3.1
396	3.4
397	3.7
398	3.9
399	4.2
400	4.5

Cierre de la fase "analizar"

- Una vez concluidas las actividades de la fase analizar el equipo de mejora debe verificar el cumplimiento de los objetivos, antes de pasar a la fase mejorar, mediante la siguiente lista de comprobación:

Revisión de etapa de análisis

Proyecto: ___________________________________   Fecha: ___________

	Sí	No
1. Se examinaron los procesos e identificaron cuellos de botella, desconexiones y redundancias que pueden contribuir al problema al cual nos estamos enfocando.	☐	☐
2. Se condujeron análisis para evaluar el valor agregado y el tiempo de ciclo de cada etapa de proceso, identificando tareas que no agregan valor en donde solo se desperdician recursos.	☐	☐
3. Se analizaron datos para evaluar el desempeño del proceso, asi como información para estratificar el problema e identificar fuentes de variación y posibles causas raíz.	☐	☐
4. Se evaluó si el proyecto debe enfocarse a una mejora de proceso o a un rediseño de proceso.	☐	☐

Para mejora de procesos

	Sí	No
5. Se desarrollaron hipótesis de causa raíz que explican el problema que tratamos de resolver.	☐	☐
6. Se investigaron y verificaron las hipótesis de causa raíz, de manera que tenemos la confianza de cubrir todas las posibles causas.	☐	☐

Para diseño o rediseño de procesos

	Sí	No
7. Estamos seguros de tener identificados los requerimientos para el proceso a diseñar, de manera que aseguremos que podemos crear un proceso nuevo más efectivo y eficiente.	☐	☐

Introducción al diseño de experimentos

16

Objetivos

1. Conocer los conceptos básicos del diseño de experimentos.
2. Desarrollar diseños de experimentos para identificar factores críticos que afectan el proceso.
3. Conducir experimentos para probar opciones de mejora y predecir el efecto de los cambios.

Contenidos

> Antecedentes
> ¿Qué es el diseño de experimentos?
> ¿Para qué se utilizan?
> Tipos
> Procedimiento
> Ejercicio

Antecedentes

- Sir Ronald Aylmer Fisher desarrolló esta técnica en la década de 1920, cuando era responsable del análisis de datos y cálculos estadísticos en la estación agrícola de Rothamsted, cerca de Londres, Inglaterra.

- Fisher detectó que los experimentos que se llevaban a cabo para generar datos útiles a la agricultura tenían muchas fallas. Mediante la interacción con multitud de científicos e investigadores de diversos campos, desarrolló las ideas que ahora se conocen como el diseño de experimentos (DoE: *Design of Experiment*).

¿Qué es el diseño de experimentos?

Un experimento es una prueba o serie de pruebas en donde se *manipulan* o *cambian* las entradas (factores) en un proceso para observar su influencia sobre los factores a la salida (efectos).

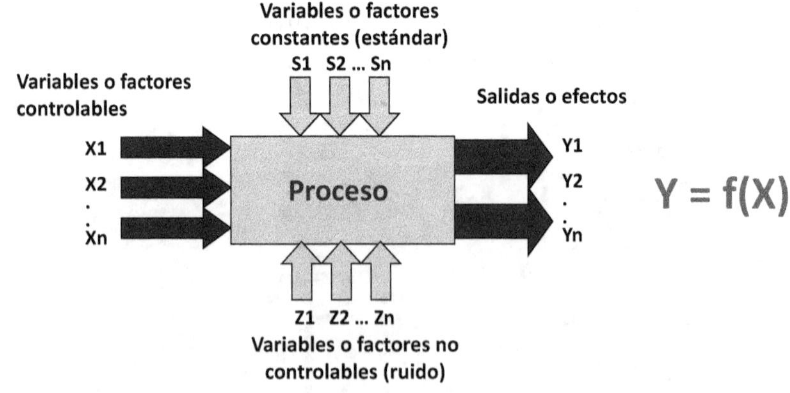

Variables, factores y niveles

En todo proceso intervienen diferentes tipos de variables o factores:

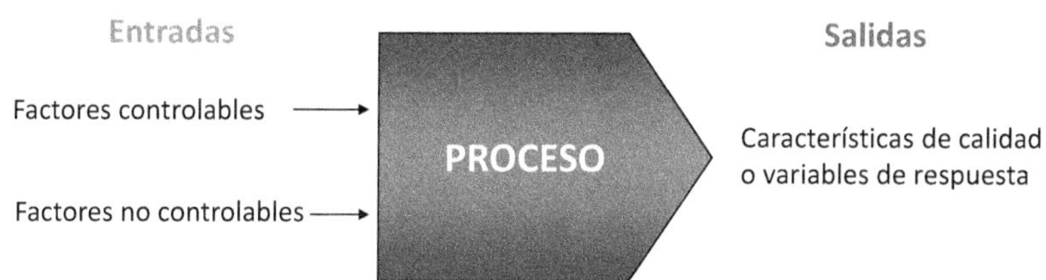

- ¿Qué características de calidad o salidas se van a medir?
- ¿Qué factores controlables o entradas deben incluirse en el experimento?
- ¿Qué niveles debe utilizar cada factor?
- ¿Qué diseño experimental es el más adecuado?

Definición de variables de salida

- ¿La salida es cuantitativa o cualitativa?

- Objetivo: ¿se quiere mejorar su centralidad o su variación?

- ¿Cuál es su valor actual o inicial (media y sigma)?

- ¿Qué cantidad de cambio se quiere detectar en la salida?

- ¿La salida se encuentra bajo control estadístico?

- ¿Está la salida normalmente distribuida?

- ¿Varía la salida respecto al tiempo?

- ¿Es necesario medir varias salidas o respuestas?

- ¿El sistema de medición es el adecuado?

Conceptos básicos

- **Diseño experimental:** es el plan formal para conducir el experimento, también llamado "patrón experimental". Incluye la selección de las respuestas, los factores, los niveles o los bloques, así como los tratamientos y el uso de ciertas herramientas llamadas agrupación planificada, aleatorización y repetición o replicación.

- **Variable de respuesta:** es la característica del producto o servicio cuyo valor se desea mejorar mediante el diseño de experimentos.

- **Factores:** un factor (o entrada) es una de las variables controladas o no controladas cuya influencia en una respuesta (salida) se estudia en el experimento. Un factor puede ser cuantitativo (temperatura en grados, tiempo en segundos, por ejemplo) o cualitativo (diferentes máquinas, varios operadores, limpio o sucio, entre muchos otros).

- **Niveles:** los "niveles" de un factor son los valores de ese factor que se estudian en el experimento.

  - **Factores cuantitativos,** como por ejemplo la temperatura: si el experimento se va a llevar a cabo a tres temperaturas diferentes (100 ºC, 200 ºC y 300 ºC), entonces el factor temperatura tiene tres niveles.

  - **Factores cualitativos** como, por ejemplo, la limpieza (pueden tener también diferentes niveles: limpio o sucio).

- **Tratamiento:** es el valor correspondiente a un nivel de un factor durante la ejecución de un experimento, por ejemplo: temperatura a 250 ºC.

- **Combinación de tratamientos:** el número de combinaciones de tratamientos en un experimento completo es el producto del número de niveles por el número de factores. En el caso de un diseño $2^1 \times 3^2$, habrá 18 posibles combinaciones de tratamientos. En cada experimento se emplea un conjunto de niveles específicos de cada variable de entrada.

- **Matriz de diseño:** es el arreglo formado por las diferentes condiciones de proceso (combinación de tratamientos) que serán ejecutadas, *incluyendo las repeticiones*.

Tres principios fundamentales

1. **Aleatorización:** el orden de los experimentos debe ser aleatorio. Aleatorizar el orden de las pruebas neutraliza las fuentes de variación que pueden estar presentes durante el experimento. En general, dichas fuentes son desconocidas y pueden ser muy diversas; por ejemplo, cansancio progresivo de la persona durante la realización o medición de las pruebas, cambios de voltaje durante los experimentos, diferencias de humedad, etc.

2. **Repetición:** es recomendable replicar el experimento. El motivo de repetirlo es obtener un estimación del error, para poder calcular la tabla de Anova.

3. **Bloqueo:** ocasionalmente, pueden existir variables presentes en un experimento cuyo efecto no se desea evaluar y que incluso pueden afectar o encubrir la influencia de las variables con las que se desea experimentar. En este caso es necesario neutralizar o bloquear el efecto de tales variables nocivas, que se conocen como "variables bloque".

   Por ejemplo, una variable bloque puede ser el lote de material usado en un experimento: partes de un mismo lote de material pudieran ser más uniformes entre sí, que partes de diferentes lotes. Es decir, podría haber resultados más homogéneos dentro del mismo bloque que entre bloques.

¿Para qué se utilizan?

«El analisis y diseno de experimentos (ADE) puede considerarse parte del proceso científico y uno de los medios para conocer el funcionamiento de sistemas y procesos.»

D. Montgomery

- El diseño de experimentos es una herramienta de importancia fundamental en la ingeniería industrial para **mejorar** el desempeño de un proceso.

- También tiene grandes aplicaciones en el desarrollo de procesos **nuevos.**

- La tarea para la ingeniería y las personas que investigan o son responsables de procesos es **obtener, documentar** y **transferir el conocimiento** del producto, servicio o proceso.

El conocimiento real es mejor que teórico.

Objetivos experimentales

> **Generalmente, se plantea en términos de los efectos de las entradas sobre las salidas.**

Estos son ejemplos de posibles objetivos cuando se realiza un experimento:

- Determinar los efectos de la *variación del material* en la calidad del producto o servicio.
- Precisar los efectos de *materiales más baratos* en el desempeño del producto o servicio.
- Especificar el impacto de la *variación del operador* en el producto o servicio.
- Concretar las *fuentes de variación* en un *proceso crítico*: es decir, la relación causa-efecto entre las entradas del proceso y las características del producto o servicio.
- Definir la *ecuación que modela el proceso*.

Caracterización versus optimización de un proceso

- En un experimento de caracterización, el interés suele centrarse en determinar la variable o variables que afectan a la respuesta.

- En la optimización se determina la región de los factores importantes que conduzcan a la mejor respuesta posible.

- Por ejemplo, si la respuesta es el rendimiento, se buscaría la región de rendimiento máxima, y si la respuesta es variabilidad, se buscaría la región mínima.

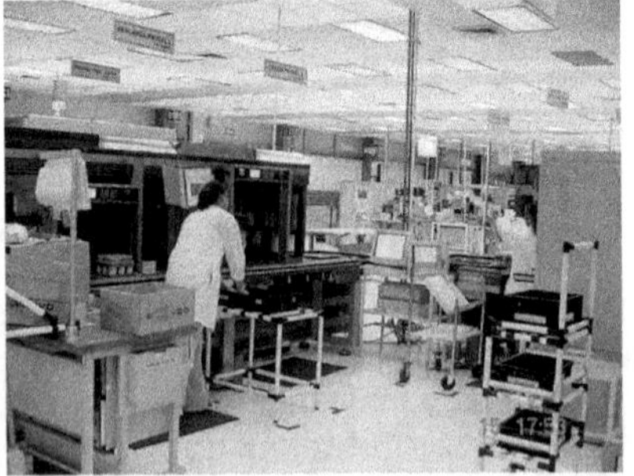

Aplicaciones en procesos

Las aplicaciones básicas del diseño de experimentos en procesos son:

1. Mejoras en el rendimiento del proceso.
2. Variabilidad mínima en los parámetros de salida de un proceso.
3. Reducción del tiempo de desarrollo.
4. Reducción de los costos globales.

Aplicaciones en productos o servicios

Otra aplicación importante de los experimentos en la industria es en el diseño y la mejora de nuevos productos o servicios:

1. Evaluación y comparación de productos o servicios.
2. Evaluación de materiales alternativos.
3. Reducción del tiempo de desarrollo.
4. Reducción de los costos globales.

Ejemplo de caracterización de un proceso

- En un proceso de fabricación de tarjetas de circuitos impresos se utiliza una máquina de soldadura líquida. La máquina limpia las tarjetas en un elemento fundente, las somete a un proceso de precalentamiento y después las hace pasar por una onda de soldadura líquida mediante una transportadora.

- El proceso de fabricación de tarjetas opera con un nivel del 1 % de defectos.

- El área de ingeniería responsable podría utilizar un experimento para determinar qué parámetros de la máquina influyen en la ocurrencia de los defectos.

En la máquina hay diversas variables que pueden controlarse como:

1. Temperatura de precalentamiento.
2. Velocidad de la transportadora.
3. Tipo de elemento fundente.
4. Gravedad del fundente.
5. Profundidad de soldadura.
6. Ángulo de la transportadora.

Otros factores que pudieran controlarse para fines de la prueba, que ahora son "ruido", serían:

1. El espesor de la tarjeta.
2. El operador.
3. La velocidad de producción.
4. La hora a la que se harán las pruebas.

Diseño de un producto: ejemplo

- El diseño experimental puede aplicarse en el proceso de diseño de un producto.

- También puede emplearse para estudiar una característica básica, como, por ejemplo, el esfuerzo que realiza un amortiguador.

  El equipo de ingeniería considera que el esfuerzo del amortiguador es una función de los siguientes factores:

  1. Distancia a la que se desplaza el cilindro.

  2. Altura del resorte.

  3. Distancia desde el resorte al pivote.

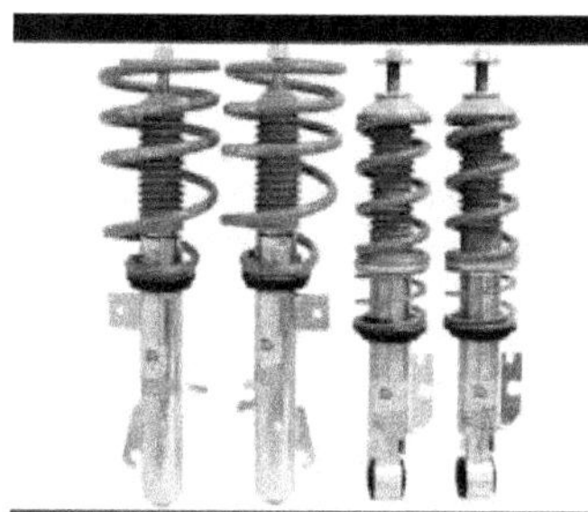

1. Diseños para comparar dos o más tratamientos.

   - Diseño completamente al azar.
   - Diseño de bloques completos al azar.
   - Diseño de cuadros latino y grecolatino.

2. Diseños para estudiar el efecto de varios factores sobre las respuestas.

   - **Diseños factoriales 2 k.**
   - **Diseños factoriales 3 k.**
   - Diseños fraccionados 2 k-p.

3. Diseños para determinar el punto óptimo de operación del proceso.

   - **Diseños de primer orden**
     - **Diseños factoriales 2 k** y 2 k-p.
     - Diseño Plakett-Burman.
     - Diseño Simplex.
   - Diseños de segundo orden
     - Diseño central compuesto.
     - Diseño Box-Behnken.
     - Superficies de respuesta.

4. Diseños robustos.

   - Arreglos ortogonales

Procedimiento

Etapas en el diseño de experimentos

- Planificación

  1. Encontrar un **problema** de calidad que causa pérdidas importantes en la compañía.

  2. Determinar qué **factores** deben investigarse, de acuerdo con la supuesta influencia que tienen sobre la respuesta.

  3. Elegir las variables de **respuesta** que serán medidas y verificar que se miden de manera confiable (MSA).

  4. Seleccionar el **diseño experimental adecuado** a los factores y al objetivo del experimento.

  5. **Planificar** y organizar el trabajo experimental.

  6. **Realizar** el experimento.

> **En muchas situaciones, más del 50 % del esfuerzo total se debe poner en la planificación del experimento.**

- Análisis

  7. Realizar el análisis, ya sea utilizando una hoja de cálculo, *software* o a mano, generalmente utilizando Anova.

  8. Realizar gráficas de apoyo y el optimizador de respuesta para validar los datos, conocer los efectos de la combinación de factores y optimizar la respuesta.

- Interpretación

  9. Se debe ir **mas allá del análisis estadístico formal,** y se debe analizar con detalle lo que ha sucedido en el experimento, desde contrastar las conjeturas iniciales con los resultados del experimento hasta observar los nuevos aprendizajes que se lograron sobre el proceso, verificar supuestos y elegir el tratamiento ganador.

- Conclusiones finales

  10. Se debe decidir qué medidas implementar para garantizar que los resultados del experimento (nuevas condiciones de proceso, nuevos controles de producto o servicio, etc.) se **mantengan en el tiempo.** Además, se debe organizar una presentación para **difundir los logros.**

Procedimiento: documentación del experimento

El formato del diseño de experimentos se debe establecer y utilizar como parte del sistema de documentación interna, para dar formalidad a todos los experimentos y así registrar de una manera adecuada todos los esfuerzos de mejora.

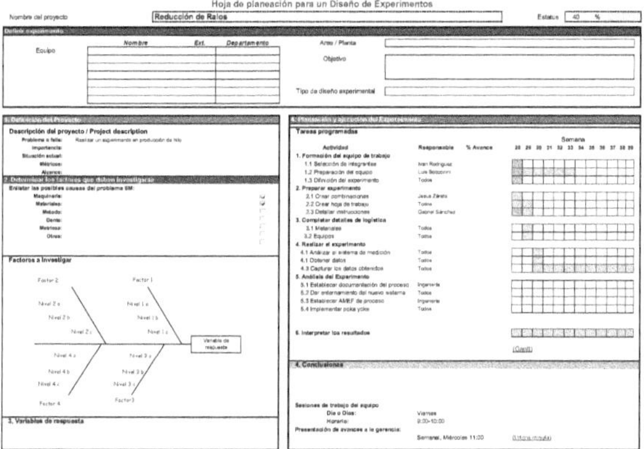

Sugerencias

- **Uso de conocimiento no estadístico:** buscar la experiencia de personas expertas en cada tema, con el fin de retroalimentar el estudio. El conocimiento no estadístico es invaluable para elegir **factores,** determinar **niveles** e **interpretar** resultados.

- **Mantener el diseño y el análisis tan simple como sea posible:** es necesario no exagerar en el uso de técnicas estadísticas complejas y sofisticadas. Los métodos de diseño y análisis **simples** son siempre los mejores.

- **Tener presente la significancia práctica y estadística:** a veces se encuentran soluciones que optimizan una respuesta, pero son económicamente inviables.

- **Los experimentos son generalmente iterativos:** en la mayoría de las situaciones no es conveniente diseñar un experimento demasiado extenso, ya que las respuestas irán apareciendo sobre la marcha. Por lo tanto, no deberá invertirse más del 25 % de los recursos dedicados a experimentación en el experimento inicial, y es necesario disponer de recursos para el final.

Barreras para una experimentación exitosa

- Definición poco clara de problemas.

- Objetivos de la experimentación escasamente definidos.

- Lluvia de ideas inadecuada.

- Valor de la experimentación no reconocido.

- Percepción de que ADE es costoso.

- Percepción de que ADE es lento.

- Falta de entendimiento de estrategias del ADE.

- Falta de asesoramiento adecuado.

- Falta de soporte directivo.

- Expectativa de resultados instantáneos.

Dinámica del helicóptero

Se desea construir el prototipo de helicóptero que dure el mayor tiempo posible en el aire una vez soltado desde cierta altura. Existen tres parámetros de diseño que se probarán de acuerdo con el siguiente plano:

A: Longitud de las alas (2", 3").

B: Longitud del cuerpo (2", 3").

C: Ancho del cuerpo (1", 1.5").

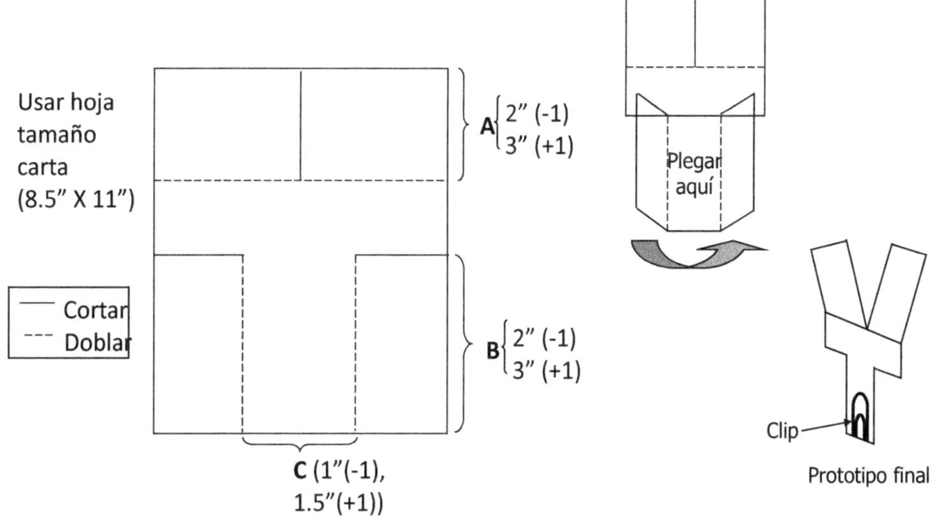

1. Elaborar la matriz de diseño y realizar las pruebas.

2. Se realizarán dos réplicas genuinas (lanzar un solo helicóptero en cada condición experimental y no repetir el lanzamiento de cada helicóptero dos veces seguidas).

Realizar las pruebas
(los niveles están en pulgadas).

StdOrder	RunOrder	Alas	Cuerpo	Ancho	Tiempo
13	1	2	2	1,5	
4	2	3	3	1,0	
3	3	2	3	1,0	
14	4	3	2	1,5	
5	5	2	2	1,5	
11	6	2	3	1,0	
15	7	2	3	1,5	
10	8	3	2	1,0	
2	9	3	2	1,0	
7	10	2	3	1,5	
16	11	3	3	1,5	
12	12	3	3	1,0	
1	13	2	2	1,0	
6	14	3	2	1,5	
9	15	2	2	1,0	
8	16	3	3	1,5	

Diseño de experimentos factoriales

Objetivos

1. Conocer los diseños de experimentos factoriales.
2. Realizar diseños factoriales para identificar los factores y las variables que afectan significativamente a la mejora del proceso, producto o servicio.

Contenidos

> Diseño factorial
> Tamaño de la muestra
> Factores
> Ejemplos
> Ejercicios

Diseño factorial

- Una manera muy práctica de realizar experimentos son los diseños de variables con dos niveles. Su representación es por medio de matrices de diseño.

- Un diseño factorial completo de dos niveles se representa así:

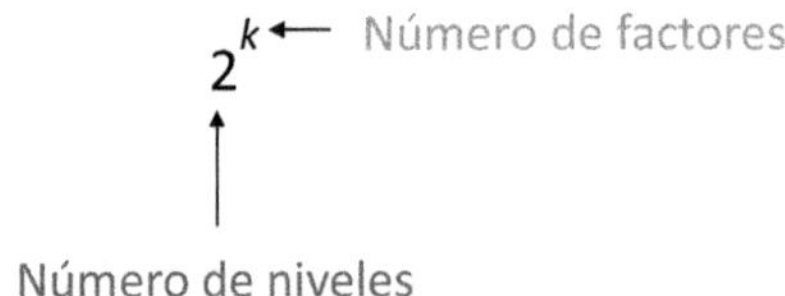

$$2^k = \text{Número de combinaciones de los factores (pruebas).}$$

Con el diseño factorial *completo* se ejecutan aleatoriamente en el proceso *todas* las posibles combinaciones (de tratamientos) que pueden formarse con los niveles seleccionados.

Ejemplos:

k = 2 factores, ambos con 2 niveles, se forma el diseño 2^2 4 experimentos

k = 3 factores, ambos con 2 niveles 2^3 8 experimentos

k = 2 factores, todos con 3 niveles 3^2 9 experimentos

k = 3 factores, 1 factor con 2 niveles, 2 factores con 3 niveles $2^1 \times 3^2$ 18 experimentos

Nota: los experimentos indicados **no** incluyen repeticiones.

Tamaño de la muestra

- El número total de experimentos depende de las repeticiones que se incluyan en el DoE. Como mínimo son necesarias dos réplicas para poder evaluar la significancia de los factores con Anova.

- Schmidt y Launsby (1994) presentan varias maneras prácticas de obtener el tamaño final de la muestra de un experimento. Para el caso de diseños con factores de dos niveles, este es el número recomendado de réplicas:

Diseño	Pruebas o experimentos	Réplicas por prueba
2^2	4	9
2^3	8	5
2^4	16	3
2^5	32	2

Factores

Los factores pueden ser cualitativos y cuantitativos.

- Cualitativo: máquinas, tipos de material, operador, etc.

- Cuantitativo: temperatura, humedad, velocidad, presión, etc.

Ejemplo 1: Factorial completo 2^2

Se realiza un experimento factorial 2^2 para determinar qué efectos del recubrimiento de una superficie (x_1) y la aplicación del fluido de corte (x_2) pudieran existir en el acabado de una superficie de una parte. El nivel bajo para cada una de las variables representa la ausencia de esa tecnología en cuestión (por ejemplo, sin recubrimiento, sin fluido). El nivel alto representa el uso de esa tecnología. La respuesta es el espesor de la superficie en micrones (valor R) y el objetivo es minimizarlo.

X_1	X_2	R_a
-	-	44
+	-	32
-	+	55
+	+	20

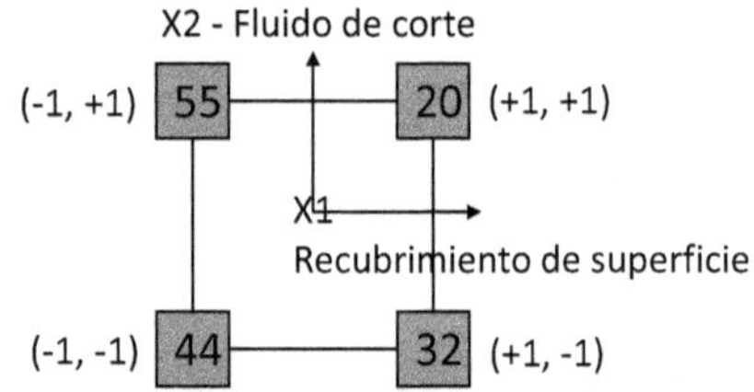

Preguntas:
¿Cuáles son los efectos principales? ¿Hay algún efecto de alguna interacción?

Gráficas de efectos principales

- El eje Y es la salida (acabado de la superficie), el eje X es el factor.

- Marcar los niveles en el eje X.

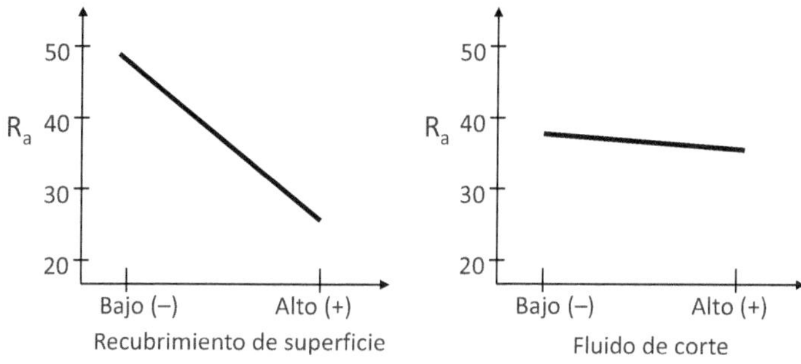

Gráfica de interacción

- El eje Y es la salida (acabado de superficie), el eje X es uno de los factores.

- Marcar los niveles en el eje de las X.

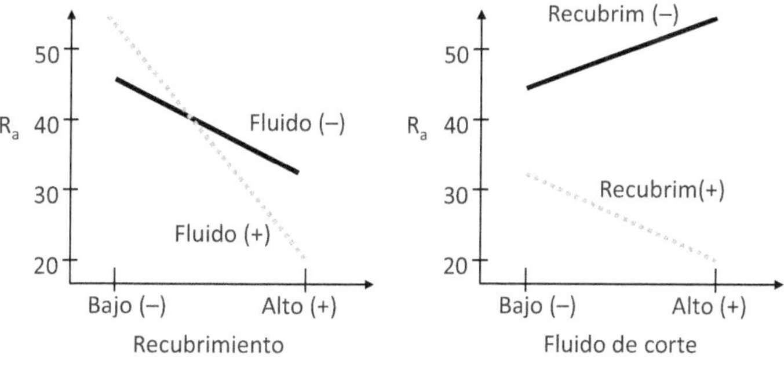

Interpretación de las gráficas

- Cuando existe interacción, las líneas obtenidas tienen una pendiente muy diferente, mientras que, si no hay interacción, las líneas tienen pendientes similares y son aproximadamente paralelas.

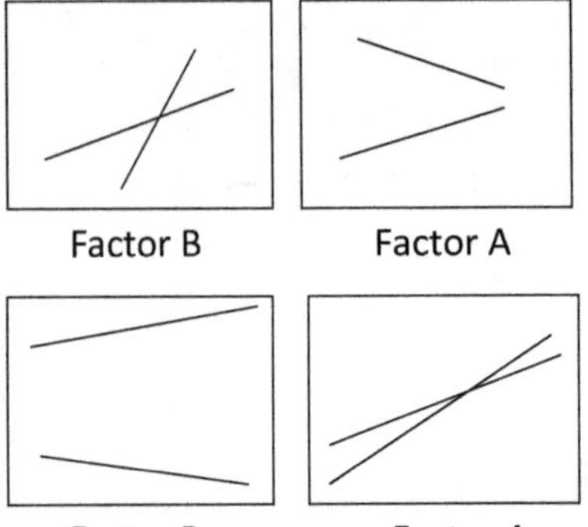

En este caso sí existe interacción: el efecto del incremento de B sobre Y es diferente dependiendo del nivel de A.

En este caso no existe interacción: el efecto del incremento de B sobre Y es indiferente dependiendo del nivel de A.

¿Cuál es la conclusión?

- **Conclusión estadística:**

  - ✓ El recubrimiento de la superficie proporciona un efecto más grande en el espesor, que el fluido de corte.

  - ✓ La interacción de dos sentidos es significante.

- **Conclusión práctica:**

  - ✓ Utilizar la tecnología del recubrimiento de superficie proporciona una gran mejora en el espesor.

  - ✓ El fluido de corte no muestra efecto significante alguno.

  - ✓ Si se desea mejorar más el espesor, se deben emplear **ambas tecnologías**: recubrimiento de superficie y fluido de corte.

Ejemplo 2

En **Banco del Pacífico,** para mejorar (reducir) el tiempo de atención a los clientes en ventanilla, el equipo de Alberto Hernández realizó en una de sus sucursales un experimento con dos factores (como prueba piloto):

1. Implementación de TPM en *hardware* y *software* (niveles: antes / después).

2. Elaboración de manuales estandarizados y capacitación al personal (niveles: antes / después).

		Factor (A) - TPM en *hardware* y *software*	
		Antes	Después
Factor (B) - Manuales estandarizados y capacitación	**Antes**	9,35	7,99
		11,12	6,18
		10,33	8,02
	Después	4,55	3,01
		5,31	2,02
		4,03	1,77

- La tabla anterior muestra los tiempos de atención al cliente (tres réplicas por combinación de tratamientos) antes y después de la implementación de cada mejora, con objeto de comprobar la efectividad de estas acciones. El análisis siguiente se llevó a cabo utilizando Minitab.

- **Paso 1. Análisis de factores significativos y supuestos previos:** el primer paso consiste en determinar cuáles de los factores analizados son verdaderamente significativos. Esto se hace mediante la tabla Anova:

Fuente	GL	SC Ajust.	MC Ajust.	Valor F	Valor p
Modelo	3	107.674	35.8914	52.38	0.000
Lineal	2	107.482	53.7408	78.42	0.000
TPM	1	20.541	20.5408	29.97	0.001
Entrenamiento	1	86.941	86.9408	126.87	0.000
Interacciones de 2 términos	1	0.193	0.1925	0.28	0.610
TPM*Entrenamiento	1	0.193	0.1925	0.28	0.610
Error	8	5.482	0.6853		
Total	11	113.156			

- Como se puede observar, los dos factores individuales (TPM y entrenamiento) presentan valores p < alfa = 0.05 (0.001 para TPM y 0.000 para entrenamiento), lo cual indica que ambos tienen significancia sobre el tiempo de atención.

- La interacción (AB = TPM*entrenamiento) tiene un valor p = 0.610 > alfa = 0.05, por lo que no tiene significancia.

- Minitab proporciona también un *diagrama de Pareto,* en el que se puede observar gráficamente la significancia de factores e interacciones.

Diagrama de Pareto:

- Las barras cuya longitud sobrepase la línea punteada indican los factores o interacciones que son significativos.

- Se puede comprobar que A (TPM) y B (entrenamiento) tienen significancia, mientras que la interacción (AB) no la tiene.

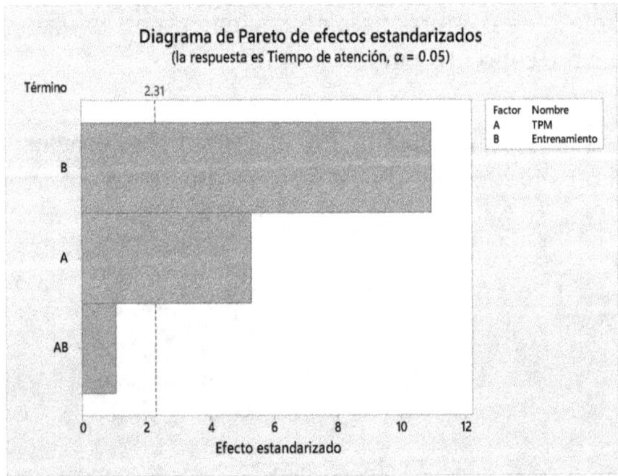

Antes de pasar al análisis de los niveles óptimos, se debe comprobar que los residuos para cada observación, medidos contra el estándar que debería realmente presentarse, cumplen con tres condiciones:

1. **Normalidad:** la distribución de los residuos debe ser normal.

2. **Homocedasticidad:** homogeneidad de las varianzas para las observaciones.

3. **Independencia** de las observaciones.

El método para realizar este análisis ya se revisó en el tema de Anova.

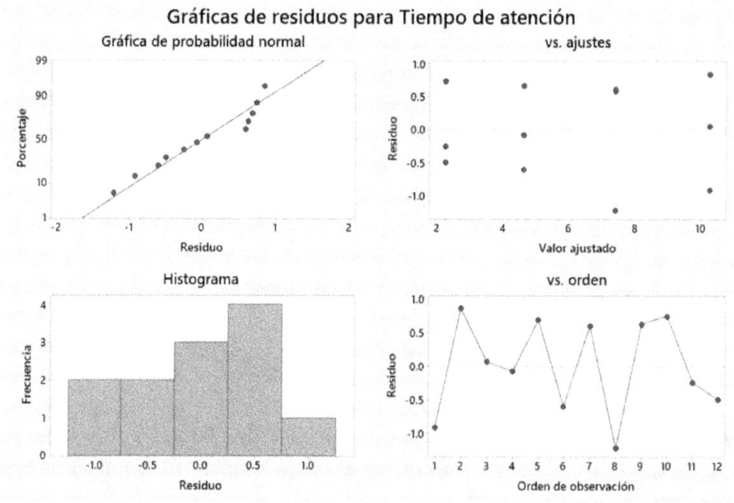

Mediante las gráficas obtenidas por Minitab, se puede observar que nuestro experimento cumple con las pruebas de normalidad, homocedasticidad e independencia.

- **Paso 2. Determinación de los niveles óptimos para cada factor**

  A fin de determinar los niveles óptimos para cada factor, se utilizan las gráficas factoriales. Para elaborarlas, se siguen estas tres reglas:

  1. Si las interacciones dobles son significativas, solo se graficarán estas y no se elaborarán las gráficas de los efectos individuales correspondientes. Por ejemplo, si tenemos como significativa la interacción "BC", esta se graficará y ya no se realizan las gráficas de los efectos individuales B y C.

  2. En caso de que existan efectos individuales significativos que no hayan tenido interacciones dobles significativas, estos deberán graficarse individualmente.

  3. En el caso de que el experimento tenga tres factores o más, las interacciones triples o mayores (cuádruples, quíntuples, etc.) no deben graficarse, aun cuando hayan resultado significativas en el análisis inicial. La razón es que estas interacciones se consideran "ignorables", pues es posible que resulten significativas sin serlo (y viceversa), debido a los cálculos que se efectúan.

  - Las gráficas correspondientes en este caso son solamente las gráficas de efectos principales, pues la interacción no es significativa.

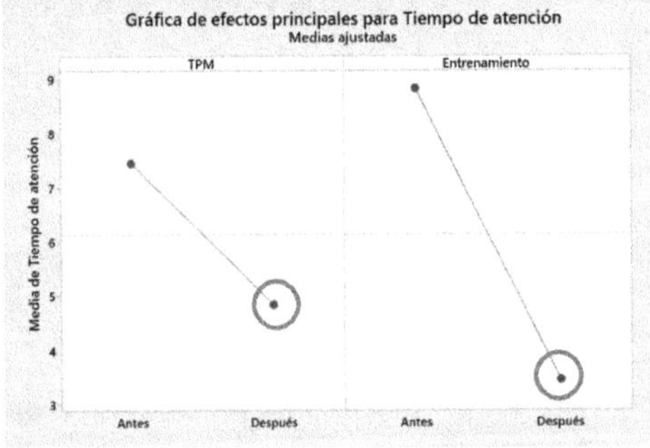

A partir de las gráficas factoriales (y el optimizador de Minitab) y considerando que el objetivo de la prueba es **minimizar** el tiempo de atención al cliente, el equipo de Alberto Hernández concluyó:

- Se obtiene un menor tiempo de atención al implementar TPM en *hardware* y *software*.

- Se obtiene un menor tiempo de atención al entrenar al personal con procedimientos estandarizados.

Por lo tanto, procederán a ejecutar estas mejoras a nivel organizacional.

Ejemplo 3

- Un ingeniero está diseñando una batería que se usará en un dispositivo que se someterá a variaciones de temperaturas extremas.

- El único parámetro del diseño que puede seleccionar en este punto es el material de la placa o ánodo de la batería, y tiene tres elecciones posibles.

- Cuando el dispositivo esté fabricado y se envíe al campo, el ingeniero no tendrá control sobre las temperaturas extremas en las que operará el dispositivo, pero sabe por experiencia que la temperatura probablemente afectará la vida efectiva de la batería. Sin embargo, la temperatura puede controlarse en el laboratorio donde se desarrolla el producto para fines de la prueba.

La persona responsable del área de ingeniería decide probar con tres materiales de la placa con tres niveles de temperatura −15, 70 y 125 °F, ya que estos niveles son consistentes con el medio ambiente donde se utilizará finalmente el producto.

Se prueban cuatro baterías con cada combinación de material de placa y temperatura y las 36 pruebas se realizan de manera aleatoria.

En la tabla se presentan los datos de la vida observada de la batería (en horas).

1. ¿Qué efectos tienen el tipo de material y la temperatura sobre la vida de la batería?

2. ¿Existe alguna elección del material que produzca de manera regular una **vida larga** de la batería, **independientemente de la temperatura?**

Tipo de material	Temperatura											
	−15				70				125			
A	130	155	74	180	34	40	80	75	20	70	82	58
B	150	188	159	126	136	122	106	115	25	70	58	45
C	138	110	168	160	174	120	150	139	96	104	82	60

- **Paso 1. Análisis de factores significativos y supuestos previos**

Análisis de Varianza

Fuente	GL	SC Ajust.	MC Ajust.	Valor F	Valor p
Modelo	8	59416	7427,0	11,00	0,000
Lineal	4	49802	12450,6	18,44	0,000
x1=Material	2	10684	5341,9	7,91	0,002
x2=Temperatura	2	39119	19559,4	28,97	0,000
Interacciones de 2 términos	4	9614	2403,4	3,56	0,019
x1=Material*x2=Temperatura	4	9614	2403,4	3,56	0,019
Error	27	18231	675,2		
Total	35	77647			

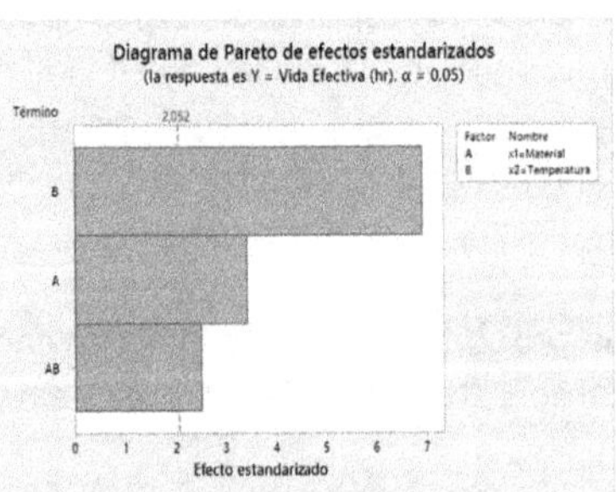

Se concluye que:

- La interacción entre el tipo de material y la temperatura es significativa.

- Además, los efectos principales del tipo de material y la temperatura también son significativos.

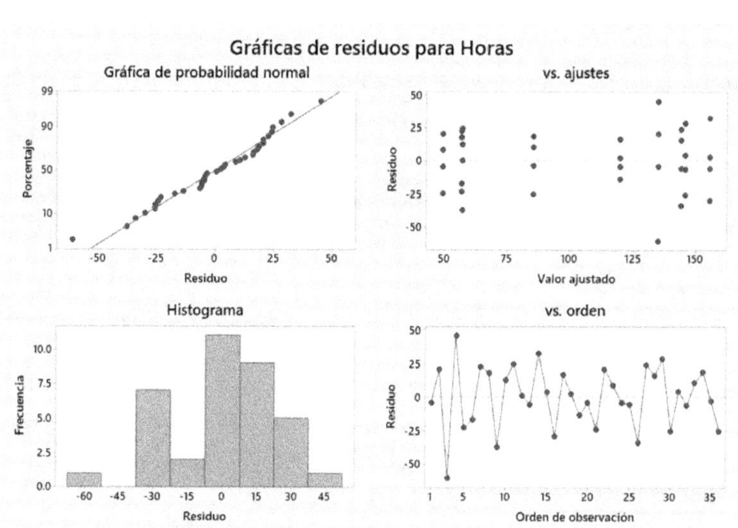

De acuerdo con estas gráficas, se concluye que el experimento cumple con las pruebas de normalidad, homocedasticidad e independencia.

- **Paso 2. Determinación de los niveles óptimos para cada factor**

  - En este caso, como la interaccion es significativa, solo es necesaria la gráfica factorial de interacción para encontrar el óptimo.

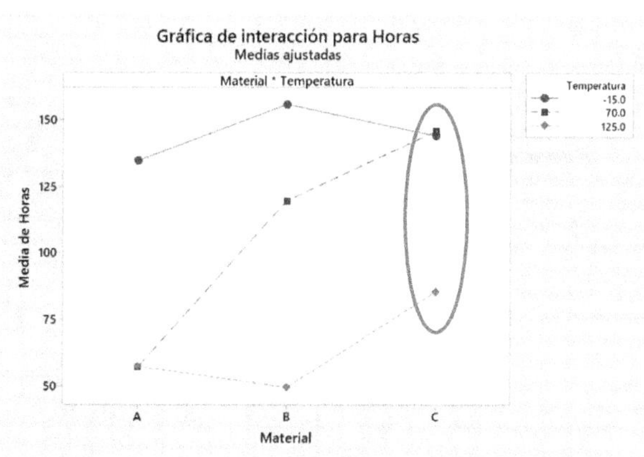

Para **maximizar** el tiempo de vida de la bateria, independientemente de la temperatura, se concluye que:

- Se ha de usar el material C para bajas y medias temperaturas. Con este material la vida media de la bateria es aproximadamente constante: 144 - 145,7 horas.

- Sin embargo, usando este material la vida media a altas temperatuas cae a 85,5 horas.

- Por lo tanto, el equipo de I+D ha de seguir buscando otro material para poder alargar la vida de la bateria a altas temperaturas, y que sea aproximadamente independiente de la temperatura.

Ejemplo 4

- En una fábrica de tarjetas electrónicas se realiza un experimento para determinar las temperaturas óptimas en los tres procesos clave, con la finalidad de obtener la menor proporción posible de tarjetas rotas. Los resultados obtenidos fueron los siguientes:

T grabado	T soldadura	T agua	Proporción tarjetas rotas	
			R1	R2
-3 ° C	60 ° C	20 ° C	0.040	0.032
-1 ° C	60 ° C	20 ° C	0.012	0.008
-3 ° C	98 ° C	20 ° C	0.036	0.028
-1 ° C	98 ° C	20 ° C	0.000	0.000
-3 ° C	60 ° C	70 ° C	0.020	0.020
-1 ° C	60 ° C	70 ° C	0.000	0.016
-3 ° C	98 ° C	70 ° C	0.016	0.008
-1 ° C	98 ° C	70 ° C	0.004	0.004

- **Paso 1. Análisis de factores significativos y supuestos previos**

Análisis de Varianza

Fuente	GL	SC Ajust.	MC Ajust.	Valor F	Valor p
Modelo	7	0.002367	0.000338	11.66	0.001
Lineal	3	0.001979	0.000660	22.75	0.000
T grabado	1	0.001521	0.001521	52.45	0.000
T soldadura	1	0.000169	0.000169	5.83	0.042
T agua	1	0.000289	0.000289	9.97	0.013
Interacciones de 2 términos	3	0.000363	0.000121	4.17	0.047
T grabado*T soldadura	1	0.000001	0.000001	0.03	0.857
T grabado*T agua	1	0.000361	0.000361	12.45	0.008
T soldadura*T agua	1	0.000001	0.000001	0.03	0.857
Interacciones de 3 términos	1	0.000025	0.000025	0.86	0.380
T grabado*T soldadura*T agua	1	0.000025	0.000025	0.86	0.380
Error	8	0.000232	0.000029		
Total	15	0.002599			

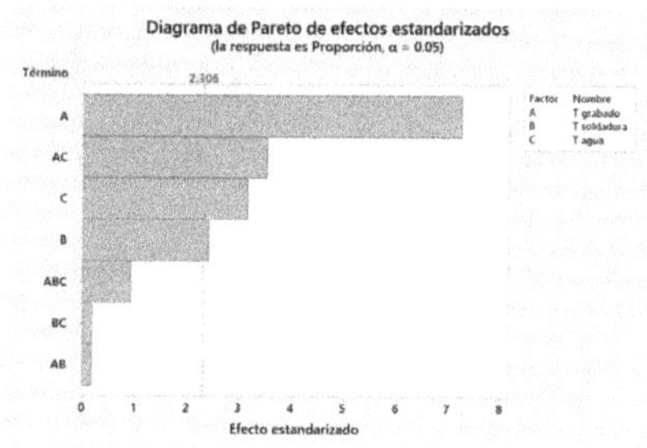

Se concluye que:

- Los tres factores individuales (temperatura de grabado, de soldadura y de agua) son significativos.

- Además, la interacción AC (temperatura de grabado * temperatura del agua) es significativa también.

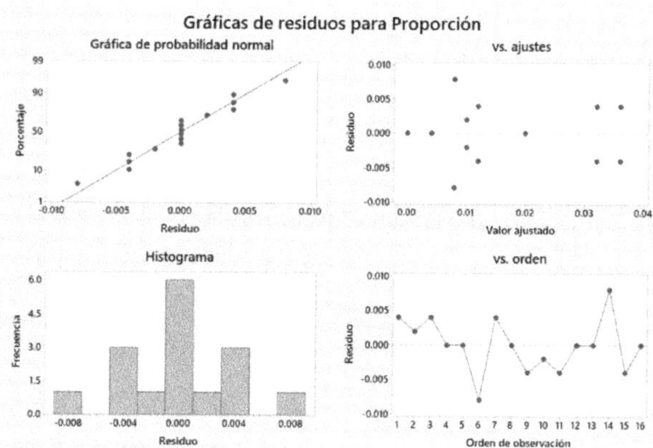

De acuerdo con estas gráficas, se concluye que el experimento cumple con las pruebas de normalidad, homocedasticidad e independencia.

- **Paso 2. Determinación de los niveles óptimos para cada factor:**

  - En este caso, como la interacción AC es significativa, solo es necesaria la gráfica factorial de interacción para estos dos factores (no es necesario graficarlos individualmente).

  - Además, se graficará individualmente el factor B, que resultó significativo.

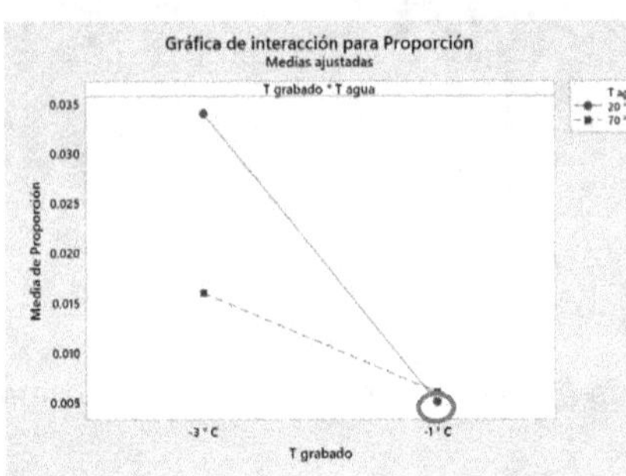
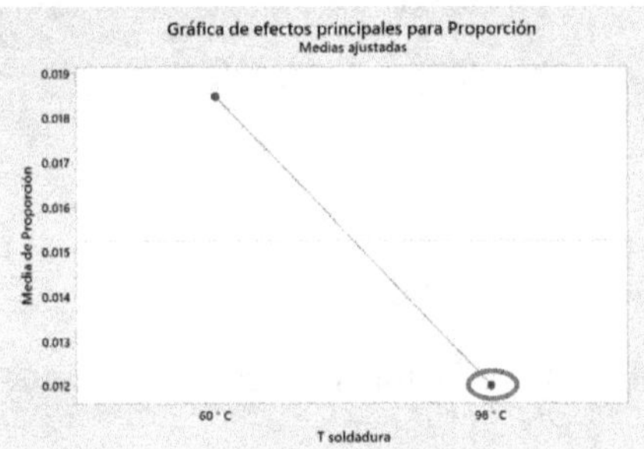

Para **minimizar** la proporción de tarjetas rotas, se concluye que la mejor combinación es:

Temperatura de grabado:	−1°C
Temperatura de soldadura:	98°C
Temperatura del agua:	20°C

Lo anterior se puede corroborar con el optimizador de Minitab:

Predicción de respuesta múltiple

Variable	Valor de configuración
T grabado	-1 ° C
T soldadura	98 ° C
T agua	20 ° C

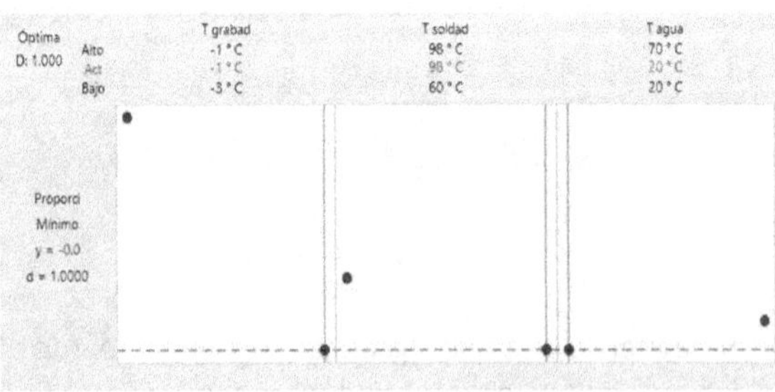

Ejercicio 1

- El equipo de mejora en **Operadores Logísticos del Golfo** desea justificar la adquisición de tres diferentes tipos de *software:* 1. Para análisis de la demanda, 2. Para planificación de rutas y 3. Para optimización de cargas. Para ello, se realizan pruebas sin la utilización de los mencionados *software* y utilizándolos, para evaluar su impacto sobre el OTIF. Los resultados obtenidos fueron los siguientes. Determinar la mejor combinación y si se justifica o no la adquisición de cada *software.*

Nivel del factor (A)	Nivel del factor (B)	Nivel del factor (C)	OTIF semanal (%)				
Software demanda	*Software* rutas	*Software* cargas	1	2	3	4	5
Sin utilizarlo	Sin utilizarlo	Sin utilizarlo	97,00	97,12	96,45	95,31	96,55
Utilizándolo	Sin utilizarlo	Sin utilizarlo	98,90	98,45	98,07	97,45	97,80
Sin utilizarlo	Utilizándolo	Sin utilizarlo	97,94	96,50	95,56	98,60	98,70
Utilizándolo	Utilizándolo	Sin utilizarlo	99,12	99,21	98,99	99,03	99,87
Sin utilizarlo	Sin utilizarlo	Utilizándolo	95,40	93,21	95,32	93,45	95,78
Utilizándolo	Sin utilizarlo	Utilizándolo	98,76	98,77	98,97	98,06	99,03
Sin utilizarlo	Utilizándolo	Utilizándolo	98,08	98,77	98,05	98,21	97,76
Utilizándolo	Utilizándolo	Utilizándolo	98,05	98,02	97,31	98,05	98,32

Ejercicio 2 (práctico): factorial completo

- Se realizará un experimento para determinar cuáles son los factores críticos que afectan al tiempo de disolución de una pastilla.

- Los factores son:

    - Marca.

    - Tipo de agua.

    - Agitación.

    - Nivel del agua.

- Los niveles del ejercicio son:

    - Marca: por ejemplo, Bayer, genérico.

    - Tipo agua: mineral, natural.

    - Agitación: con agitación, sin agitación (cuchara).

    - Nivel: alto, bajo (se marcarán los vasos).

- Cada equipo realizará su diseño con las combinaciones y presentará sus datos al grupo.

Control estadístico

Controlar las mejoras y la variación

Objetivos

1. Conocer los tipos de gráficas de control estadístico.
2. Seleccionar correctamente el tipo de gráfica de control.
3. Desarrollar gráficas para controlar cualquier tipo de proceso.

Contenidos

> Antecedentes
> ¿Qué es control estadístico de procesos?
> ¿Para qué se utiliza?
> Beneficios
> Elementos
> ¿Cuándo se utilizan?
> Procedimiento
> Ejemplos
> Ejercicios
> Recálculo de límites de control

Control estadístico

Antecedentes

- El control estadístico de procesos fue desarrollado por el Dr. Walter Shewhart en los laboratorios Bell, en 1924.

- El uso del control estadístico de procesos permite detectar la variación de causas especiales por medio de las señales fuera de control. Estas señales fuera de control no pueden decirnos por qué el proceso está fuera de control, solamente que lo está.

  - Primeras gráficas de control Shewart: 1931.
  - Deming: 1975 y 1982.
  - Moen y Nolan: 1987.
  - Nolan y Provost: 1990.

¿Qué es control estadístico de procesos?

- El control estadístico de procesos (CEP) también se conoce por sus siglas en inglés: SPC *(statistical process control).*

- El CEP es la herramienta básica para estudiar la variación y usar las señales estadísticas para monitorear o mejorar el rendimiento de un proceso.

- La función del control estadístico de procesos es comprobar de manera permanente si los resultados que van surgiendo de las mediciones están de acuerdo con las primeras hipótesis de trabajo.

¿Qué es una gráfica de control?

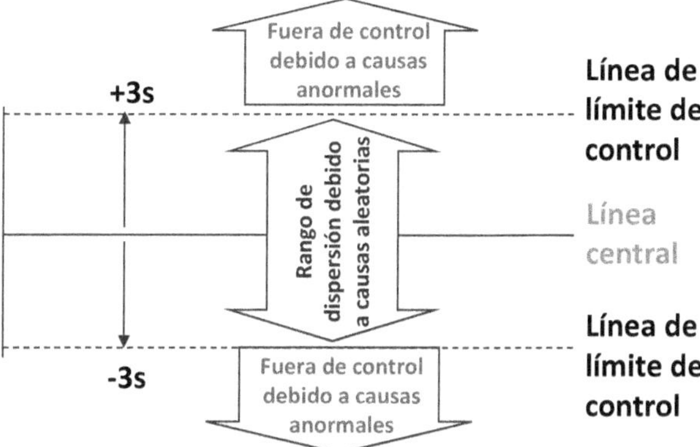

- Definición

Herramientas estadísticas que muestran el comportamiento de cierta característica de calidad de un proceso con respecto al tiempo.

- Objetivo

Evaluar, controlar y mejorar procesos.

Walter A. Shewhart (1931)

Control estadístico de procesos

CEP (X o Y) sin el entrenamiento adecuado = **desperdicio.**

- Control estadístico de procesos (X o Y) con personas entrenadas, pero sin capacidad para intervenir = pérdida de tiempo.

Los operadores han sido entrenados y entienden las reglas del CEP, pero la gerencia no permite parar o investigar.

- Control estadístico de procesos (X o Y) con operadores entrenados y personal que respeta las reglas = **éxito.**

Cuando la gráfica señale un problema, todos entienden las reglas del CEP y aceptan parar con el fin de identificar la causa especial y eliminarla.

Requisitos

Antes de implementar la carta de control, se debe cumplir con los siguientes requisitos:

Estabilidad:
Si no se detectan causas especiales, el proceso se considera estable.

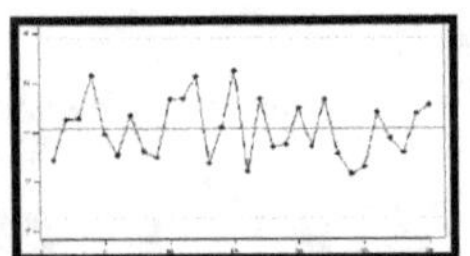

Normalidad:
Los datos deben seguir la distribución normal.

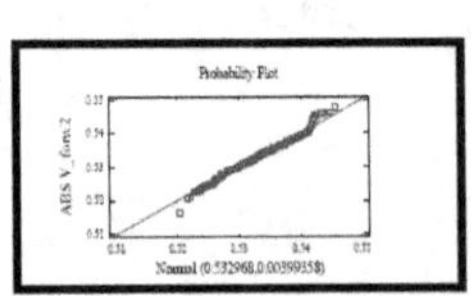

LSSI
LEAN SIX SIGMA INSTITUTE

¿Para qué se utilizan?

- Sirven para representar los valores medidos durante el funcionamiento de un proceso continuo y para controlar dicho proceso.

- Incorporan límites de control superior e inferior que reflejan los límites naturales de la variabilidad aleatoria en el proceso. Estos límites **NO** deberían compararse con los límites de especificación del cliente.

- Permiten la identificación de tendencias no naturales (no aleatorias) en las variables de proceso.

- Las acciones que se deben tomar para corregir las tendencias no aleatorias son la clave para el uso exitoso del control estadístico de procesos.

Gráficas de control

- Las gráficas de control sirven para distinguir entre causas comunes y causas especiales de variación.

- Indican cuándo actuar para mejorar un proceso y cuándo no.

- Se ha de tener presente que sobreactuar en un proceso estable provoca más variación.

Beneficios

- Permite saber si el proceso está bajo control estadístico.

- Se trata de una técnica probada para mejorar la productividad.

- Es efectivo en la prevención de defectos.

- Evita ajustes innecesarios del proceso.

- Puede emplearse para tipos de datos de variable y de atributo.

- Proporciona una base de datos que puede ser utilizada para mejorar el proceso, medir su capacidad y ayudar a tomar decisiones.

- Ofrece vigilancia del proceso en tiempo real.

- Ayuda a conocer el desempeño del proceso a largo plazo.

- Brinda un mejor conocimiento y entendimiento del proceso.

Elementos

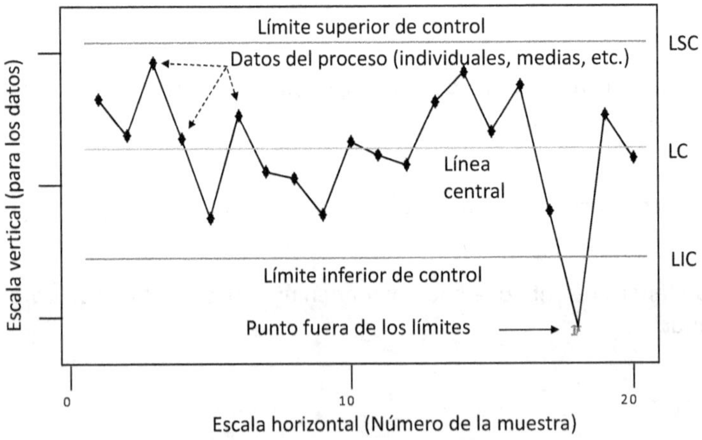

Conceptos básicos

- **Causas comunes**
  Es la variabilidad aleatoria debida a la combinación de muchos efectos que no son fáciles de identificar. Un proceso que incluye solo causas comunes se dice que está bajo control estadístico.

- **Causas especiales**
  Es la variabilidad imputable a causas que son posibles de identificar, corregir y, lo que es mejor, eliminar. Un proceso que incluye causas especiales no está bajo control estadístico.

> **Todos los procesos tienen variación.**

Tipos de gráficas de control

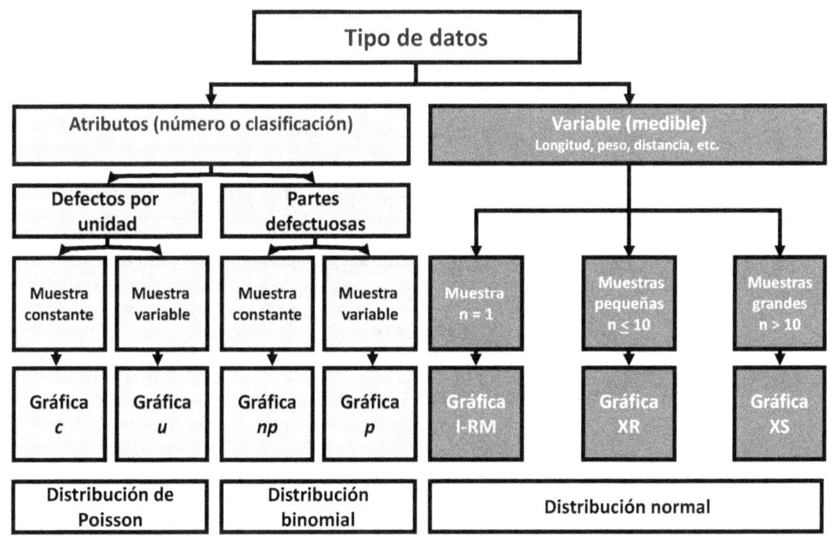

¿Cuándo se utilizan?

- Cuando es necesario evaluar el desempeño de un proceso (estudios de capacidad).

- Para mejorar el desempeño de un proceso (causas de variación, prevención y causas de los problemas).

- Para mantener el desempeño de un proceso (tiempo de ajustes).

Procedimiento

1. Seleccionar una característica de calidad.

2. Seleccionar la gráfica de control.

3. Definir el muestreo y recolectar los datos.

4. Calcular los límites de control.

5. Representar gráficamente.

6. Analizar el estado del proceso.

Manufacturera Química. En el proceso de inyección de plástico se desea monitorear el peso de las tapas de los envases, cuya especificación es de 60.00 a 67.50 g.

1. Seleccionar una característica de calidad

- Variable de tipo continuo.

- Supuesto de normalidad.

- Supuesto de independencia.

Ejemplo: en este caso se trata de una variable de tipo continuo, el peso de las tapas.

2. Seleccionar la gráfica de control

Tipos de cartas de control

Existen dos tipos generales de cartas de control: para variables y para atributos:

- **Las cartas de control para variables son:**

    - X - R (medias y rangos).
    - X - S (medias y desviaciones estándar).
    - X - R_m (individuos y rangos móviles).

- **Las cartas de control para atributos son:**

    - *p* (proporción de defectuosos).
    - *np* (número de unidades defectuosas).
    - *c* (número de defectos).
    - *u* (número de defectos por unidad).

Ejemplo: El equipo de Elsa Alatorre concluye que para un dato variable (peso de las tapas), con un muestreo por subgrupos de cinco piezas cada uno corresponde la gráfica X – R (medias y rangos).

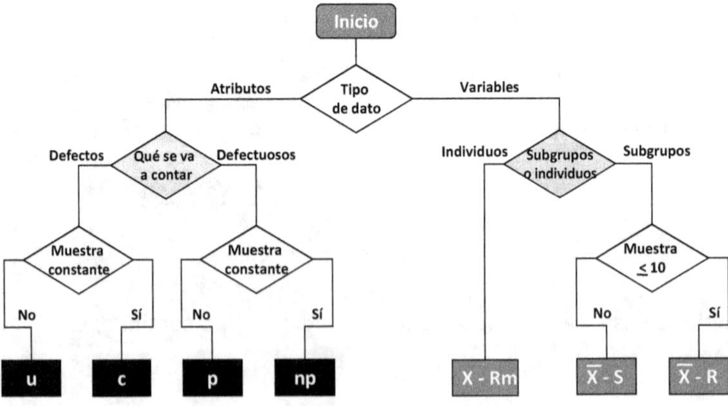

LSSI
LEAN SIX SIGMA INSTITUTE

3. Definir el muestreo y recolectar los datos

- Organizar los datos en subgrupos.

- Muestra homogénea.

- Método de muestreo:

  - Método del instante.
  - Método del periodo.

- Tamaño de muestra:

  - Detección de cambios moderados a grandes n = 4, 5 o 6.
  - Detección de cambios pequeños n = 7, 8, 9 o 10.
  - Si n > 10, mejor usar la carta X – S.

- Frecuencia:

  - En promedio, debe haber 1 de cada 25 puntos fuera de los límites de control. Si hay más, incrementar la frecuencia.

- Número de muestras:

  - 20 subgrupos con n = 5 o 25 subgrupos con n = 4 (100 observaciones).

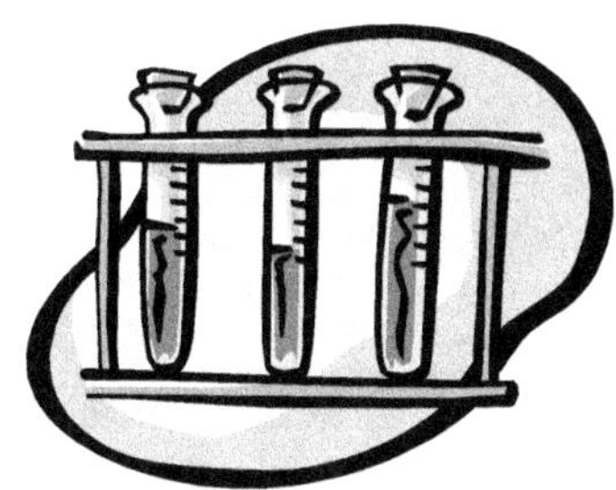

Ejemplo: Se tomaron 60 datos de peso de la línea de inyeccion de plástico.

- Tamaño de muestra n = 5.
- Frecuencia = cada hora.

Los pesos se registran en la siguiente tabla:

Muestra	Hora	Peso				
1	07:00	62.45	62.58	63.38	62.02	63.11
2	08:00	64.17	63.34	62.33	62.21	63.57
3	09:00	64.78	63.92	62.80	62.10	63.86
4	10:00	63.92	63.70	62.37	62.88	63.88
5	11:00	63.77	63.80	64.83	63.45	65.32
6	12:00	63.15	63.04	63.22	62.73	64.27
7	13:00	63.09	64.34	64.27	66.04	64.15
8	14:00	62.84	64.49	63.04	62.87	61.73
9	15:00	62.88	64.68	62.74	63.15	64.19
10	16:00	62.13	63.08	62.83	63.42	63.26
11	17:00	65.98	63.48	64.59	65.03	63.29
12	18:00	63.13	63.71	63.11	62.67	64.66

4. Calcular los límites de control

<table>
<tr><td colspan="2">Gráfica $\overline{X}$- R (medias y rangos)</td><td>Gráfica p</td><td>Gráfica u</td></tr>
<tr><td>G. de medias</td><td>G. de rangos</td><td>(fracción de defectuosos)</td><td>(densidad de defectos)</td></tr>
<tr>
<td>$LSC = \overline{\overline{x}} + A_2\overline{R}$
$LC = \overline{\overline{x}}$
$LIC = \overline{\overline{x}} - A_2\overline{R}$</td>
<td>$LSC = D_4\overline{R}$
$LC = \overline{R}$
$LIC = D_3\overline{R}$</td>
<td rowspan="3">$LSC = \overline{p} + 3\sqrt{\dfrac{\overline{p}\,(1-\overline{p})}{n}}$

$LC = \overline{p}$

$LIC = \overline{p} - 3\sqrt{\dfrac{\overline{p}\,(1-\overline{p})}{n}}$</td>
<td rowspan="3">$LSC = \overline{u} + 3\sqrt{\dfrac{\overline{u}}{n}}$

$LC = \overline{u}$

$LIC = \overline{u} - 3\sqrt{\dfrac{\overline{u}}{n}}$</td>
</tr>
<tr><td colspan="2">Gráfica $\widetilde{X}$- R (medianas y rangos)</td></tr>
<tr><td>G. de medianas</td><td>G. de rangos</td></tr>
<tr>
<td>$LSC = \overline{\widetilde{x}} + m_3 A_2\overline{R}$
$LC = \overline{\widetilde{x}}$
$LIC = \overline{\widetilde{x}} - m_3 A_2\overline{R}$</td>
<td>$LSC = D_4\overline{R}$
$LC = \overline{R}$
$LIC = D_3\overline{R}$</td>
<td>Gráfica np
(cantidad de defectuosos)</td>
<td>Gráfica c
(cantidad de defectos)</td>
</tr>
<tr><td colspan="2">Gráfica X – R (datos individuales)</td>
<td rowspan="3">$LSC = n\overline{p} + 3\sqrt{n\overline{p}\,(1-\overline{p})}$

$LC = n\overline{p}$

$LIC = n\overline{p} - 3\sqrt{n\overline{p}\,(1-\overline{p})}$</td>
<td rowspan="3">$LSC = \overline{c} + 3\sqrt{\overline{c}}$

$LC = \overline{c}$

$LIC = \overline{c} - 3\sqrt{\overline{c}}$</td>
</tr>
<tr><td>G. de observaciones</td><td>G. de rangos</td></tr>
<tr>
<td>$LSC = \overline{x} + 2.66\overline{R}_s$
$LC = \overline{x}$
$LIC = \overline{x} - 2.66\overline{R}_s$</td>
<td>$LSC = 3.27\overline{R}_s$
$LC = \overline{R}_s$
$LIC = ---$</td>
</tr>
</table>

Constantes para el cálculo de gráficas de control

Tamaño de la muestra (n)	A_2	$m_3 A_2$	m_3	D_3	D_4	d_2	$1/d_2$	d_3
2	1.881	1.881	1.000	---	3.27	1.128	0.8865	0.853
3	1.023	1.187	1.160	---	2.57	1.693	0.5907	0.888
4	0.729	0.796	1.092	---	2.28	2.059	0.4857	0.880
5	0.577	0.691	1.198	---	2.11	2.326	0.4299	0.864
6	0.483	0.549	1.135	---	2.00	2.534	0.3946	0.848
7	0.419	0.509	1.214	0.08	1.92	2.704	0.3698	0.833
8	0.373	0.432	1.160	0.14	1.86	2.847	0.3512	0.820
9	0.337	0.412	1.223	0.18	1.82	2.970	0.3367	0.808
10	0.308	0.362	1.176	0.22	1.78	3.078	0.3249	0.797

Muestras de peso de las tapas

Hora	1	2	3	4	5	Promedio	Rangos
1:00	62.45	62.58	63.38	62.02	63.11	62.71	1.36
2:00	64.17	63.34	62.33	62.21	63.57	63.12	1.96
3:00	64.78	63.92	62.80	62.10	63.86	63.49	2.68
4:00	63.92	63.70	62.37	62.88	63.88	63.35	1.55
5:00	63.77	63.80	64.83	63.45	65.32	64.23	1.87
6:00	63.15	63.04	63.22	62.73	64.27	63.28	1.54
7:00	63.09	64.34	64.27	66.04	64.15	64.38	2.95
8:00	62.84	64.49	63.04	62.87	61.73	62.99	2.76
9:00	62.88	64.68	62.74	63.15	64.19	63.53	1.94
10:00	62.13	63.08	62.83	63.42	63.26	62.94	1.29
11:00	65.98	63.48	64.59	65.03	63.29	64.47	2.69
12:00	63.13	63.71	63.11	62.67	64.66	63.46	1.99
					Promedios	63.50	2.05

Ejemplo:

$$LSC\,(X) = \overline{\overline{X}} + A_2\overline{R} = 63.50 + 0.577(2.05) = \mathbf{64.68}$$

$$LIC\,(X) = \overline{\overline{X}} - A_2\overline{R} = 63.50 - 0.577(2.05) = \mathbf{62.32}$$

$$LSC\,(R) = D_4\,\overline{R} = 2.11(2.05) = \mathbf{4.32}$$

$$LIC\,(R) = D_3\,\overline{R} = 0(2.05) = \mathbf{0}$$

5. Representar gráficamente

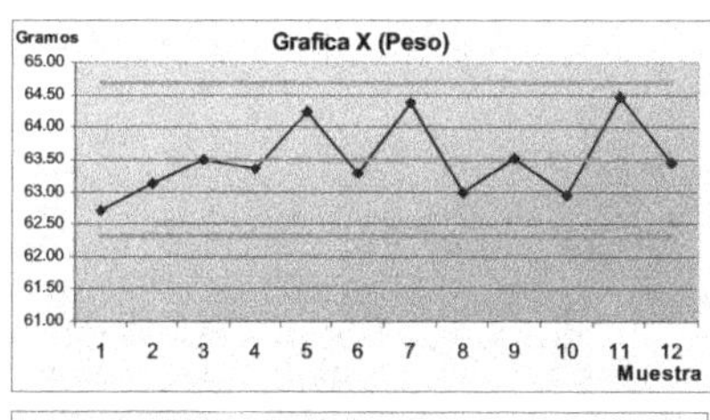

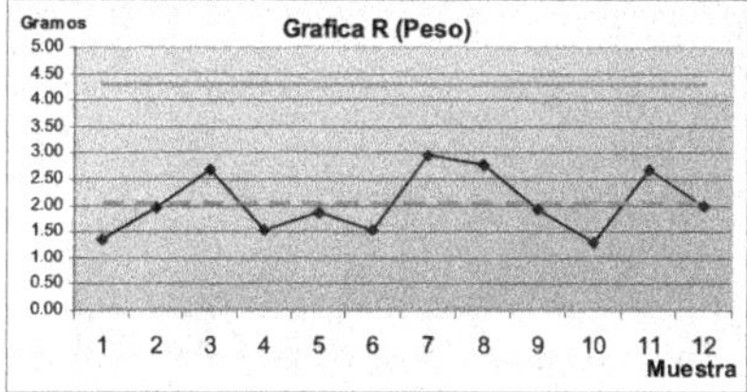

■ Representar ambas gráficas de control en la misma hoja.

■ Representar cada punto junto con observaciones e información adicional.

■ **No incluir especificaciones.**

6. Analizar el estado del proceso

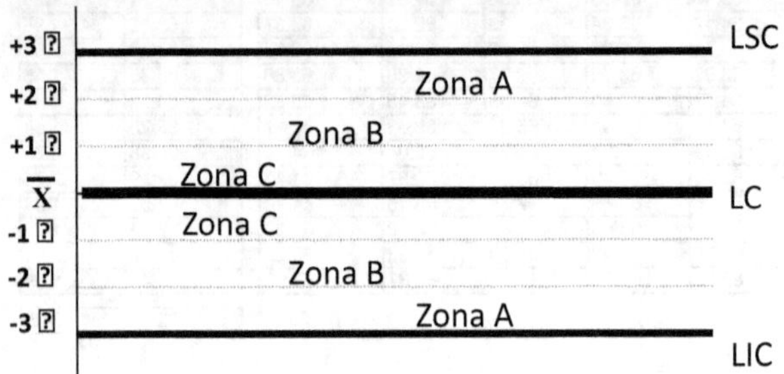

Considerar la mitad (superior o inferior) de una gráfica de control y dividir esta zona en tercios.

La regla empírica que los datos deben cumplir es:

- 60 – 75 % de los datos dentro de +/– 1 sigma de la media.
- 90 – 98 % de los datos dentro de +/– 2 sigmas de la media.
- 99 – 100 % de los datos dentro de +/– 3 sigmas de la media.

Interpretación de las gráficas de control

- Con respecto a las características de un comportamiento natural o normal (aleatorio), la interpretación de las gráficas de control es:

  1. La mayoría de los puntos cerca de la línea central.
  2. Pocos puntos cerca de los límites de control.
  3. Ninguno u ocasionalmente algún punto fuera de los límites de control.

- Un patrón anormal tiene las siguientes características:

  1. Los puntos fuera de los límites indican **inestabilidad**.
  2. La ausencia de puntos cerca de los límites de control produce **estratificación**.
  3. La ausencia de puntos cerca de la línea central indica un patrón llamado **mezcla**.
  4. Una serie de puntos consecutivos (seis o más) sin cambio en la dirección indica un patrón llamado **tendencia**.

Patrones

1. Patrones de inestabilidad

Puntos fuera --- 2 de 3 en A ---- 4 de 5 en A/B --- 8 de un mismo lado.

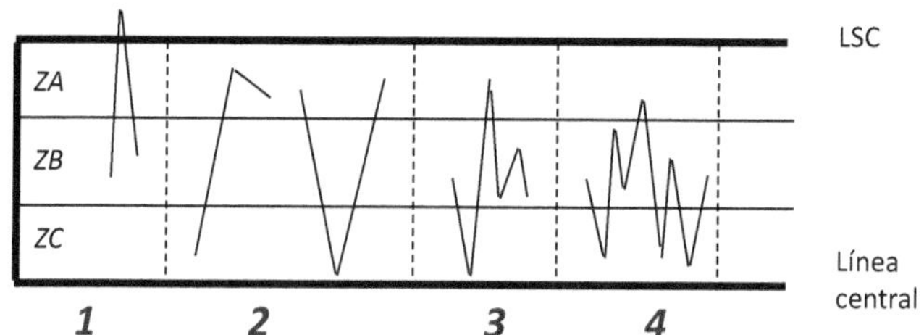

1. **Un solo punto fuera del límite (1/35, 2/100).**
2. **Dos de tres puntos consecutivos en ZA o más allá.**
3. **Cuatro de cinco puntos consecutivos en ZB o más allá.**
4. **Ocho puntos sucesivos en ZC o más allá.**

2. Patrón de estratificación (adhesión a la línea central)

Ocurre cuando quince o más puntos consecutivos están en ZC, ya sea por encima o por debajo de la línea central. Las variaciones hacia arriba y hacia abajo son pequeñas comparadas con el ancho de los límites *(E)*.

3. Patrón de mezcla (adhesión a los límites de control)

Ocurre cuando ocho puntos consecutivos están en ambos lados de la línea central y ninguno de ellos está en ZC. Significa que hay muchos puntos cerca de los límites de control *(M)*.

4. Patrón de tendencias

Es una serie de puntos consecutivos (seis o más) sin cambio en dirección (hacia arriba o hacia abajo) *(T)*.

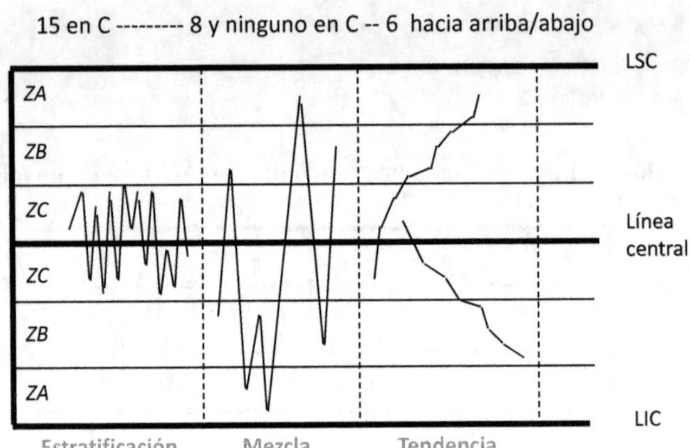

Para el control de peso en la inyección de tapas de Manufacturera Química no se observa ningún patrón anormal, por lo que se puede concluir que el proceso se encuentra en control estadístico.

A. Gráfica de individuos y rangos móviles (I - R_m)

Aplica para datos variables cuando se toman muestras individuales (es decir n = 1).

Ejemplo: Banco del Pacífico

Con objeto de controlar el parámetro clave, se medirá el tiempo de atención para el primer cliente que entra en la sucursal por la mañana y después cada 25 clientes hasta cerrar la sucursal. Los resultados (en minutos) para el primer día de este plan fueron:

Cliente	1	2	3	4	5	6	7	8	9	10
Tiempo	3.4	2.8	4.5	3.2	5.2	2.8	4.0	2.4	5.4	2.6

Cliente	11	12	13	14	15	16	17	18	19
Tiempo	3.8	2.6	2.9	5.0	3.7	4.2	2.1	4.6	3.2

- Con Minitab se obtienen los siguientes gráficos de control:

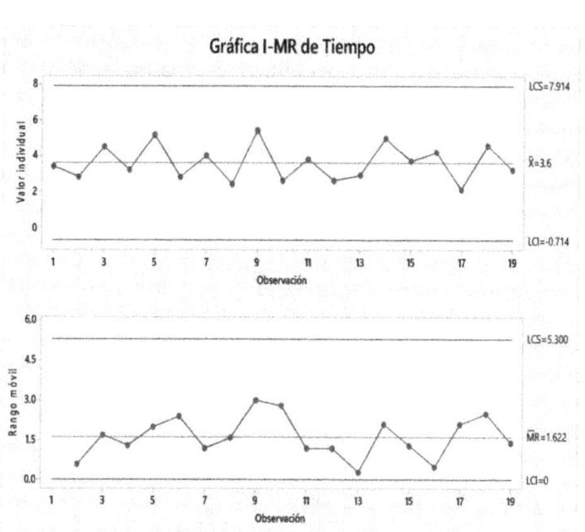

No se observan patrones anormales, por lo que el tiempo de atención en la sucursal muestreada se encuentra en control estadístico. El monitoreo continuará indefinidamente para detectar cualquier variación especial y atender la causa raíz de inmediato, como pudieran ser:

- Personal nuevo con poca o nula capacitación.

- Fallos en los sistemas que evidencien problemas de mantenimiento.

B. Medias y rangos (XR)

- **Definición**

  Herramienta estadística que muestra el comportamiento de la media (posición) y la variación (dispersión) de cierta característica de calidad de un proceso con respecto al tiempo. Esta gráfica se usa para controlar una característica de calidad continua tomando muestras de tamaño entre 2 y 10.

- **Objetivo**

  Evaluar, controlar y mejorar la característica de calidad de interés, desde el punto de vista del *ajuste* de su posición y la *reducción* de su variación con respecto al *objetivo*.

Medias y rangos (XR): Ejemplo

Ejemplo: se cuenta con información sobre la *dureza* de 100 múltiples de admisión. La especificación es de 1 a 3 Rc.

Muestra	Dureza					Promedio	Rango
1	1.855	1.162	1.606	2.010	1.929	1.712	0.849
2	2.020	1.473	1.502	2.471	1.518	1.797	0.998
3	2.378	1.525	1.743	2.693	1.492	1.966	1.202
4	1.644	1.870	1.703	1.745	1.640	1.720	0.230
5	2.189	2.281	1.854	1.645	1.801	1.954	0.637
6	1.828	1.093	1.943	2.594	1.971	1.886	1.501
7	2.614	1.976	1.649	1.827	2.179	2.049	0.966
8	2.298	2.533	2.681	1.548	2.233	2.259	1.133
9	1.971	2.280	1.817	2.333	1.773	2.035	0.560
10	1.823	2.060	2.290	1.471	1.364	1.802	0.925
11	2.431	1.267	1.737	2.011	2.061	1.901	1.163
12	1.956	1.811	1.770	1.863	1.420	1.764	0.537
13	2.047	1.231	2.805	1.926	1.988	1.999	1.574
14	2.241	2.095	1.723	2.036	2.703	2.159	0.980
15	1.966	1.715	2.175	1.517	2.686	2.012	1.170
16	2.351	1.790	2.416	2.305	1.985	2.170	0.627
17	1.630	2.433	2.726	2.330	2.207	2.265	1.095
18	1.833	1.575	2.039	1.492	1.838	1.756	0.547
19	1.941	1.788	2.077	1.607	1.376	1.758	0.700
20	1.883	2.220	1.581	2.290	1.105	1.816	1.185
					Promedio	1.939	0.9289

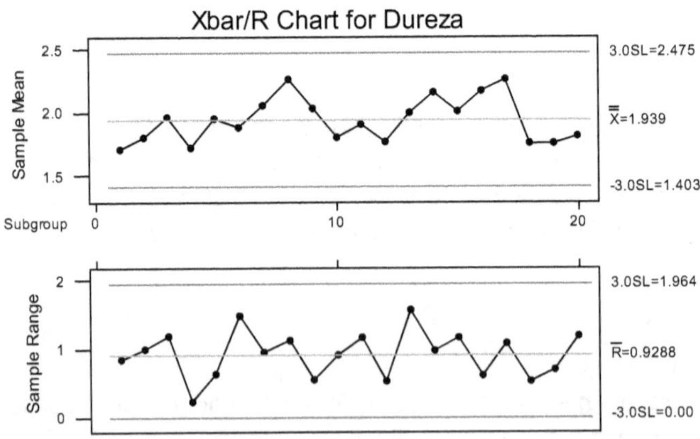

Se observa un proceso estable.

C. Medias y Desviaciones Estándar (XS)

Esta gráfica se usa para controlar una característica de calidad continua tomando muestras de tamaño mayor a 10.

Ejemplo: Calzado Chelsea

Con objeto de detectar posibles discrepancias en el costo de la suela, el equipo de desarrollo implementa Control Estadístico en el proceso de inyección de la misma, para monitorear el peso de la suela y evitar posibles sobrecostos al producto. Debido a que la máquina de moldeado tiene 12 cavidades, se verificará el peso extrayendo una muestra de cada cavidad (12 en total) cada hora durante el turno de 8 horas. Los datos son:

Hora	Pesos de suelas por cavidad (gramos)											
	1	2	3	4	5	6	7	8	9	10	11	12
07:00	165	172	168	169	165	170	171	172	166	168	165	171
08:00	168	171	169	165	170	166	165	171	168	167	166	169
09:00	167	167	165	166	172	170	174	168	162	163	165	167
10:00	160	168	159	160	161	166	168	167	165	170	172	168
11:00	160	162	165	166	170	171	158	159	165	167	169	171
12:00	169	170	165	161	165	169	171	172	169	166	165	167
13:00	167	168	169	162	168	167	169	170	164	163	167	167
14:00	165	167	162	169	168	167	170	165	164	160	170	172
15:00	162	167	170	171	168	167	165	167	166	165	167	168

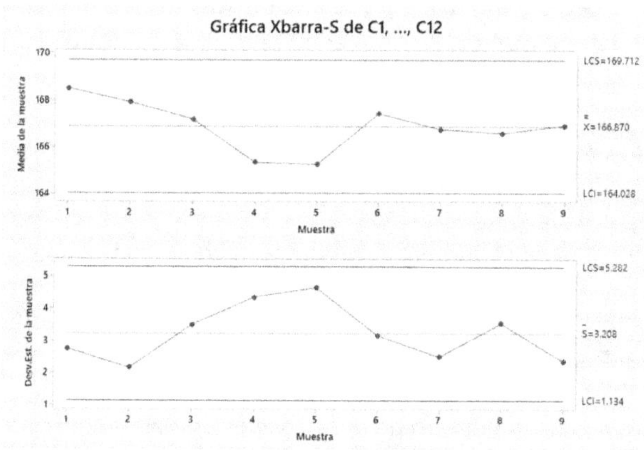

Se observa un proceso estable.

Manufacturera Química: Ejercicio

- El peso envasado se verificará mediante muestras de tamaño n = 5, extraídas de la operación cada 30 minutos durante el turno de producción. Los datos son:

Hora	Pesos envasados				
07:00	25.53	25.54	25.40	25.62	25.64
07:30	25.55	25.70	25.32	25.58	25.70
08:00	25.52	25.60	25.71	25.50	25.61
08:30	25.66	25.43	25.71	25.63	25.42
09:00	25.48	25.75	25.68	25.43	25.51
09:30	25.61	25.56	25.32	25.33	25.45
10:00	25.66	25.53	25.55	25.51	25.53
10:30	25.43	25.53	25.43	25.42	25.88

Hora	Pesos envasados				
11:00	25.61	25.65	25.45	25.43	25.51
11:30	25.60	25.65	25.50	25.43	25.45
12:00	25.80	25.48	25.52	25.58	25.50
12:30	25.54	25.55	25.58	25.77	25.54
13:00	25.66	25.71	25.66	25.54	25.52
13:30	25.60	25.44	25.52	25.67	25.50
14:00	25.67	25.54	25.55	25.69	25.56
14:30	25.43	25.52	25.50	25.51	25.52

- Elegir la gráfica de control adecuada, elaborarla de acuerdo con estos datos y obtener conclusiones.

- Las gráficas para atributos se utilizan para medir características discretas: es decir, "medibles" (contables) sobre una escala que solamente toma valores puntuales o discretos, como el número de defectos o el número de artículos defectuosos:

  - **Gráfica *p*:** evalúa la fracción o el porcentaje de unidades defectuosas. El tamaño de la muestra *n* puede ser variable.

  - **Gráfica *np*:** evalúa el número de unidades defectuosas, con *n* constante.

  - **Gráfica *c*:** evalúa el número de defectos en unidades bien definidas (*n* constante).

  - **Gráfica *u*:** evalúa el número de defectos por unidad. El tamaño de la muestra *n* puede ser variable.

D. Gráfica *p:* Ejemplo 1

Se tiene la siguiente información sobre un proceso de fabricación de lavabos:

Fecha	Unidades producidas (n)	Unidades defectuosas (X)	Fracción defectuosa (p)	LSC(p)	LIC(p)
5-May	145	10	0.0690	0.182	0.029
6-May	236	1	0.0042	0.166	0.046
7-May	184	4	0.0217	0.174	0.038
8-May	122	6	0.0492	0.189	0.022
9-May	215	12	0.0558	0.169	0.043
10-May	218	35	0.1606	0.168	0.043
11-May	221	21	0.0950	0.168	0.044
12-May	149	32	0.2148	0.181	0.030
13-May	189	12	0.0635	0.173	0.039
14-May	156	22	0.1410	0.180	0.032
15-May	172	24	0.1395	0.176	0.035
16-May	125	35	0.2800	0.188	0.023
17-May	118	21	0.1780	0.191	0.021
18-May	164	19	0.1159	0.178	0.034
19-May	215	17	0.0791	0.169	0.043
20-May	248	21	0.0847	0.164	0.047
21-May	168	23	0.1369	0.177	0.035
22-May	159	24	0.1509	0.179	0.033
Suma	3204	339			

Los límites de control se calcularon como:

$$\bar{p} = \frac{\sum X}{\sum n} = \frac{339}{3204} = 0.1058$$

$$LSC(p) = \bar{p} + 3\sqrt{\frac{\bar{p}(1-\bar{p})}{n}} \qquad LIC(p) = \bar{p} - 3\sqrt{\frac{\bar{p}(1-\bar{p})}{n}}$$

La gráfica se muestra a continuación. Western Electric (1956) recomienda tanto para las gráficas *p* como *np* usar muestras de tamaño 25, 50 o 100. Dichas gráficas son más fáciles de interpretar cuando el producto *np* es 4 o 5.

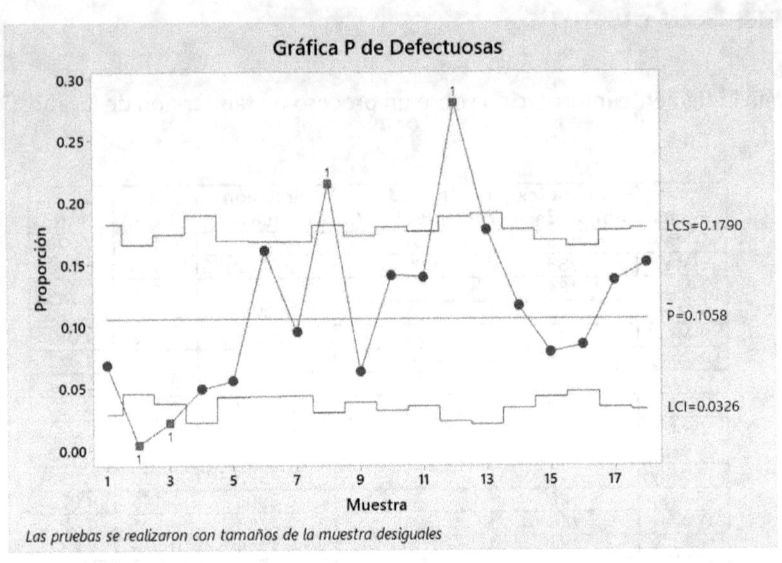

Gráfica *p:* Conclusiones

- Se observan dos puntos por debajo del límite inferior y dos puntos por arriba del límite superior.

- Los puntos por debajo del límite inferior son lotes con pocos defectos, por lo que sería conveniente investigar las condiciones de proceso que se tenían y replicarlas, a fin de disminuir la proporción de producto defectuoso.

- Para los puntos por arriba del límite superior, las causas de la alta proporción de defectuosos en dichos lotes deben ser investigadas.

- Obsérvese que la gráfica **p** tiene límites de control variables, esto se debe a que el tamaño de la muestra también lo es.

E. Gráfica *np:* Ejemplo

- La gráfica **np** tiene la misma función que la gráfica **p,** con la restricción que el tamaño de la muestra **n** tiene que ser constante. En lugar de evaluar la fracción defectuosa, la gráfica **np** evalúa el número de unidades defectuosas (**x = np***)*.

Ejemplo:

El siguiente ejemplo es una modificación del ejemplo de la gráfica **p,** suponiendo muestras de tamaño 100.

Fecha	Unidades producidas (n)	Unidades defectuosas (X)
5-May	100	10
6-May	100	1
7-May	100	4
8-May	100	6
9-May	100	12
10-May	100	35
11-May	100	21
12-May	100	32
13-May	100	12
14-May	100	22
15-May	100	24
16-May	100	35
17-May	100	21
18-May	100	19
19-May	100	17
20-May	100	21
21-May	100	23
22-May	100	24
Suma	1800	339

$$\overline{np} = \overline{X} = \frac{\sum X}{k} = \frac{339}{18} = 18.83$$

$$LSC(np) = \overline{np} + 3\sqrt{\overline{np}(1-\overline{p})}$$

$$= 18.83 + 3\sqrt{18.83(1-(18.83/100))}$$

$$= 30.56$$

$$LIC(np) = \overline{np} - 3\sqrt{\overline{np}(1-\overline{p})}$$

$$= 18.83 - 3\sqrt{18.83(1-(18.83/100))}$$

$$= 7.101$$

$$\overline{p} = \frac{\sum p}{k} = \frac{\sum (X/n)}{k}$$

$$= \frac{\sum X}{nk} = \frac{1}{n}(\overline{np})$$

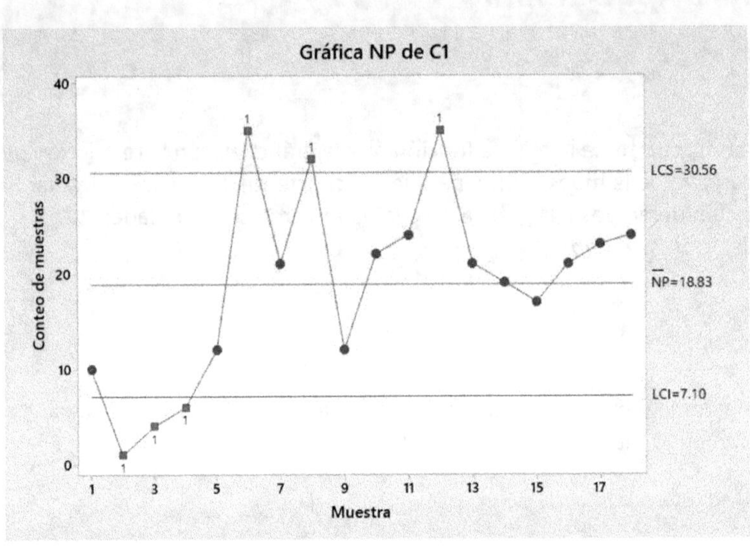

Gráfica *np:* Conclusiones

- Se observan tres puntos por debajo del límite inferior y tres puntos por arriba del límite superior.

Mismas conclusiones que en el ejemplo anterior:

- Los puntos por debajo del límite inferior son lotes con pocos defectos, por lo que sería conveniente investigar las condiciones de proceso que se tenían y replicarlas, a fin de disminuir la proporción de producto defectuoso.

- Para los puntos por arriba del límite superior, las causas de la alta proporción de defectuosos en dichos lotes deben ser investigadas.

Gráficas *c* y *u*

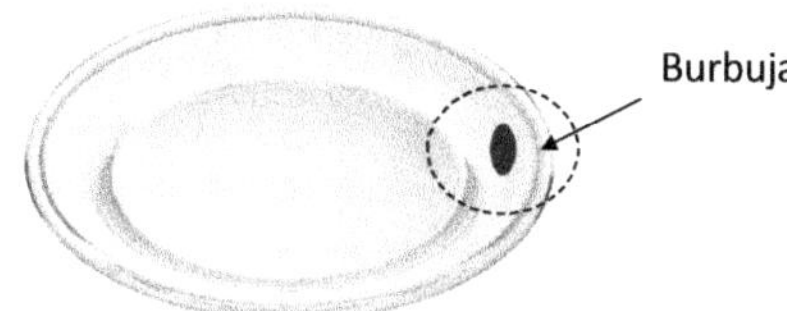

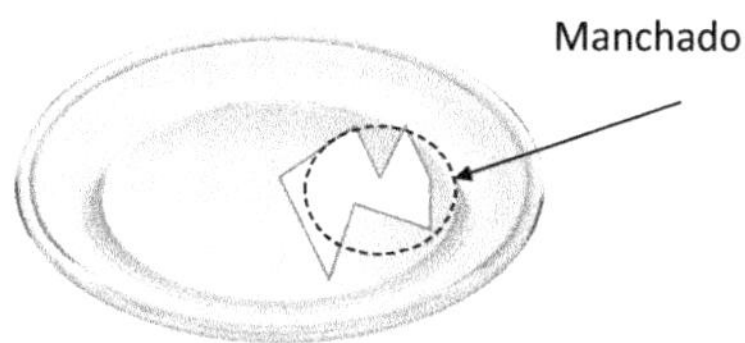

Defectuosos ≠ Defecto

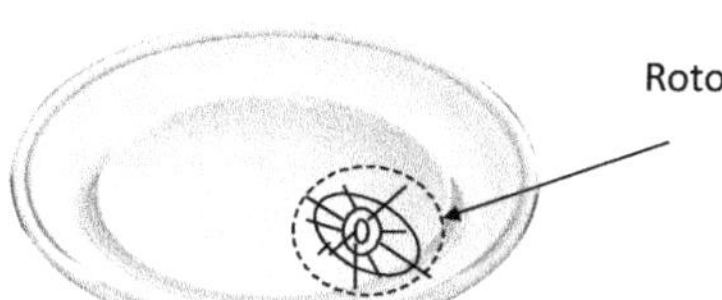

Cinco platos de cristal

- Defectuosos = 5

- Defectos:

  • Burbuja = 1.

  • Manchado = 3.

  • Roto = 1.

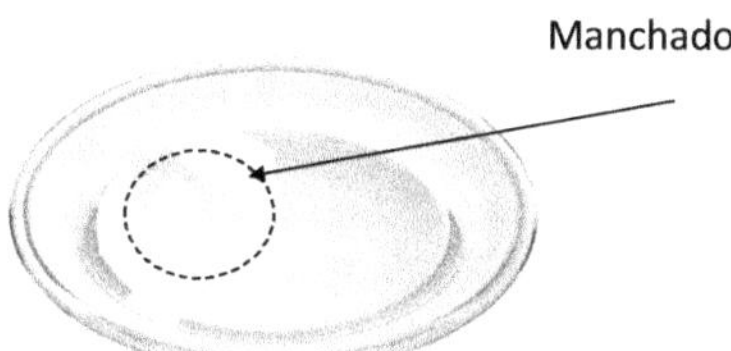

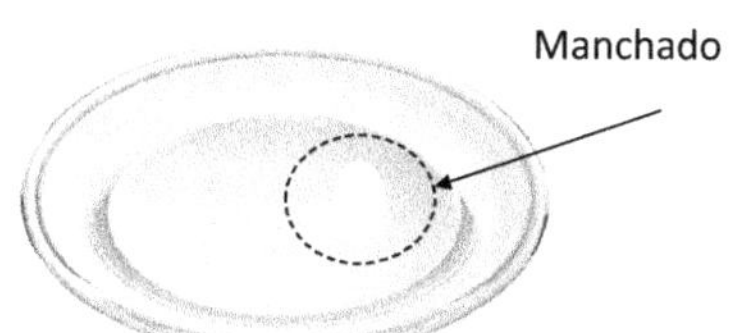

F. Gráfica *c:* Ejemplo

Se obtuvo información sobre el número de defectos que presentó una muestra de veinte botellas para refresco:

Número de botella	Número de defectos(c)	Número de botella	Número de defectos(c)
1	3	11	2
2	2	12	0
3	4	13	1
4	0	14	5
5	1	15	2
6	2	16	5
7	1	17	4
8	5	18	3
9	6	19	6
10	1	20	2

$$\bar{c} = \frac{\sum c}{n} = \frac{55}{20} = 2.75$$

$$LSC(c) = \bar{c} + 3\sqrt{\bar{c}} = 2.75 + 3\sqrt{2.75} = 7.725$$

$$LIC(c) = \bar{c} - 3\sqrt{\bar{c}} = 2.75 - 3\sqrt{2.75} = -2.225 \rightarrow 0$$

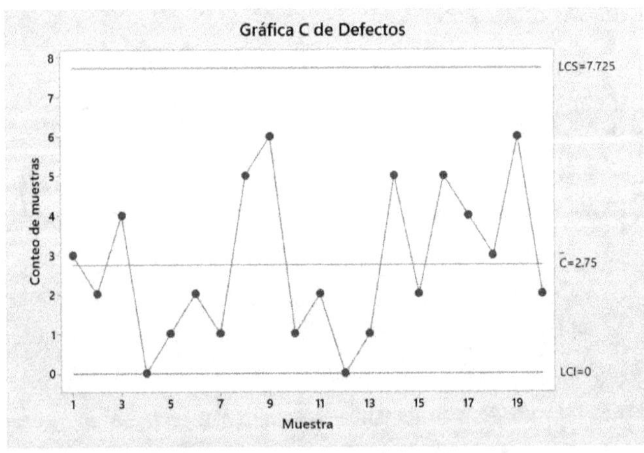

El proceso está en control estadístico.

G. Gráfica *u:* Ejemplo

- Suponer que en el ejemplo 1 de la gráfica **c** el tamaño de la muestra no hubiera sido una botella sino un grupo de estas.

- En ese caso, la gráfica que se debe emplear es la **u.**

- Considerando los datos modificados del ejemplo de la gráfica **c.**

Botellas (n)	Defectos (c)	Defectos promedio(u)	Botellas (n)	Defectos (c)	Defectos promedio(u)
2	3	1,500	8	2	0,250
3	2	0,667	9	0	0,000
8	4	0,500	4	1	0,250
6	0	0,000	6	5	0,833
4	1	0,250	3	2	0,667
6	2	0,333	7	5	0,714
9	1	0,111	9	4	0,444
5	5	1,000	8	3	0,375
4	6	1,500	5	6	1,200
3	1	0,333	5	2	0,400

Como en el caso de la gráfica **p,** también la gráfica **u** tendrá límites de control variables si las muestras son variables.

$$\bar{u} = \frac{\sum c}{\sum n} = \frac{55}{114} = 0.4825 \quad LSC(u) = \bar{u} + 3\sqrt{\frac{\bar{u}}{n}} \quad LIC(u) = \bar{u} - 3\sqrt{\frac{\bar{u}}{n}}$$

$$LSC(u) = (0.4825) + 3\sqrt{\frac{(0.4825)}{(2)}} \quad LIC(u) = (0.4825) - 3\sqrt{\frac{(0.4825)}{(2)}}$$

Botellas (n)	Defectos (c)	LSC(u)	LIC(u)	Botellas (n)	Defectos (c)	LSC(u)	LIC(u)
2	3	1,956	-0,991	8	2	1,219	-0,254
3	2	1,686	-0,721	9	0	1,177	-0,212
8	4	1,219	-0,254	4	1	1,524	-0,559
6	0	1,333	-0,368	6	5	1,333	-0,368
4	1	1,524	-0,559	3	2	1,686	-0,721
6	2	1,333	-0,368	7	5	1,270	-0,305
9	1	1,177	-0,212	9	4	1,177	-0,212
5	5	1,414	-0,449	8	3	1,219	-0,254
4	6	1,524	-0,559	5	6	1,414	-0,449
3	1	1,686	-0,721	5	2	1,414	-0,449

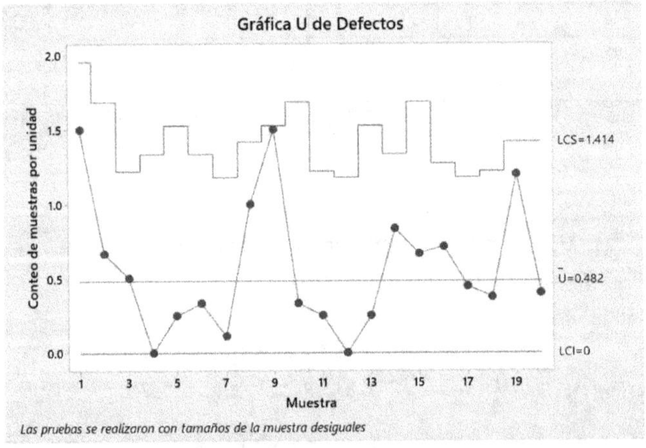

El proceso está en control estadístico.

Gráficas de atributos: Ejercicio

- **Ejercicio 1. Operadores Logísticos del Golfo.** El equipo de Valentín Ortega desea implementar una gráfica de control para la cantidad de facturas erróneas que se emiten por semana, con relación al número de pedidos enviados. A continuación se muestra la tabla de datos:

Semana	26	27	28	29	30	31	32	33	34	35
Pedidos	615	595	606	692	584	612	655	632	678	599
Facturas erróneas	3	1	2	0	1	3	4	2	0	1

Semana	36	37	38	39	40	41	42	43	44	45
Pedidos	632	650	675	594	587	625	633	651	668	606
Facturas erróneas	3	2	3	3	4	2	3	8	1	1

Elaborar la gráfica adecuada y emitir conclusiones.

- **Ejercicio 2. Banco del Pacífico.** Utilizando una gráfica de control, el equipo de Alberto Hernández desea monitorear la cantidad de fallos detectados en una sucursal durante el mes de noviembre, considerando que un mismo cliente puede sufrir más de uno de ellos. La tabla de datos es:

Día	1	2	3	4	5	6	8	9	10	11	12	13
Clientes atendidos	1.265	1.134	1.187	1.201	1.287	1.209	1.123	1.209	1.308	1.160	1.354	1.089
Fallos	10	11	15	11	9	13	9	15	13	17	5	10

Día	15	16	17	18	19	20	22	23	24	25	26	27
Clientes atendidos	1.398	1.123	1.198	1.132	1.098	908	1.190	1.231	1.109	1.212	1.255	1.099
Fallos	15	11	8	5	19	11	9	13	21	15	12	7

Día	29	30
Clientes atendidos	1.098	1.154
Fallos	11	17

Elaborar la gráfica adecuada y emitir conclusiones.

Recalculo de los límites de control

De acuerdo con Perry Regier (Dow Chemical) todas las siguientes preguntas deberán tener respuesta *afirmativa* para proceder a recalcular los límites de control a partir de donde inició el cambio:

a) ¿Los datos muestran un comportamiento diferente que en el pasado?
b) ¿Se conoce la razón de ese cambio?
c) ¿Es deseable el nuevo comportamiento?
d) ¿Se espera que el nuevo comportamiento continúe?

El número de puntos necesarios para empezar a calcular límites de control son como mínimo dos subgrupos de tamaño 4.

Wheeler (1998)

Plan de control

Objetivos

1. Introducir el concepto de control.
2. Identificar los elementos que contribuyen a tener un control exitoso.
3. Desarrollar y documentar planes de control.

Contenidos

> Antecedentes
> ¿Qué es plan de control?
> ¿Para qué se utiliza?
> Elementos clave
> ¿Cuándo se utiliza?
> Procedimiento
> Ejemplo
> Ejercicio

Plan de control

- Cuando se diseña un proceso y se establece la manera en que se debe trabajar, es muy importante desarrollar también un plan para definir en qué pasos de dicho proceso se debe implementar un tipo de control para asegurar que todo se desarrolla en la forma en la que está previsto.

- Procesos en lo que se puede aplicar un plan de control:

  Ventas, logística, contabilidad, manufactura, servicio, etc.

- Generalmente, son muy evidentes en la manufactura, pero siempre que existe un proceso crítico es importante tener un plan para mantenerlo funcionando de manera correcta.

¿Qué es plan de control?

- Es una herramienta para asegurar la estabilidad de un proceso.

- Refleja la estrategia de control a largo plazo que asegura que las mejoras sigan siendo eficaces.

- Es un listado de todas las actividades que deben llevarse a cabo para garantizar el mantenimiento de las mejoras en el proceso.

- Es un método para identificar deficiencias en el sistema de control.

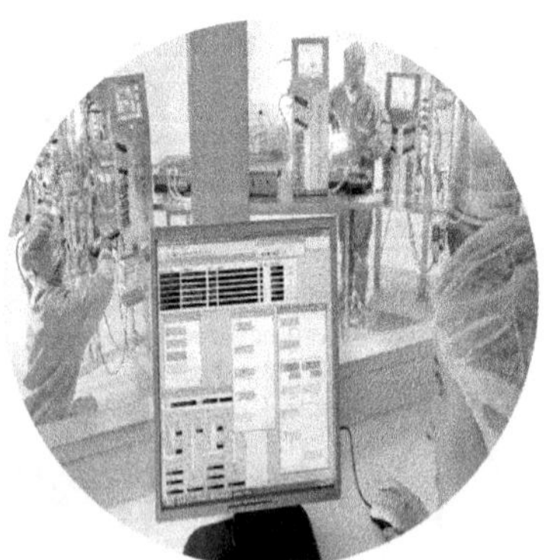

¿Para qué se utilizan?

- Operar los procesos de manera consistente, teniendo presente la meta deseada y con la mínima variación posible.

- Minimizar la variación sobre el objetivo.

- Minimizar las intervenciones en el proceso por ajustes requeridos o por sobrecontrol.

- Estandarizar las mejoras del proceso.

- Destacar áreas que requieren una capacitación complementaria.

- Asegurar que las medidas queden documentadas y se incluyan en los procedimientos correspondientes.

- Incluir los programas de mantenimiento requeridos.

Elementos clave

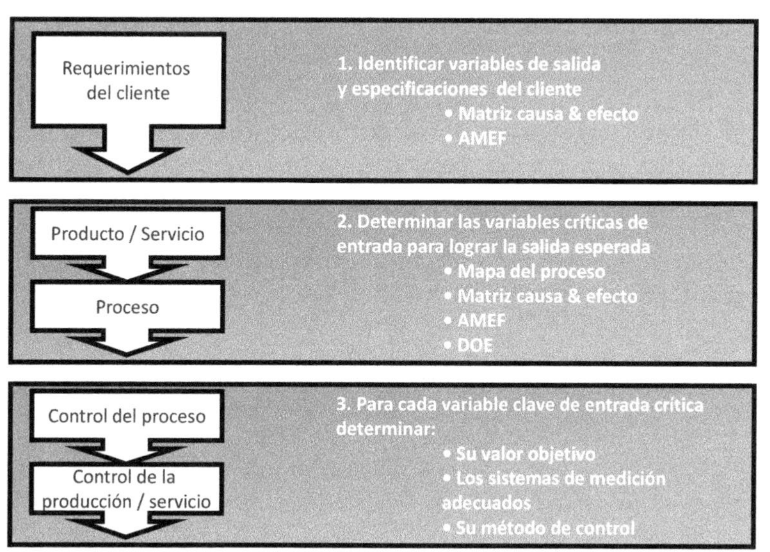

Plan de reacción

- Es un procedimiento que indica las actividades que se deben realizar en caso de que exista alguna anormalidad en el funcionamiento de un proceso.

¿Cuándo se utiliza?

- En la fase de control para un proyecto Six Sigma, para evaluar el desempeño de un proceso mejorado.

- Cuando se diseña un proceso para asegurar el desempeño adecuado y controlarlo continuamente.

1. Escribir los datos generales.

2. Capturar la información del proceso.

3. Describir el proceso de medición.

4. Documentar el proceso de muestreo.

5. Documentar el proceso de toma de decisiones.

6. Capturar el bloque de autorización.

1. Datos generales

- Se deben incluir datos generales que permitan identificar el documento:
  - Fecha.
  - Producto.
  - Proceso.

- Para el éxito del proyecto, una cuestión clave es que se mantenga actualizada la revisión del plan de control, para que todas las personas dispongan del mismo nivel de información.

- Conforme se agreguen controles al proceso, se debe actualizar el plan de control y readecuar la revisión.

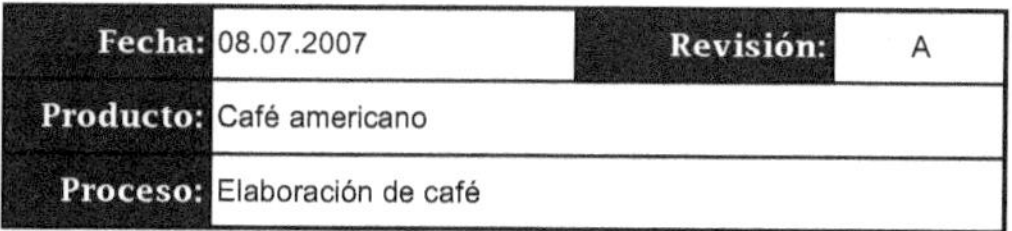

Fecha:	08.07.2007	Revisión:	A
Producto:	Café americano		
Proceso:	Elaboración de café		

2. Información del proceso

Proceso				Proceso de medición				Muestreo			Toma de decisiones		
Paso proceso	¿Qué controlamos?	Crítico	Entrada/Salida	Límites especificación/ Requerimientos	Método de medición	Lugar	Método de Control	Tamaño de muestra	Frecuencia	Quien o que lo mide	Donde se registra	Regla de decisión / Acción correctiva	No. doc

- **Paso del proceso.** Lista de los pasos del proceso que aparecen como críticos en el AMEF.

- **¿Qué se controla?** Nombre de la variable de entrada o salida.

- **¿Es un parámetro clave?** Sí o no.

- **Entrada / salida.** Especificar si se trata de una variable de salida o de entrada. Inicialmente puede haber más variables de salida que de entrada; sin embargo la meta es controlar las entradas que aseguren que las salidas estén controladas

3. Proceso de medición

Proceso				Proceso de medición				Muestreo			Toma de decisiones		
Paso proceso	¿Qué controlamos?	Crítico	Entrada/Salida	Límites especificación/ Requerimientos	Método de medición	Lugar	Método de Control	Tamaño de muestra	Frecuencia	Quien o que lo mide	Donde se registra	Regla de decisión / Acción correctiva	No. doc

- **Límites de especificación o requerimientos.** Mostrar los límites de especificación o los valores objetivo junto con sus tolerancias. Incluir unidad de medición.

- **Método de medición.** Describir el sistema de medición que será usado, incluyendo qué máquina o equipo se empleará para hacer la medición.

- **Lugar de medición.** Especificar el lugar o punto de control en el proceso.

- **Método de control.** ¿Qué tipo de método de control se utiliza? ¿Automático? ¿Control estadístico de procesos?

4. Proceso de muestreo

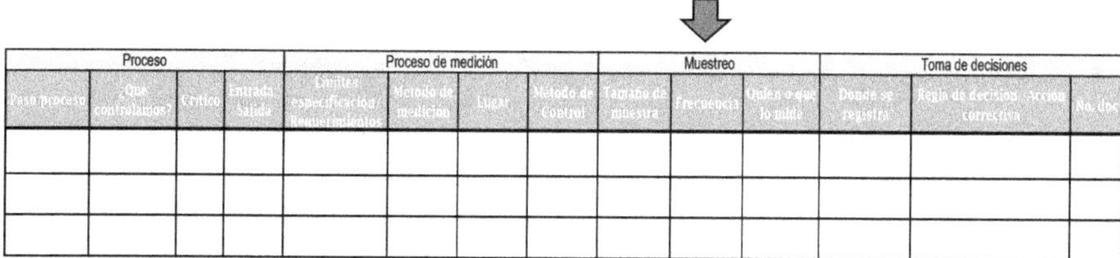

Proceso				Proceso de medición				Muestreo			Toma de decisiones		
Paso proceso	¿Qué controlamos?	Crítico	Entrada / Salida	Límites especificación / Requerimientos	Método de medición	Lugar	Método de Control	Tamaño de muestra	Frecuencia	Quién o qué lo mide	Donde se registra	Regla de decisión / Acción correctiva	No. doc

- **Tamaño de la muestra.** Seleccionar el tamaño de la muestra en base al sistema de medición, la capacidad del proceso y el costo del muestreo.
- **Frecuencia del muestreo.** Seleccionar la frecuencia basada en el sistema de medición, la capacidad del proceso, los requerimientos de la operación y los costos.
- **¿Quién y qué hace la medición?** La persona o el equipo que se hará responsable de tomar las mediciones en la frecuencia indicada.

5. Toma de decisiones

Proceso				Proceso de medición				Muestreo			Toma de decisiones		
Paso proceso	¿Qué controlamos?	Crítico	Entrada / Salida	Límites especificación / Requerimientos	Método de medición	Lugar	Método de Control	Tamaño de muestra	Frecuencia	Quién o qué lo mide	Donde se registra	Regla de decisión / Acción correctiva	No. doc

- **¿Dónde se registra?** En qué documento o archivo se registran y almacenan los datos, y por cuánto tiempo.
- **Regla para tomar decisiones y acciones correctivas:**
  - Son las acciones que se deben de implementar cuando las mediciones del proceso muestran que está fuera de control.
  - Debe incluir el nombre de la persona responsable de llevarla a cabo.
- **Número de documento.** Incluir el número de documento donde pueden ser consultados los detalles de cada punto de control.

Reglas para tomar decisiones

- **¿Cómo medir si las reglas para tomar decisiones son efectivas?**

  Toda regla para tomar decisiones ha de tener en cuenta estos factores:

  - La persona que tomará la decisión.
  - La acción que debe llevarse a cabo.
  - El proceso o parámetro que se debe modificar.
  - El lugar donde se documentará el cambio y la persona responsable de hacerlo.
  - El criterio que motiva la acción.
  - El criterio para hacer seguimiento de la acción y sus consecuencias.
  - Los datos que respaldan dicha acción.
  - Evaluación de la acción después de llevarse a cabo.
  - ¿Se han seguido correctamente los puntos definidos?

> Mientras más cercana al proceso se encuentre la persona que tome la decisión; más efectiva será la solución.

6. Aprobación

- Es la parte más importante del plan de control, porque demuestra que el proyecto ha sido asumido por las personas que deberán de dar seguimiento a las acciones.

- ¿Por qué es importante que el proyecto sea bien entendido por quienes han de gestionarlo?

  - Permite que las mejoras se institucionalicen.
  - Provee una demostración valiosa para la administración del proceso.
  - Permite extender la experiencia a otros procesos.
  - Es una formación para las personas del área de ingeniería del proceso.
  - Permite al Black Belt o Green Belt moverse hacia otro proyecto.

Aprobado por:	
Realizado por:	
Fecha última actualización:	
Versión	

Relación de AMEF y plan control

Son totalmente complementarios

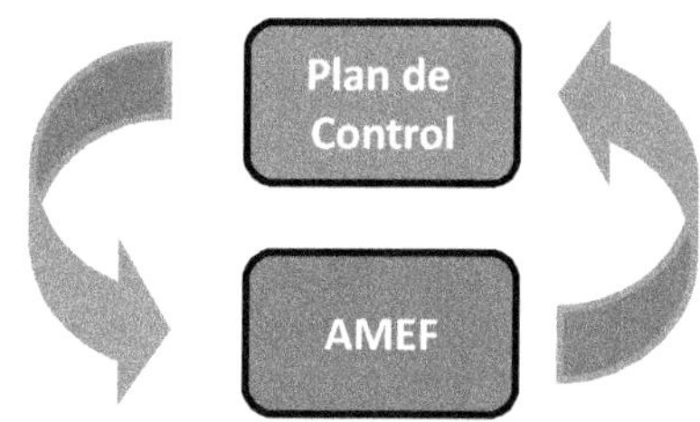

- El AMEF debe ser la fuente principal para la identificación de las variables clave que se han de controlar y para una evaluación inicial del plan de control actual.

- Los controles que se incluyan en el plan de control han de actualizar el análisis del modo y efecto de fallos (AMEF) y reevaluar los RPN *(risk priority number* o número de prioridad de riesgos).

Ejemplo – Manufacturera Química

Proceso				Proceso de medición				Muestreo			Toma de decisiones		
Paso del proceso	¿Qué controlamos?	Crítico	Entrada / Salida	Límites de especificación / Requerimientos	Método de medición	Lugar	Método de control	Tamaño de la muestra	Frecuencia	Quién o qué lo mide	Dónde se registra	Regla de decisión / Acción correctiva	No. Doc.
Envasado	Peso de producto envasado	Sí	Salida	25.000 a 26.000 kilogramos	Báscula de área de envasado	Envasadora	Gráfico X - R	5 envases	Cada 30 minutos	Operador de Envasado	Bitácora de operación	Si el peso es mayor al límite superior, revisar la velocidad del agitador, verificar el correcto diámetro de la boquilla, ajustar la velocidad de llenado. Si el peso es menor al límite inferior, parar el proceso y notificar a inspección de calidad para verificar granulometría del producto. En todos los casos, verificar las primeras cinco piezas después de las correcciones. Si el problema persiste, parar el proceso y notificar a supervisión de producción. El operador debe registrar las acciones realizadas en la bitácora de operación.	EN-035

Ejemplo – Banco del Pacífico

Proceso				Proceso de medición				Muestreo			Toma de decisiones		
Paso del proceso	¿Qué controlamos?	Crítico	Entrada / Salida	Límites de especificación / Requerimientos	Método de medición	Lugar	Método de control	Tamaño de la muestra	Frecuencia	Quién o qué lo mide	Dónde se registra	Regla de decisión / Acción correctiva	No. Doc.
Atención en ventanilla	Tiempo de atención	Sí	Salida	Menor a 6 minutos	Cronómetro de recepción	Recepción	Gráfico X - Rm	1 Cliente	Cada 25 Clientes que entran	Recepcionista	Bitácora de tiempo de atención	Si el tiempo es mayor al límite superior, notificar a Gerencia para que investigue la causa e implemente acciones correctivas. Gerencia registra las acciones en la bitácora diaria.	PR-055

Ejemplo – Operadores Logísticos del Golfo

Proceso				Proceso de medición				Muestreo			Toma de decisiones		
Paso del proceso	¿Qué controlamos?	Crítico	Entrada / Salida	Límites de especificación / Requerimientos	Método de medición	Lugar	Método de control	Tamaño de la muestra	Frecuencia	Quién o qué lo mide	Dónde se registra	Regla de decisión / Acción correctiva	No. Doc.
Facturación	Facturas erróneas	Sí	Salida	Menor a 0.006 %	Queja de Cliente	Emisión de Facturas	Gráfico p	100%	Facturas semanales	Servicio al Cliente	Bitácora de quejas	Si el porcentaje es mayor al límite superior, notificarlo en la reunión semanal para que el equipo investigue la causa e implemente acciones. El responsable de servicio al cliente registra las acciones en la bitácora de quejas.	SC-025

Ejemplo – Calzado Chelsea

Proceso				Proceso de medición				Muestreo			Toma de decisiones		
Paso del proceso	¿Qué controlamos?	Crítico	Entrada / Salida	Límites de especificación / Requerimientos	Método de medición	Lugar	Método de control	Tamaño de la muestra	Frecuencia	Quién o qué lo mide	Dónde se registra	Regla de decisión / Acción correctiva	No. Doc.
Moldeado de suela	Peso de la suela	Sí	Salida	155 a 180 grs	Balanza de moldeado	Máquina moldeadora	Gráfico X - S	12 suelas (una de cada cavidad)	Cada hora	Operador de moldeado	Bitácora de operación	Si el peso es mayor al límite superior, parar el proceso y revisar los parámetros de operación. Si el peso es menor al límite inferior, aumentar la velocidad de alimentación de plástico. En todos los casos, verificar las primeras doce piezas (una de cada cavidad) después de las correcciones. Si el problema persiste, parar el proceso y notificar a supervisión de producción. El operador debe registrar las acciones realizadas en la bitácora de operación.	MO-155

Desarrollar un paso en el control de un proceso en el que se trabaja o algún proceso que se conoce.

Fecha:		Revisión:	
Producto:			
Proceso:			

Proceso				Proceso de medición				Muestreo			Toma de decisiones		
Paso proceso	¿Qué controlamos?	Entrada / Salida	Límites especificación / Requerimientos	Método de medición	Método de Control	Tamaño de muestra	Frecuencia	Quién o que lo mide	Dónde se registra	Regla de decisión / Acción correctiva	No. Doc.		

Glosario

alcance del proyecto
Delimitación en términos del **área** o proceso que ha de ser mejorado, la operación específica, el **área** geográfica, etc.

análisis del sistema de medición *(measurement system analysis,* **MSA)**
Metodología que identifica y cuantifica las diferentes fuentes de variación que afectan al sistema de medición, provocando un error, es decir, la variación en las mediciones atribuidas a la variación en la parte que está siendo medida y al sistema de medición mismo.

análisis de varianza
Herramienta para analizar matemáticamente la significancia de las fuentes de variación de un proceso.

analizar
Tercera fase de la metodología DMAIC, cuyo objetivo primordial es identificar las variables significativas de un proceso.

árbol de necesidades
Herramienta gráfica que ayuda a traducir las necesidades generales de los clientes en requisitos de rendimiento específicos, realizables y medibles.

árbol de realidad actual
Es un diagrama que muestra las relaciones causa-efecto, tomando en cuenta todas las variables que influyen en un problema o situación dada.

bloqueo
Técnicas para minimizar el efecto de las variables de ruido que pudieran afectar un experimento. Por ejemplo, si se piensa que la temperatura ambiente es un factor de ruido, las pruebas deberán hacerse a la misma hora del día.

calidad
Conjunto de propiedades inherentes a un producto o servicio que le confieren capacidad para satisfacer necesidades implícitas o explícitas. La calidad de un producto o servicio se entiende también como la percepción que el cliente tiene del mismo.

campeón
Dueño del proceso donde se realizará el proyecto de mejora y principal beneficiario de sus resultados. Su responsabilidad es mantener enfocado al equipo en el logro de los objetivos y ser el enlace con la dirección de la empresa. Asiste a todas las reuniones de avance.

campo muestral
Lista de unidades de las cuales se toma una muestra.

carta del proyecto
Documento que contiene los datos de definición del proyecto Six Sigma: caso de negocio o declaración del problema, propósito del proyecto (las CTQ a trabajar), objetivo, entregables y alcance del proyecto, roles y responsabilida-

des del equipo, recursos necesarios para completarlo y métricos adicionales.

caso de negocio

Herramienta que ayuda a identificar las **áreas** de problema o de mejora del negocio. Además, provee una descripción resumida de las características de una situación y una estimación del valor potencial de la implementación de un proyecto.

clave para la calidad *(critical to quality,* CTQ)

Siglas en inglés de *critical to quality,* referidas a las características clave de calidad de un producto o servicio.

control estadístico de procesos

Esta herramienta, también conocida como CEP o SPC, por sus siglas en inglés *(statistical process control),* es utilizada en el estudio de la variación y en el uso de las señales estadísticas para monitorizar o mejorar el rendimiento de un proceso.

controlar

Quinta y última fase de la metodología DMAIC, cuyos objetivos son: estandarizar los nuevos métodos en la práctica, documentar las lecciones aprendidas, desarrollar métodos que aseguren que las mejoras se mantengan, determinar y monitorizar los ahorros finales, entregar el proyecto al dueño del proceso y transferir el conocimiento adquirido a otros productos y servicios o procesos.

datos continuos

Datos que pueden medirse, por lo que toman cualquier valor dentro de una escala. Por ejemplo: peso de envases, tiempo de atención.

datos discretos

Datos que solo se pueden contar, por lo que toman valores enteros. Por ejemplo: cantidad de piezas defectuosas, número de entregas tarde.

defectos

Unidades que no cumplen con las especificaciones.

defectos (o errores) por millón de oportunidades (DPMO)

Una medida clave en Six Sigma equivalente al número de defectos o errores observados en un producto, proceso o servicio, por un millón de oportunidades.

definir

Primera fase de la metodología DMAIC. Tiene como objetivos: definir el proyecto y la voz del cliente y obtener la aprobación de la dirección de la empresa para la realización del proyecto.

desempeño del proceso

Es una medición de los indicadores que permiten conocer cómo se encuentra funcionando actualmente un proceso y que nos ayudarán a confirmar la línea base.

despliegue de la función de calidad *(quality function deployment,* QFD)

Herramienta utilizada para desarrollar un completo entendimiento de todos los factores que deben llevarse a cabo para realizar un diseño de calidad. Consiste en traducir los requerimientos del cliente (los QUÉ) en requisitos técnicos de diseño, ejecución y control (los CÓMO).

desviación estándar

Es una medida que se utiliza para cuantificar la variación o dispersión de un conjunto de datos numéricos, equivalente a la raíz cuadrada de la varianza. Se representa de manera abreviada por la letra griega minúscula sigma σ o la letra latina s.

diagrama *box plots*

Herramienta que permite comparar gráficamente la ubicación y las variaciones de diversos procesos o categorías de productos o servicios.

diagrama *cross-functional*

Este tipo de diagramas proporcionan una perspectiva gráfica de las etapas del proceso, con un énfasis especial en responsabilidades y relaciones interdepartamentales.

diagrama de correlación
Gráfica simple entre dos variables que ayuda a visualizar el tipo y el grado de relación o predicción entre ellas.

diagrama de Pareto
Es una gráfica de barras para datos de conteo o categóricos, ordenados en orden descendente con respecto a su frecuencia y unidos a una ojiva que mide la frecuencia acumulada. Se utiliza para visualizar rápidamente qué factores de un problema, qué causas o qué valores en una situación determinada son los más importantes y, por ello, cuáles hay que atender de manera prioritaria, a fin de solucionar el problema o mejorar la situación.

diagrama de pescado
Es una herramienta gráfica que se obtiene de una lluvia de ideas, en la que se listan, de una manera organizada, todas las causas de un determinado efecto, con lo cual resulta más fácil separar los problemas y las posibles zonas de mejora.

diagrama multivari
Procedimiento gráfico de descomposición cuyo objetivo es mostrar las fuentes de variación más importantes de un proceso. En conjunto, con un subagrupamiento lógico, analiza los efectos de las entradas, categorizadas, sobre las salidas.

diagrama SIPOC
Este diagrama proporciona una perspectiva gráfica de las etapas de un proceso en conjunto con proveedores clave, entradas, salidas y usuarios. Es una herramienta que permite analizar un proceso relativo a sus parámetros para así conocer completamente su impacto en la cadena de valor.

discriminación o resolución
Es la habilidad tecnológica de un sistema de medición de poder diferenciar adecuadamente entre los valores de los parámetros de una medida. La resolución debe ser 10X el límite de tolerancia.

diseño de experimentos
Conjunto de técnicas activas que manipulan un proceso para inducirlo a proporcionar la información que se requiere para mejorarlo. Estos métodos de experimentación planificada ayudan a aprender acerca de los múltiples factores que impactan en la calidad de un servicio, producto o proceso.

diseño experimental
Plan formal para conducir un experimento. Incluye la selección de la o las variables de respuesta, los factores, niveles, bloques, y el uso de ciertas herramientas llamadas agrupación planificada, aleatorización y repetición o replicación.

diseño factorial
Diseño experimental en el que se ejecutan aleatoriamente todas las posibles combinaciones que pueden formarse con los niveles seleccionados.

disgregar
Consiste en dividir un proceso en los subprocesos que lo conforman, procediendo a un análisis más profundo y detallado, analizando además la relación sistémica entre los diversos subprocesos.

DMAIC
Metodología para la implementación de proyectos de mejora estructurada en cinco fases, de las cuales recibe su nombre: definir, medir, analizar, mejorar *(improve)* y controlar.

entradas controlables (C)
Se pueden cambiar para ver los efectos en las variables de salida, a veces llamadas "variables de perilla". Ejemplos de ello son la temperatura, el número de analistas, etc.

entradas críticas (X)
Son aquellas que estadísticamente se ha mostrado que tienen un impacto sobre las variables de salida.

entradas de ruido (N)
Son entradas difíciles o imposibles de controlar; por ejemplo, el medio ambiente (humedad, temperatura ambiental, etc.). Es útil identificarlas porque pueden afectar a un proceso y se debe tratar de minimizar dicho impacto.

estabilidad de un sistema de medición
Es la habilidad de un sistema para mostrar consistencia en las mediciones a través del tiempo.

estadística
Rama de las matemáticas que se refiere a la recolección, estudio e interpretación de unos datos obtenidos.

estadística descriptiva
Consiste en la recolección, descripción, visualización y resumen de datos originados (numéricos o gráficos).

estadística inferencial
Se ocupa de la generación de modelos, inferencias y predicciones, es decir, es una combinación de estadística descriptiva y probabilidad.

estratificar
Clasificar y analizar datos de acuerdo a las distintas fuentes de donde provienen, por ejemplo: máquinas, lotes, proveedores, turnos, sucursales, puntos de venta, días de la semana, etc.

estudios de repetibilidad y reproducibilidad (R&R)
Metodología estadística para evaluar un sistema de medición. Asigna valores a la repetibilidad y a la reproducibilidad, los cuales se comparan contra un estándar para determinar si el sistema es capaz de proporcionar mediciones confiables.

exactitud de un sistema de medición
Se define en relación a su cercanía (sesgo) con respecto a un objetivo: mayor cercanía implica un buen grado de exactitud. Es la diferencia entre el promedio de las mediciones y un valor de referencia, conocido como un estándar de medición.

experimentar
Ejecutar cambios cuidadosamente planificados, anotando los resultados. Este proceso se sigue realizando hasta llegar a un nivel óptimo.

experimento
Cambio en las condiciones de operación de un sistema o proceso, con objeto de medir el efecto del cambio en una o varias propiedades del producto o servicio.

factores
Variables controlables cuyo efecto sobre las variables de salida se desea analizar. Estos pueden ser cualitativos (tipo de materia prima, color de una tela) o cuantitativos, tanto discretos (número de personas, cantidad de piezas) como continuos (tiempo de proceso, temperatura, presión).

Gantt del proyecto
Plan semanal en el que se programan las actividades para cada una de las fases DMAIC, con tiempos estimados.

gráficas de control
Herramientas que muestran el comportamiento de cierto parámetro de calidad de un proceso con respecto al tiempo.

Las cartas de control para variables son:
- $X - R_m$ (individuos y rangos móviles).
- $X - R$ (medias y rangos).
- $X - S$ (medias y desviaciones estándar).

Las cartas de control para atributos son:
- *np* (proporción de unidades defectuosas en muestras de tamaño constante).
- *p* (proporción de unidades defectuosas en muestras de tamaño variable).
- *c* (número de defectos por unidad en muestras de tamaño constante).
- *u* (número de defectos por unidad en muestras de tamaño variable).

histograma

Representación gráfica (mediante barras) de la distribución de frecuencias de un conjunto de datos, en la que pueden observarse más fácilmente tres propiedades: forma en que se distribuyen los datos, acumulación o tendencia central y dispersión o variabilidad.

impulsores de calidad

Se definen como los factores que deben estar presentes, con el fin de entregar un producto o servicio de calidad.

índice de capacidad potencial *(Cp o Pp)*

Es una comparación entre los límites de especificación (tolerancia) y los límites del proceso, sin tomar en cuenta la ubicación o centralidad del mismo.

índice de capacidad real *(Cpk o Ppk)*

Es una comparación entre los límites de especificación (tolerancia) y los límites del proceso, tomando en cuenta la ubicación o centralidad del mismo.

líder

Es el guía del equipo y se asegura de que se cumplan los objetivos. Organiza las reuniones, planifica las actividades e informa los avances al campeón y patrocinador(es). Facilita los medios para que cada miembro del equipo cumpla con las tareas que se le encomienden y hace seguimiento para que así sea.

línea base

Estado inicial de un indicador o métrico. Se debe expresar en un nivel con unidades y se debe verificar que la información es de largo plazo (al menos los tres **últimos** meses).

mapa de proceso *(process map,* PMAP)

Herramienta gráfica que sirve para documentar el flujo de un proceso. En su estructura es muy similar a un diagrama de flujo, solo que en este caso se incluyen las variables de entrada (X) y salidas (Y) de cada operación.

media

Promedio aritmético.

mediana

Una vez ordenados los datos de menor a mayor, es el dato que los divide a la mitad (50 % de los datos están por debajo de este valor y 50 % están por encima).

medir

Segunda fase de la metodología DMAIC cuyos objetivos son: describir el proceso a un nivel detallado, evaluar el sistema de medición, obtener datos del proceso, clasificar los datos y realizar mediciones iniciales para verificar el desempeño del proceso y estimar la línea base.

mejorar

Cuarta fase de la metodología DMAIC, cuyos objetivos son: proponer nuevas condiciones en los procesos para optimizar su desempeño y alcanzar los objetivos planteados, establecer los beneficios asociados con la solución propuesta, investigar y resolver los potenciales modos de fallo para el nuevo proceso e implementar y validar las mejoras.

moda

En un conjunto de datos es aquel que se repite en un mayor número de ocasiones.

modelo de Kano

Herramienta utilizada para identificar las necesidades de los clientes. Clasifica las características del producto o servicio en tres categorías: básicas, de desempeño e inesperadas.

muestra

Porción representativa de la población tomada para obtener información del todo.

muestreo aleatorio

Se utiliza cuando la variación es igual a lo largo de todas las muestras de *n* unidades experimentales. Se caracteriza por su selección imparcial e independiente.

muestreo estratificado
Inicialmente se divide la población en estratos homogéneos y entonces se selecciona aleatoriamente dentro del estrato. Esto ocurre cuando existe más variación entre estratos que dentro del estrato.

muestreo por conglomerados
Se divide la población en subgrupos muy similares entre sí, con la característica de que existe más variación dentro del subgrupo que entre subgrupos, es decir que la variabilidad dentro del subgrupo es muy similar a la de toda la población. Se recomienda tomar un conglomerado o subgrupo y chequear todos o aleatoriamente los elementos de dicho subgrupo.

muestreo sistemático
Empieza con una unidad tomada al azar y después se muestrea cada *n* unidades de ahí en adelante.

niveles
Son los valores que se asignarán a cada factor en un experimento. Se deben asignar por lo menos dos niveles diferentes para cada factor y el número total dependerá de la información que se desea obtener.

nivel sigma
Métrico que indica el cumplimiento de un producto, proceso o servicio en relación a las especificaciones del cliente.

objetivo
Es una declaración más específica de las salidas deseadas de un proyecto. Debe describirse en términos medibles (numéricos).

operación estándar (S)
Un procedimiento, instrumento o material estándar para desarrollar el proceso.

oportunidades
Son el número total de posibilidades de defecto en un proceso (manufactura, servicio, operación contable, etc.) que generarían un resultado no deseado.

patrocinador(es)
Miembro(s) de la dirección de la empresa cuya principal responsabilidad es quitar obstáculos o tomar decisiones estratégicas para que el equipo logre los objetivos. Asiste(n) a las reuniones de avance cuando se les solicita.

plan de control
Documento que ofrece una visión general de las estrategias que se utilizarán para garantizar que los procesos principales o una parte característica de un producto o servicio se controlarán a través de acciones de detección o prevención, o una combinación de ambas.

población
Conjunto de elementos con una característica común, del cual se quiere obtener información.

precisión
Habilidad de un sistema de medición para obtener los mismos resultados cuando una parte es medida varias veces. La precisión es expresada en términos de la desviación estándar, es decir, la variación o dispersión de las lecturas obtenidas.

pruebas de hipótesis e intervalos de confianza
Procedimiento estadístico utilizado para tomar una decisión, sobre la base de una muestra, en cuanto al valor que puede tener el verdadero parámetro de la población: media, varianza, proporción, diferencia entre medias o proporciones, o cociente entre varianzas.

rango
Medición de la variabilidad de un conjunto de datos que es resultado de la diferencia entre el mayor dato y el menor de la muestra.

repetibilidad
Es la variación en las mediciones obtenidas por un usuario único utilizando el mismo ins-

trumento de medición para medir características idénticas en las mismas partes. Esta variación es debida, entonces, al instrumento de
medición.

réplicas

Número de veces que se repetirá cada experimento. Cuanto mayor sea el número de réplicas, más exacto es el resultado.

reproducibilidad

Es la variación en el promedio de las mediciones hechas por diferentes usuarios usando
el mismo instrumento de medición cuando
miden características idénticas en las mismas
partes. Esta variación es atribuible a los operadores o al procedimiento de medición.

sistema de medición

Está formado por las operaciones, los procedimientos, los calibradores o los instrumentos
de medición, el equipo adicional o de soporte,
el *software* y el personal definido para obtener una medición.

Six Sigma

Filosofía de trabajo y estrategia de negocios
basada en el enfoque hacia el cliente, en un
manejo eficiente de los datos y las metodo-
logías y en diseños robustos, que permiten
reducir significativamente la variabilidad en
los procesos y alcanzar un nivel mínimo de
defectos.

unidad

Cualquier miembro individual de una población.

variable (o variables) de respuesta

Son las salidas (forzosamente deben ser cuantificables) que se van a medir para observar el
efecto que tiene sobre ellas el cambio en las
variables de entrada.

variación

Dispersión de una característica particular respecto a un valor objetivo.

variación controlada

Conocida como causa común, es un patrón
de variación estable o consistente a través del
tiempo (predecible).

variación descontrolada

Conocida como causa especial, es un patrón
que cambia con el tiempo (impredecible).

varianza

Es una medida que se utiliza para cuantificar
la variación o dispersión de un conjunto de
datos numéricos, equivalente a la suma de las
desviaciones medias cuadradas de un grupo
de mediciones, divididas entre el número de
mediciones menos uno.

voz del cliente *(voice of the customer,* VOC)

Expresión del cliente respecto a sus necesidades.

Manual de gestión aduanera. Normativas y procedimientos clave del comercio internacional

Pedro Coll

Productos y servicios inteligentes y sostenibles

Llorenç Guilera, Antoni Garrell

Lean Six Sigma Green Belt, paso a paso

Luis Socconini, Eduardo Escobedo

Manual de estrategia de operaciones

Ángel Caja Corral

Cerebro, inteligencias y mapas mentales

Zoraida G. de Montes, Laura Montes G.

Manual del comercio electrónico

Eva María Hernández Ramos, Luis Carlos Hernández Barrueco

Manual de transporte para el comercio internacional

Cristina Peña Andrés

Manual de gestión de almacenes

Sergi Flamarique

Anatomía de la creatividad

Llorenç Guilera Agüera

Lean Six Sigma. Sistema de gestión para liderar empresas
Luis Socconini, Carlo Reato

Lean Company. Más allá de la manufactura
Luis Socconini

El proceso de las 5'S en acción
Luis Socconini, Marco Barrantes

Lean Energy 4.0. Guía de Implementación
Luis Socconini, Juan Pablo Martín

Lean Manufacturing. Paso a paso
Luis Socconini

Lean Services. Certification Manual
Luis Socconini

Lean Six Sigma Yellow Belt. Manual de certificación
Luis Socconini

Lean Six Sigma Green Belt. Manual de certificación
Luis Socconini

Lean Six Sigma Black Belt. Manual de certificación
Luis Socconini

València, 558 – 08026 Barcelona – Tel. +34-931 429 486 – marge@margebooks.com – www.margebooks.com